幼儿园保教质量提升丛书

丛书主编
高丙成

科学衔接

幼儿园入学准备的实践探索

本册主编
冯天晓

南京师范大学出版社

图书在版编目(CIP)数据

科学衔接 ：幼儿园入学准备的实践探索 / 冯天晓主编. -- 南京 ：南京师范大学出版社，2025. 7. --（幼儿园保教质量提升丛书 / 高丙成主编）. -- ISBN 978-7-5651-6905-2

Ⅰ. G61

中国国家版本馆 CIP 数据核字第 2025XC9689 号

书　　名	科学衔接:幼儿园入学准备的实践探索
丛 书 名	幼儿园保教质量提升丛书
丛书主编	高丙成
本册主编	冯天晓
丛书策划	张　莉
责任编辑	徐文娟
出版发行	南京师范大学出版社
地　　址	江苏省南京市鼓楼区北京西路 72 号(邮编:210042)
电　　话	(025)83598919(总编办)　83598412(营销部)　83598372(编辑部)
网　　址	http://press.njnu.edu.cn
电子信箱	nspzbb@njnu.edu.cn
照　　排	南京开卷文化传媒有限公司
印　　刷	兴化印刷有限责任公司
开　　本	787 毫米×1092 毫米　1/16
印　　张	14
字　　数	278 千
版　　次	2025 年 7 月第 1 版
印　　次	2025 年 7 月第 1 次印刷
书　　号	ISBN 978-7-5651-6905-2
定　　价	48.00 元

出 版 人　张　鹏

幼儿园保教质量提升丛书
编委会

科学衔接:幼儿园入学准备的实践探索
编委会

本册主编

冯天晓

本册副主编

孔　玲　张明珠　程凤玉

本册编委

（按姓氏拼音排序）

陈红梅　丁平平　董吉贺　方　明　郭玉村
刘爱滋　王成梅　王晓红　辛　明　徐　伟
张翠凤　张海豫　赵　慧

总　序

提升幼儿园保教质量，促进学前教育高质量发展

质量是学前教育的生命线，有质量的学前教育才能真正促进幼儿的健康成长，提升保教质量是学前教育发展的根本追求。为了让每一个幼儿健康成长，近年来，我国先后出台《3—6岁儿童学习与发展指南》《幼儿园保育教育质量评估指南》等政策文件引领保教质量提升的方向，持续开展全国学前教育宣传月活动宣传科学保教理念，深入开展"小学化"专项治理，积极推进"幼小衔接"攻坚行动，大力推广先进典型经验，发挥示范引领作用，使得幼儿园环境和保教条件逐步改善，"以游戏为基本活动"的理念得到普遍认同，科学保教行为不断规范，幼儿园师资队伍建设不断加强，幼儿身心健康得到更好的呵护。随着我国学前教育改革发展，人民群众"有园上"的需求已经基本得到满足。随着出生人口的变化和我国进入高质量发展阶段，人民群众对好的办园环境、好的保教质量、好的教师队伍、好的服务的需求更加迫切，对"上好园"的需求日益强烈，人民群众对高质量保教的需求与学前教育发展不平衡不充分之间的矛盾越来越突出。但在幼儿园实践中仍存在一些违背教育规律、违背幼儿身心发展规律的行为，如无视幼儿需要、超前教育、超标教学、强化训练、重智轻德等偏差行为，这些行为背离了教育的本质，严重影响了幼儿的身心健康发展。

为了引导幼儿园树立科学的保教质量观，落实立德树人的根本任务，尊重幼儿的年龄特点和发展规律，落实"以游戏为基本活动"要求，有效支持保育教育工作科学实施，提高幼儿园科学保教水平，促进幼儿身心全面发展，激励教师爱岗敬业、潜心育人，努力办好每一所幼儿园，促进幼儿园安全优质发展，我们和南京师范大学出版社策划出版了这套"幼儿园保教质量提升丛书"（以下简称"丛书"）。

一、“丛书”的基本定位

本套“丛书”注重“聚焦实践问题，梳理政策法规，把握研究进展”三位一体整体推进，希望能够更好地深化实践改进、强化政策引领、加强研究应用，为提升幼儿园保教质量提供借鉴与参考，为促进学前教育高质量发展助力赋能。

1. 汇聚实践经验

近年来，各地高度重视幼儿园保教质量提升工作，遵循相关政策法规的要求，坚持立德树人的根本任务，遵循幼儿的身心发展规律和教育规律，坚持“以游戏为基本活动”，注重保教结合，围绕提高幼儿园保教质量进行大胆实践、勇于探索，开展了持续、深入的研究与实践，涌现出许多提高幼儿园保教质量的典型案例和优秀成果，提炼出一系列具有推广价值的路径方式和方法策略，形成了一批具有借鉴意义的成功模式和先进经验。为了帮助幼儿园园长、教师们更及时地学习和了解全国不同地区在幼儿园保教质量提升方面的实践智慧，更好地宣传推广幼儿园保教质量提升的先进典型经验，更有效地发挥榜样的示范引领作用，“丛书”精选一系列幼儿园实践中的优秀案例、成功经验等进行深入的分析解读，重点通过正面案例的示范，为园长、教师呈现发现问题、分析问题和解决问题的具体场景，分析实践中可能存在的常见问题与误区等，介绍实施过程中的注意事项，并提供解决问题的一些常见路径、方法、策略。“丛书”力争深入浅出地剖析问题的根源，帮助园长、教师透过现象看本质，让园长、教师知其然更知其所以然；同时提出解决实践中类似问题的一些具体的方法策略，使得不论哪个发展阶段的园长和教师都能从中找到解决问题的方法，正面引导园长和教师在实践过程中把先进的教育理念和科学的教育方法策略切实落实到幼儿园保教工作中，不断提高专业实践能力。

2. 助力政策落地

我国出台系列政策文件，对幼儿园保教质量提升提出了明确要求。《国家中长期教育改革和发展规划纲要(2010—2020年)》提出“遵循幼儿身心发展规律，坚持科学保教方法，保障幼儿快乐健康成长”。《国务院关于当前发展学前教育的若干意见》强调“坚持科学保教，促进幼儿身心健康发展”。《中共中央　国务院关于学前教育深化改革规范发展的若干意见》强调“注重保教结合，提高幼儿园保教质量”。近年来，我国先后出台《3—6岁儿童学习与发展指南》《教育部关于大力推进幼儿园与小学科学衔接的指导意见》《幼儿园保育教育质量评估指南》等一系列保教质量提升方面的政策文件，使幼儿园保教质量的政策保障体系得到不断完善。这些政策措施的出台进一步明确了幼儿园保教质量提升的目标，提出了提升幼儿园保教质量的基本要求，规定了提升幼儿园保教质量的重点任务，完善了提升幼儿园保教质量的体制机制。为了更好地发挥政策的引领作用，帮助园长和教师更完整、更准确地了解政策背景、理解内容框架、把握精神内涵，"丛书"在阐述相关政策研制背景的基础上，介绍政策研制的目的与作用价值，阐释与政策相关的概念、内涵、观点，详细解读政策的主要内容和框架体系，说明政策实施的基本原则和方法策略，展望政策的未来发展趋势，并提出政策实施的对策建议，以促进园长、教师对政策的精神实质与核心要义的学习、理解和把握，更深入地学习贯彻国家提升幼儿园保教质量的政策措施，更好地提升幼儿园保教质量。

3. 加强成果转化

近年来，幼儿园保教质量提升研究也越来越受到关注和重视，研究者对幼小衔接、保教质量评价、课程建设、环境创设等进行了多方面的研究与探索，相关理论研究不断深入，研究成果不断增加，成果水平也不断提高。但是，国内外相关研究成果还难以有效满足服务决策、指导实践的要求。为了帮助幼儿园园长、教师们更及时地了解幼儿园保教质量提升研究的新进展、新动向、新成果，更方便地了解国际前沿动态、拓宽国际学术视野，更有效地把研究成果转化为指导实践的科学举措和提升幼儿园保教质量的实际成效，"丛书"以习近平总书记关于教育的重要论述为指导，充分借鉴中国特色社会主义学前教育科学学科体系、学术体系、话语体系的新进展，努力形成具有中国特色、中国风格、中国气派的幼儿园保教质量提升研究成果，积极吸收世界各国和国际组织的先进研究成果，引导幼儿园园长和教师用科学理论武装头脑，树立科学的保教理念，深化对幼儿园保教质量的规律性认识，掌握学前教育科学知识，探索适应新时代要求的教书育人的有效方式和途径，用最新的研究成果指导新时代幼儿园保育教育工作，全面促进学前教育高质量发展。

二、"丛书"的主要内容

"丛书"主要围绕幼儿园保育教育质量展开，旨在全面总结我国幼儿园保教质量提升的先进经验，梳理凝练保教质量研究工作新进展，分析解读保教质量提升政策要义，交流展示提升保教质量的创新做法，精选提炼提升保教质量的典型案例，归纳梳理提升保教质量的思路方法，促进学前教育高质量发展。各分册主要内容如下。

《高品质发展——幼儿园保教质量提升研究》

本书在对我国幼儿园保教质量相关政策等进行梳理分析的基础上，对我国幼儿园保教质量的相关研究进行述评，对OECD等国际组织和美国等国家幼儿园保教质量进行国际比较研究，并对我国幼儿园保教质量发展现状进行调查分析，对我国幼儿园保教质量提升的主要成绩、典型经验等进行梳理和挖掘，找出我国幼儿园保教质量中存在的突出问题和未来需求，并提出有针对性的对策和建议。

《科学衔接——幼儿园入学准备的实践探索》

本书聚焦近年来山东省幼小衔接的探索和实践，尝试从幼小科学衔接的政策制度、体制机制、课程与教学、教师专业发展、家园共育等多个方面层层展开，秉持科学幼小衔接的原则，理论与实践相结合，系统梳理山东省幼小科学衔接的有益经验，向全国推广山东省实施科学幼小衔接的优秀做法。

《悦享劳动——幼儿劳动启蒙教育》

本书将政策、理论与实践相结合，基于山东省济南市幼儿劳动启蒙教育研究组的理论探索、济南市幼儿劳动启蒙教育实验园及部分省市幼儿园的实践检验，梳理并拓展了当前幼儿劳动启蒙教育的理论与实践体系。本书围绕实施方案和两张清单，形成理念篇、实践篇、反思篇和附录等内容，根据小、中、大班幼儿年龄特点，精选幼儿园、居家劳动典型案例，凸显引领性与实用性，旨在为广大教师和家长提供借鉴和参考，携手共促幼儿德智体美劳全面健康和谐发展。

《内生发展——幼儿园问题驱动式教研的理念与实践》

本书介绍了一种强化教研实效、助力幼儿园教师内生发展的幼儿园教研模式。书中系统阐释了幼儿园问题驱动式教研的内涵、设计技巧、流程与方法，并就幼儿园问题驱动式教研在生活活动教研、游戏活动教研、教学活动教研、课题教研、区域联合教研的应用，提出了明确的工作指引，呈现了典型的实践案例，可为新时代幼儿园教研工作如何“聚焦解决保育教育实践中的困惑和问题”提供一种实用、具体的行动参考。

《看见　回应　支持——幼儿园师幼互动的实践与反思》

本书以影响幼儿园保教质量的核心要素“师幼互动”为焦点，针对一线教师在师幼互动方面存在理解模糊、缺乏有效策略的实际问题，从梳理幼儿园师幼互动的基本理论（包括概念、内容、分类及影响因素）入手，深入探索并挖掘幼儿园一日生活各环节（生活活动、区域活动、集体教学活动、户外活动）中师幼互动应重点关注的核心要点。书中结合真实案例，基于具体情境提出便于实践操作的指导建议，旨在通过提升幼儿园师幼互动质量，持续助力教师专业成长，进而促进幼儿园保教质量的提升。

《儿童为本　师幼共创——自然化、生活化、游戏化课程体系建构与实践创新》

本书落实立德树人根本任务，立足本土实际和九年研究与实践，构建了幼儿为本、师幼共创的自然化、生活化、游戏化课程，形成课程体系、资源体系、教研体系为支柱的整体系统，保障和支持幼儿园课程体系建设与实践的落地生根，对幼儿园课程研究与实践具有重要的借鉴与启示意义。

《幼儿的力量——基于师幼互动的课程支持》

本书从幼儿立场出发，通过教师对幼儿生活的观察，分析生活中幼儿的已有经验和潜在发展点，形成支持和推动幼儿学习与发展的课程案例，梳理了有力的师幼互动对幼儿主动学习和发展的影响和意义，并探索如何通过园本教研支持有力师幼互动的形成。本书是一本儿童观察笔记，也是一本教学案例；既有课程形成的指导思想、路径，又有课程优化的保障机制。本书凝聚海南省近十年的幼儿园保教质量提升探索经验，展示了教师们的思考、探索与蜕变，明确形成科学的儿童观和保教观，充分理解和尊重幼儿，支持幼儿在游戏与生活中主动学习。

三、“丛书”的主要特点

“丛书”编写过程中力求凸显以下主要特点。

1. 科学性

本套“丛书”组织全国多所科研院所的学前教育科研人员等成立编写组，广泛汇集多方力量，是团队合作的成果，是集体智慧的结晶。在编写过程中，编写组不仅注重深入分析全国各地幼儿园保教质量提升工作中的先进经验、问题、困惑与诉求等，深刻把握幼儿园保教质量提升面临的新问题，并根据新要求新变化提出新方法新策略；而且注重对国内外幼儿园保教质量相关政策进行系统的梳理分析，积极回应国家对幼儿园保教质量提升的科学部署和基本要求；还注重广泛借鉴国内外幼儿园保教质量提升的相关研究，积极吸收国内外优秀成果和先进经验。“丛书”力争做到政策分析具有权威性、理论研究具有前沿性、典型案例具有代表性、经验做法具有适用性、对策建议具有可行性，以期达到政策分析、理论研究与实践探讨相统一的目的。

2. 实用性

本套“丛书”围绕幼儿园保教质量工作中存在的突出问题、具体需求、重点任务展开，深入挖掘全国各地区幼儿园保教质量实践工作中的先进经验、成功做法、典型案例、实用策略等，旨在发现问题、找准需求、分解任务、提供对策，着力解决幼儿园保教实践工作中的困惑和问题，提供针对性的对策和建议，为幼儿园保教质量提升工作提供借鉴和参考，提高园长、教师的科学保教意识和能力，促进幼儿健康快乐成长，推动幼儿园健康可持续发展。

3. 可读性

本套“丛书”在写作上力求政策解读灵活多样、生动活泼，理论阐述层次分析、通俗易懂，政策解读准确详尽、重点突出，案例分析生动翔实、简洁清晰，注重理论通俗化、政策生动化、经验具体化、案例故事化、策略操作化，以清晰的逻辑、简明的方式直观形象地呈现内容，力争做到行文流畅、思路清晰、图文并茂、可读性强。个别分册还尝试文本、音视频并用的方式，以增强可读性、可借鉴性。

感谢南师大出版社的精心策划和细心编辑，感谢各分册主编和合作者的认真准备与辛勤付出，感谢中国教育科学研究院领导、同事对幼儿园保教质量提升研究的无私帮助和热情支持。正是由于多方的支持和共同努力，本套“丛书”才能顺利出版。

由于研究时间、精力和水平所限，疏漏在所难免，敬请同人批评指正。

高丙成

前　言

科学、全面地做好入学准备，对儿童后续学习和终身发展具有重要意义。国际社会高度重视幼儿入学准备，自 2017 年经济合作与发展组织（Organization for Economic Co-operation and Development，简称 OECD）发布《强势开端 5：幼小衔接》报告以来，各国纷纷将重点转到幼小衔接这一话题上，引发了多国政策制定者、研究者和实践者对幼小衔接的关注与改善。我国也越来越重视幼儿园和小学的衔接，并将高质量的入学准备纳入高质量教育体系的战略目标中予以推进。2021 年，教育部正式印发《关于大力推进幼儿园与小学科学衔接的指导意见》，该文件为我国入学准备教育工作的开展提供了方向指引。各地在政策的引领下，积极开展入学准备实践探索。

山东省为深入推进幼小科学衔接工作，2021 年 6 月出台《山东省幼儿园与小学科学衔接实施方案》，通过幼儿园做好入学准备教育、小学实施入学适应教育、完善家园社共育机制、开展联合教研、强化培训指导等方面，指导各市开展入学准备工作，并通过遴选幼小衔接实验区、试点园进一步探索幼小衔接的优秀做法。育人的根本在于立德。在帮助幼儿做好入学准备的过程中，我们十分关注对幼儿的品德启蒙，尝试构建了目标分层、内容系统、路径多元的幼儿园品德启蒙教育体系，引导幼儿在真实生活情境与互动体验中主动感知、理解、内化品德价值。这一探索是在入学准备教育中贯彻落实立德树人根本任务的具体表现，也为帮助幼儿做好社会准备、促进幼儿身心健康发展提供了新的思路。历经多年的探索和实践，山东省入学准备工作的实施成效如何，各地入学准备工作呈现出怎样的实践样态，有哪些有益经验等是政策、研究和实践所关注的。为此，本书集结了省内幼小衔接领域的专家学者、教研员、幼儿园管理者和一线教师等多方力量，组成编写团队，从政策、理论和实践等多重视角全面梳理和总结山东省入学准备工作的经验做法，以期为广大学前教育工作者提供启示和借鉴。

本书共分为八章，以入学准备为核心，涉及国际与国内、理论与实践、证据与经验等多条线索。第一章“入学准备的理论视野”，厘清了入学准备的内涵与价值，国内外的相关政策和理论视野。第二章“入学准备的现状调查”，通过大规模实证调研，客观揭示了山东省入学准备的实施成效和存在的问题，并基于问题提出对策建议。第三章到第六章，分别从身心准备、生活准备、社会准备和学习准备四个方面，介绍幼儿园相关准备教育的目标与内容、实施策略和典型案例，试图较为全面地分析和解读幼儿园入学准备教育工作，并给一线工作者提供翔实的参考。第七章“入学准备的教研支持”，旨在从教研的角度剖析入学准备工作的问题，重塑教研理念，优化入学准备教研质量。第八章“入学准备的园校家社共育”，分析了幼儿园、小学、家庭和社会四方合力的内涵与意义，提出了共育策略，呈现了典型的共育案例以供幼儿园参考。

感谢为本书各章节梳理写作的老师们：第一章，冯天晓、孔玲、董吉贺、王元凯、张献华；第二章，张明珠、赵慧、范凤霞；第三章，辛明、张翠凤、刘英华；第四章，王成梅、丁平平、王维苗；第五章，张海豫、王晓红、王秀霞、肖红英；第六章，陈红梅、刘爱滋、邵钰芹；第七章，程风玉、张东梅、亓艳芳；第八章，徐伟、郭玉村、刘万萍、刘子琪。

感谢辛勤付出的幼儿园老师们，是你们的耐心与专业为本书提供了一个又一个生动有趣的实践案例，为广大研究者、教师和家长在关键时期帮助幼儿做好入学准备贡献了自己的智慧和思考。本书不仅适合学前教育一线工作者阅读，也适合从事学前教育管理和教科研工作的人员，还是家长了解幼儿园入学准备工作全貌、提高家庭入学准备质量的一本指南。由于编者水平有限，不足之处敬请广大读者批评与指正！

编　者

2024年2月于山东济南

目　录

第一章　入学准备的理论视野

近些年，反对“幼儿园教育小学化”、提倡小学一年级“零起点教学”，遵循儿童的成长规律科学实施教育已成为各界共识。从儿童一生发展的角度来看，学前期是为他们做好入学准备的关键阶段，也是他们后继学习、生活和终身发展的重要保障。科学做好入学准备应有机渗透于家庭、学校和社区教育工作的全过程，帮助儿童做好身心等各方面的准备，促进儿童健康、全面、和谐地发展。

第一节　入学准备的内涵与价值

为深入贯彻党的“建设高质量教育体系”的要求，落实立德树人根本任务，遵循儿童身心发展规律和教育规律，深化基础教育课程改革，建立幼儿园与小学科学衔接的长效机制，全面提高教育质量，促进儿童德智体美劳全面发展和身心健康成长，2021 年 3 月，教育部发布了《关于大力推进幼儿园与小学科学衔接的指导意见》(以下简称《指导意见》)，其主要目标是全面推进幼儿园和小学实施入学准备及入学适应教育，减缓衔接坡度，帮助儿童顺利实现从幼儿园到小学的过渡。

一、入学准备的内涵

学前教育与小学教育是两个不同的学段，其本质特点不同。教育方式上，学前教育以游戏活动为主，没有规定性的课业学习任务；小学教育以集体授课形式为主，有规定性的课业学习要求。课程设置上，学前教育不使用统一的教材，课程内容以综合性、日常性的内容为主；小学教育使用统一的教材，课程分为不同的学科，设置上更具有针对性。另外，生活作息、常规制度、行为规范等方面也有很大的不同。学前教育和小学教育的种种差异，客观上会使儿童从上幼儿园到上小学的过渡期间遇到一个坡度，儿童会出现不适应现象。[①]从儿童身心发展来看,从幼儿园进入小学,是从学前期向学龄期发展的过渡时期,因而既存在连续性又具有阶段性,在此期间,儿童身心会发生一定的质变,掌握不了这一阶段的教育规律就会出现种种"衔接"的问题。[②]《指导意见》指出,我们应关注儿童发展的连续性,尊重儿童的原有经验和发展差异;关注儿童发展的整体性,帮助儿童做好身心全面准备和适应;关注儿童发展的可持续性,培养儿童有益于终身发展的习惯与能力。幼儿园要做好入学准备教育,以帮助幼儿做好生活、学习等多方面的准备。

关于"入学准备"这一术语的表达,欧盟及经济合作与发展组织的研究报告中多使用"幼小衔接";美国、澳大利亚及联合国儿童基金会的研究报告更倾向于使用"入学准备"。联合国儿童基金会的研究报告鲜明地使用"入学准备"这一概念,并强调其核心内容包括"衔接"和"获得核心胜任力/素养",以及儿童做好入学准备、学校为儿童做好准备、家庭和社区为学校做好准备三个维度。我国强调幼儿园与小学的双向衔接,提出了"入学准备"(特指学前阶段)和"入学适应"(特指小学阶段)两个概念,将入学准备作为幼小科学衔接的一个主要目标,将入学准备教育作为幼小科学衔接的一个主要举措。

"入学准备"一词最早由美国国家教育目标委员会(National Education Goals Panel,简称 NEGP)提出。二十世纪八十年代末,对于"入学准备"这一概念的理解有两种倾向。一种把幼儿在幼儿园里获得学业作为进入小学学习的前提条件,要求幼儿在幼儿园里进行相应读书技能的学习。另一种则认为,上述要求会使幼儿面对太多的压力,从而造成心理上的伤害,反而导致许多幼儿并没有做好入学的准备。目前,研究者从儿童发展的不同理论出发,对儿童"入学准备"概念的界定和理解尚未达成一致。美国学者格雷德勒(Gredler G R)指出,入学准备是指学龄前儿童为了能够从即将开始的正规学校教育中受益,主要从身体发展、情绪发展、学习态度、语言发展以及一般认知等五个方面做好准备。[③] 布朗芬布伦纳(Urie Bronfenbrenner)的发展生态学理论认为,入学准备本身具备多维度特性,其不仅仅关系到儿童自身的学习经历质量,也受到社区、学校以及家庭环境的影响。事实上,入学准备的概念本身就和儿童现在所处的环境、过去所处的环境、儿童自身特征以及儿童的文化背景联系紧密。[④] 学者皮娅·丽贝洛·布里托(Pia Rebello Britto)认为,儿童

① 陈帼眉.幼儿入学准备教育[J].学前教育研究,1997(5):3-5.

② 朱慕菊."幼儿园与小学衔接的研究"研究报告[M].北京:中国少年儿童出版社,1995.

③ Gredler G R. Early childhood education-assessment and intervention: what the future holds[J]. Psychology in the Schools, 2000(1):73-79.

④ Syeda S. Batool. Academic achievement: Interplay of positive parenting, self-esteem, and academic procrastination[J]. Australian Journal of Psychology, 2020(2).

开展入学准备主要是为了在进入学校之前掌握适应学校生活的技能，此时儿童所具备的学前经历及家庭环境都会和入学后的状态具备关联性，直接影响儿童在学校是否能够取得成功。①

我国学界对入学准备的研究开始于二十世纪九十年代。陈帼眉教授指出，入学准备包含一般准备和专门准备两个方面。广义上的入学准备即一般准备，指的是幼儿在入学之前需要达到应有的身心发展水平，包括健康的身体、正常发展的智力和社会性、良好的行为习惯等内容。幼儿入小学之前，针对小学学习生活做有关的准备就是专门准备，是做好学习适应（重点是读写准备和数学准备，重在学习主动性和学习能力的培养）和社会性适应（规则意识和遵守规则的能力，任务意识和执行任务的能力，独立意识和自理能力，人际交往能力）的准备。② 刘焱教授认为，入学准备是指对幼儿在进入学校时应当达到的发展水平的期望或能够适应新的学习环境和任务要求的身心发展的水平与状态。③ 2012 年，教育部颁布的《3—6 岁儿童学习与发展指南》（以下简称《指南》）提出："以为幼儿后继学习和终身发展奠定良好素质基础为目标，以促进幼儿体、智、德、美各方面的协调发展为核心，通过提出 3—6 岁各年龄段儿童学习与发展目标和相应的教育建议，帮助幼儿园教师和家长了解 3—6 岁幼儿学习与发展的基本规律和特点，建立对幼儿发展的合理期望，实施科学的保育和教育，让幼儿度过快乐而有意义的童年。"《指南》不仅提出幼儿当前的学习目标和内容方面要与小学进行衔接，同时也要立足于后继学习与发展的目标和要求。2021 年，我国教育部在《幼儿园入学准备教育指导要点》（以下简称《指导要点》）中围绕幼儿入学所必需的关键素质，把入学准备主要概括为身心准备、生活准备、社会准备以及学习准备等四方面的内容。

综上，入学准备的概念可以从广义和狭义两个方面理解。广义的入学准备是包含家庭教育和社区教育在内的所有有目的地影响幼儿入学状态的社会实践活动。狭义的入学准备是指所有幼教机构的教育，即幼儿教师根据社会要求和幼儿的发展规律，系统地、有计划地对幼儿的身心进行培养，以确保幼儿在入小学前能够达到适应小学环境和学习要求的身心发展水平。本书所指的入学准备主要是指广义上的准备，即不仅包括幼儿自身的准备，还包括政府、幼儿园、家庭和社区的支持，各主体相互合作，共同为幼儿入学做好准备。

---

① Walsh F. Family resilience: Strengths forged through adversity. In F. Walsh (Ed.), Normal family processes: Growing diversity and complexity, 4th ed. (pp.399 - 427). New York, NY: Guilford.

② 陈帼眉.幼儿入学准备教育[J].学前教育研究，1997(5)：3 - 5.

③ 刘焱.入学准备在美国：不仅仅是入学准备[J].比较教育研究，2006(11)：28 - 32.

二、入学准备的价值

(一) 促进儿童顺利平稳过渡到小学

幼儿园和小学通过创造良好的条件，做好一系列工作，以帮助儿童实现从幼儿教育阶段到小学教育阶段的顺利过渡，并取得良好的教育效果，其中包括了幼儿园的入学准备工作和小学的新生过渡工作。① 入学准备教育在学前教育中有着不可言喻的重要性，它是使幼儿从幼儿园平稳过渡到小学的教育过程，关系到幼儿能否顺利适应角色和场域的转换，积极地面对小学阶段的学习与生活。《指导意见》提出，"全面推进幼儿园和小学实施入学准备和入学适应教育，减缓衔接坡度，帮助儿童顺利实现从幼儿园到小学的过渡"。《指导要点》也指出，"帮助幼儿做好身心各方面准备，实现从幼儿园到小学的顺利过渡"。从已有研究的共识看，入学准备教育帮助幼儿顺利平稳过渡到小学这一重要价值有其充分的合理性。这种"平稳"过渡，既意味着学段转化过程中必然会出现种种挑战，也意味着这些挑战的难度是在儿童的最近发展区之中，儿童是否能从学前阶段顺利过渡到小学，会影响到他们能否充分发挥出学习潜能，会影响到他们如何处理人生未来各个阶段的转换。②

(二) 促进儿童可持续发展

《指导意见》指出"坚持儿童为本"，"关注儿童发展的连续性，尊重儿童的原有经验和发展差异；关注儿童发展的整体性，帮助儿童做好身心全面准备和适应；关注儿童发展的可持续性，培养有益于儿童终身发展的习惯与能力"。《指导要点》指出："3—6 岁是为幼儿后继学习和终身发展奠基的重要阶段，也是为幼儿做好入学准备的关键阶段。帮助幼儿科学做好入学准备教育，是幼儿园教育的重要内容。"这些表述都直接反映了入学准备教育的应有价值追求，并且具有相关的实证研究支撑。研究证明，学前儿童入学准备水平能够显著预测未来学业水平，儿童入学时某些发展领域的不足有可能一直伴随着儿童并能预测后期学生的在校表现和学业成绩。③ 科学且充分的入学准备不仅对儿童今后良

---

① 朱小蔓.中国教师新百科：小学教育卷[M].北京：中国大百科全书出版社，2002.

② 李召存，李琳.迈向高质量教育时代的幼小衔接[J].学前教育研究，2022(5)：1 - 10.

③ Davis S, Janus M, Duku E, et al. Using the Early Development Instrument to examine cognitive and non-cognitive school readiness and elementary student achievement[J]. Early Childhood Research Quarterly, 2016(2): 63 - 75.

好学习习惯的养成、合格的学业成绩和良好在校表现起关键性作用，而且对儿童的身心健康发展和良好生活习惯养成至关重要。①

第二节　国内外入学准备政策回顾

入学准备政策是引导、激励和规范学前教育发展的重要抓手，是加快学前教育高质量建设的关键保障。入学准备政策能够为学前教育发展搭建顶层设计框架，为当前以及未来提升学前教育质量做出总体安排。开展入学准备教育，就是要把系统完备的政策体系与推进学前教育高质量发展任务更好地结合起来，以可操作、可衡量、可检验的具体要求，指导各方不断调整政策布局，保证学前教育高质量建设的各项任务有序推进。

一、我国的入学准备政策

新中国成立至今，我国政府就幼小衔接工作相继出台了一系列的教育政策，通过分析发现，这一发展历程大致分为三个阶段：1949—1988 年幼儿园单向执行主体时期、1989—2009 年幼儿园和小学双向执行主体时期以及 2010 年至今的多元利益相关者执行主体时期。②

在我国幼小衔接教育政策的演变中，国家教委于 1989 年 6 月颁布的《幼儿园工作规程（试行）》意义非凡。文件将“使幼儿的身心在入小学前获得健全的发育”和“为入小学打好基础/做好准备”等内容从“幼儿园的任务”中删除的同时，首次明确强调“幼儿园应和小学密切联系，互相配合，注意两个阶段教育的相互衔接”。这一规定为幼小衔接教育的政策方向奠定了基础。1996 年 3 月，国家教委再次颁布的《幼儿园工作规程》延续了这一理念，巩固了 20 世纪 80 年代末以来我国幼小衔接教育政策的基本思路。21 世纪之初的 2001 年 7 月，我国教育部颁布了《幼儿园教育指导纲要（试行）》（以下简称《纲要》），该文件是对新时期幼儿园教育工作的深刻部署，对幼小衔接教育的改革和发展起到了积极的推动作用。

---

① Cecilia R, Jeanne B, Sara M. School readiness: Closing racial and ethnic gaps[J]. The Future of Children, 2005(1):6－19.

② 刘源，程伟，董吉贺.我国幼小衔接教育政策的演变与反思——基于对 1949—2019 年相关政策文本的分析[J].学前教育研究，2021(1):67－84.

2010 年 11 月，国务院出台的《关于当前发展学前教育的若干意见》是我国幼小衔接教育政策新的变革。而后，教育部、国家发展改革委、财政部等部门于 2014 年 11 月联合颁布了《关于实施第二期学前教育三年行动计划的意见》。2016 年和 2017 年，教育部分别印发《关于开展 2016 年全国学前教育宣传月活动的通知》和《关于实施第三期学前教育行动计划的意见》，两份文件都将综合治理幼儿园"小学化"问题列入其中。中共中央、国务院在 2018 年 11 月颁布的《关于学前教育深化改革规范发展的若干意见》和 2019 年 6 月颁布的《关于深化教育教学改革全面提高义务教育质量的意见》两项政策进一步明确了新时期幼小衔接教育工作的基本要求、基本任务和发展方向。2018 年 7 月，《教育部办公厅关于开展幼儿园"小学化"专项治理工作的通知》指出：要坚决纠正"小学化"倾向，切实提高幼儿园科学保教水平，促进幼儿身心健康发展，幼儿园严禁教授小学课程内容，纠正"小学化"教育方式，整治"小学化"教育环境，小学坚持零起点教学。

另外，教育部 2012 年 9 月颁布的《幼儿园教师专业标准》和《小学教师专业标准》、2012 年 10 月颁布的《指南》、2013 年 8 月颁布的《小学生减负十条规定》、2016 年 3 月颁布的《幼儿园工作规程》等政策，分别从教师、课程、教学等方面对幼小衔接教育工作做出了明确的规定。再者，家庭教育方面，2012 年 2 月教育部颁布了《关于建立中小学幼儿园家长委员会的指导意见》，强调应发挥家长委员会的积极作用，防止和纠正幼儿园教育"小学化"。2011 年 12 月，教育部颁布了《关于规范幼儿园保育教育工作 防止和纠正"小学化"现象的通知》。2018 年 7 月，教育部颁布了《关于开展幼儿园"小学化"专项治理工作的通知》。该两项政策就幼小衔接教育综合治理问题进行了详细的说明，指出要在全国范围内整治幼儿园"小学化"倾向、小学一年级非"零起点"教学等问题，进一步为幼小衔接工作指出了明确方向。

二、国外的入学准备政策

近年来，世界各国对入学准备高度重视。如，英国教育与技能部于 2017 年修订了《英国早期儿童基础教育指南》，其评价目标也指出，要在良好的社会情绪基础上开展幼小衔接。① 法国于 2015 年颁布的《母育学校教学大纲》指出，政府在推进幼小衔接的同时也在努力纠正"小学化"倾向，并转向注重激发儿童的学习意愿和乐趣，倡导儿童参与教学的能动性与建构性。② 芬兰于 2014 年颁布的《国家学前教育核心课程》提出要培养儿

① 耿薇.英国早期儿童基础教育指南(EYES)(2017)述评[J].科教文汇(中旬刊)，2018(2)：114－117.

② 张雁，张梦琦.法国学前教育的实践理据与价值负载——新《母育学校教学大纲》透视[J].比较教育研究，2019(1)：76－84.

童在不同情境中综合运用所学知识和技能的能力，培养儿童的核心素养，为下一阶段的小学学习做充足的准备。① 加拿大2015年的“入学准备计划”致力于促进幼儿全面发展，提供优质教育干预，保障家庭、幼儿保育机构和其他教育机构之间的教育连续性，从而促进幼儿顺利过渡到学前班。② 下面将着重介绍日本、美国及OECD的入学准备政策，以期为进一步思考我国的入学准备政策和实践提供借鉴。

（一）日本的入学准备政策

日本的入学准备政策及实践开始于第二次世界大战之后，文部省在1948年颁布的《保育要领》中就明确提出：“学前教育机构要与小学充分联系和沟通。”③该文件虽然被认为是日本“幼小衔接”工作的开端，但并未落到实处。到了1957年，文部省又颁布了《幼儿园教育要领》，其把幼儿园教育内容分成了健康、社会、语言、自然、音乐、绘画六大科目，提出加强幼儿园和小学两个教育阶段之间的联系，强调幼儿园要适应小学的要求，并主张幼儿园要帮助儿童为适应小学的学习生活做准备。④ 但是，这导致了幼儿园教育变得像小学教育那样“分科教学”，以致忽视了幼儿发展的特殊性，以及幼儿园教育对幼儿发展的真正意义。⑤ 直到1989年，文部省重新修订了《幼儿园教育要领》，强调幼儿园和小学要有各自的教学内容和方法，以及各自的特点和价值，这才将日本具有小学化特征的幼儿园教育拉回到综合教学的轨道，主张幼儿园教育应站在幼儿发展的视角，强调实行适合幼儿身心特点的综合实践教学活动。

2000年，文部省颁布了第三个《幼儿园教育要领》，将幼儿园课程内容分为健康、语言、人际关系、环境和表现五大领域，提出幼儿园大班的游戏时间延长到每次40—50分钟，同时还特别强调幼儿教育的内容和形式应与幼儿发展特点相适应，以期为幼儿良好的学习品质和行为习惯的养成奠定基础。从这时起，日本开始出现真正的“幼小衔接”热潮。

2001年，文部省颁布了《幼儿园教育振兴计划》(2001—2006年幼儿教育发展计划)，此计划进一步提出要加强幼小衔接，涉及幼儿园教育活动、教育环境，幼儿园及小学教师，幼儿和家长间的联系，并提出两个学段的教师资格证书可通用制度等。⑥ 此后，日本文部科学省在2001—2003年连续开展了幼小合作研究，2004年提出“幼小一贯教育学

---

① 王芳，滕珺.芬兰的幼小衔接教育[J].北京教育(普教版)，2018(6)：88-89.
② 吴小平.加拿大幼儿“入学准备”项目管窥[J].教育导刊，2016(10)：86-89.
③ 霍力岩，木全晃子.日本“幼小衔接”热潮剖析[J].比较教育研究，2006(5)：38-42.
④ 岸井勇雄.未来的幼儿教育：培育幸福生活的能力之根基[M].李澎，译.上海：华东师范大学出版社，2010.
⑤ 曹书楷.日本幼小衔接的策略及其启示[D].长春：东北师范大学，2014：11.
⑥ 霍力岩，木全晃子.日本“幼小衔接”热潮剖析[J].比较教育研究，2006(5)：38-42.

校”计划，决定 2005 年在部分地区实行，2006 年开设正规的“幼小衔接推动班”，具体措施是教师间进行互动交流，并通过大龄幼儿和小学低年级学生相互合作，开展“协同学习活动”。①

为全面推进“幼小衔接”教育，2009 年，日本开始实施新的《保育园教育指南》和《幼儿园教育要领》，文部科学省和厚生省共同推出了幼儿园、保育所、小学衔接典型案例集。2010 年在文部科学省发布的《关于幼儿期教育与小学教育的顺利衔接的应有现状》报告中，明确指出从幼儿期的“学习萌芽时期”顺利过渡到儿童期的“自觉学习时期”的重要性；在推进幼小衔接的举措上，提出要建立衔接体制，提高教职员工的素质，加强与家庭、社区的合作。

2015 年，文部科学省、国立教育政策研究所和教育课程研究中心联合制作了《开端课程开始书：从学习的萌芽到自觉的学习》，明确指出小学教育是从幼儿教育开始的，入学后要基于幼儿“幼儿期的学习经验”开展小学教育，要求学校应编制适当的教育课程将两个阶段连接起来。2018 年，文部科学省、国立教育政策研究所和教育课程研究中心再次制作了《衔接发展和学习的开端课程：开端课程引进和实践指南》，为全国小学编制和实施衔接课程提供了更为具体、操作性更强的行动指南。从 2020 年开始，日本小学方面的开端课程实现义务化。②

（二）美国的入学准备政策

美国非常重视入学准备教育，自 20 世纪 80 年代开始，美国在相关教育指导上，制定并实施了一系列针对入学准备的政策措施。从 1990 年美国国家教育目标委员会提出“到 2000 年，所有儿童在入学时都应做好学习的准备”作为美国国家教育目标的第一条，到 2001 年的《不让一个孩子掉队法案》，再到 2014 年初美国 50 个州都已经或正在制定本州的早期学习标准，以确保儿童良好的入学准备，“入学准备”一直以来都是美国儿童研究者关注的热点。③

1981 年，美国国家教育质量委员会发布了《国家处在危险中：教育改革势在必行》报告。该报告明确了幼小衔接政策的宏观趋势，强调了重视儿童知识技能和良好入学准备的重要性。1989 年，美国召开了第一次全国教育高峰会议，会议达成了关于中小学教育问题及解决策略的共识。1991 年，布什签署了《美国 2000 年教育战略》，将入学准备列为首要目标，要求所有儿童，包括残疾儿童和处境不利儿童，都必须接受适当的幼儿教育。

---

① 王小英，邓宏，曹书楷.日本幼小衔接的新举措[J].比较教育研究，2013(2)：22－27.

② 韩书亚.21 世纪以来日本幼小衔接研究[D].武汉：华中师范大学，2020.

③ 夏竹筠，宋占美，张丹彤.当前欧美国家有关入学准备研究的最新进展[J].学前教育研究，2014(9)：52－58.

该战略明确了将“一个‘处于危急中的国家’”转变为“全民皆学之邦”的理想，体现了对《国家处在危险中》报告中优质教育承诺的回应。

克林顿提出了《美国 2000 年教育目标法》议案，于 1994 年获得国会通过。在这项法案中，学前教育仍是一个主要关注的方面，强调教育目标的首项，即“所有美国儿童入学时都要做好学习的准备；所有残疾儿童和处境不利的儿童都要受到高质量的与其发展相适应的学前教育；每个家长都应成为儿童的第一任教师；要使家长都能接受这方面的培训，并得到必要的支持；要使儿童能够得到足够的营养和医护，以便保证在入学时拥有健康的身体和大脑”。[①] 可见，20 世纪八九十年代美国政府提出的入学准备的首要任务与特点是注重教育质量，重点关注儿童知识技能的衔接，而且加大儿童入学准备的供应面与学校教育微观层面的准备也成为这一时期美国幼小衔接的重要方面。

1995 年实施的“早期先行计划法”提出了降低儿童入学年龄的政策，该政策在某种程度上助推了美国幼小衔接的发展。儿童的入学年龄提前了，会有更多的 5 岁以下儿童从家庭环境中过渡到学前班，与家庭自由、零散的教育相比，学前教育机构更加正规系统、组织化，这样就更能保证提高儿童的教育质量，儿童无论在物理环境还是心理准备方面可以更多地了解和熟悉初等教育的环境，这能减缓儿童由幼儿园向小学过渡时的坡度，为儿童适应初等教育学习提供更充足的空间和时间。[②]

小布什政府颁布《不让一个孩子掉队》法案，打开了美国幼小衔接发展的新局面，使得幼小衔接日益科学化和规范化。小布什政府继续重视儿童教育质量的同时，更加强调教育公平，致力于通过改善劣势群体的教育，确保没有一个孩子掉队，指出早期教育要与初等教育之间进行双向互动与衔接，指导早期教育和初等教育要从多层次、多角度审视幼小衔接的问题。

“良好的开端，聪明的成长”法案要求各州制定早期识字、语言和计算技能的教学标准，同时建立与初等教育相连接的学前教育体系和早期学习标准。美国颁布的《入学准备法》明确要求促进处境不利儿童的入学准备，使其认知、情感、社会性和身体都能得到发展，因此要为他们提供入学前阅读技能、数学技能及语言方面的教育指导，还要向这些儿童及其家庭提供健康、营养、社会、教育和其他方面的服务，促进处境不利儿童的发展。

《先行计划促进入学准备法》旨在改革保育与学前教育机构之间重叠交错现象，改善和管理教育机构来促进幼小衔接效率的提高。“0 岁—5 岁教育计划”中提到了促进环境不利儿童社会性能力发展和认知能力发展，至此幼小衔接的内容得到进一步的丰富和全

---

① 陶涛.20 世纪 90 年代后美国联邦政府学前教育政策研究[D].重庆：西南大学，2009.

② 张林玲.当代美国幼小衔接政策的研究[D].上海：上海师范大学，2012.

面化,美国联邦政府促进幼小衔接政策将衔接质量作为发展的重点,同时兼顾全面性的发展趋势表现得一览无余。①

要使儿童做好入学准备,成为"有准备的儿童",政府、社会、学校和家庭首先要一起努力,先成为"有准备的州""有准备的社区""有准备的学校"和"有准备的家庭"。美国入学准备工作具有指导意义的三个文件,全国州长协会的《入学准备州长指南》,《入学准备州长任务工作小组最终报告》,由 17 个州参与制定的《国家入学准备指标》,标志着在入学准备问题上达成的共识。② 入学准备问题是学前教育领域的问题,但实际上,入学准备问题更是涉及教育公平和种族和谐的社会政治问题。

(三) OECD《强势开端》报告

在 OECD 国家,幼小衔接的跨度是从早期教育与保育的最后一年到小学一年级,幼小衔接除了保育和教育之间的相互衔接,更有政府、家庭、社区以及学校之间的相互衔接。OECD 于 2017 年 6 月发布了《强势开端Ⅴ:幼小衔接》。该报告从组织管理、专业持续、教育持续以及发展持续四个方面系统介绍了当前 OECD 国家在幼小衔接过程中所遇到的挑战以及应对策略,同时指明未来幼小衔接工作的努力方向。

《强势开端Ⅴ:幼小衔接》是强势开端系列报告的延续与回应。2001 年 5 月,OECD 发布了《强势开端:早期教育和保育》研究报告,报告指出早期教育与各相关部门之间要制定连贯一致的政策,这样才能满足不同背景的儿童和家庭的需要,促进早期儿童保育和教育朝着更加公平的方向发展。同年,《强势开端Ⅱ:早期教育和保育》强调了加大对早期儿童教育和保育投入的重要性。2012 年发布的《强势开端Ⅲ:学前教育质量工具箱》阐明了提高早期教育质量的五大政策杠杆:设置质量目标与条例、设计实施课程和学习标准、改善师资队伍质量、家庭与社区参与、数据研究与监测。③ 2015 年,OECD 发布了《强势开端Ⅳ:学前教育质量监测》,从机构质量监控、教师质量监控和儿童发展与成果质量监控三个方面报告了学前教育质量监控的状况。④这两份报告主要关注学前教育质量的提升。为了确保学前教育质量获得延续,做好幼小衔接工作就显得十分关键。为此,OECD 发布了《强势开端Ⅴ:幼小衔接》,其目的就是根据调查获取的有效政策举措建构国际

---

① 赵地.美国联邦政府促进幼小衔接发展的政策研究[D].哈尔滨:哈尔滨师范大学,2013.

② 刘焱.入学准备在美国:不仅仅是入学准备[J].比较教育研究,2006(11):28-32.

③ OECD. Starting strong Ⅲ: A quality toolbox for early childhood education and care[M]. Paris: OECD Publishing, 2012.

④ OECD. Starting strong Ⅳ: Monitoring quality in early childhood education and care[M]. Paris: OECD Publishing, 2015.

知识，确保幼儿在早期教育机构与小学的衔接中体验持续的学习与幸福健康的环境。[①]

《强势开端Ⅴ：幼小衔接》将研究重点面向幼小衔接问题，并强调其重要性。该政策提出，要确保延续早期儿童教育和保育的最大收益、为学校和儿童的美好生活做充足的准备，并促进教育公平。报告共提出六项方针政策，分别是：为儿童准备好学校，而不是为学校准备好儿童；消除衔接中常见的误解和迷惑；克服合作和连续性中的结构性障碍；制定一套清晰的国家政策框架，提高地方领导力；确保幼小衔接中的公平；支持衔接研究及监测。这些都为政策制定者指明了方向，确保OECD国家在幼小衔接政策和内容上的连续性、一致性和有效性。

第三节　入学准备的理论视角

幼儿园为幼儿在园三年所做的入学准备是全程的、全面的准备，需要关注幼儿的情感、社会、语言、认知等多方面的发展需求，为幼儿顺利适应小学生活奠定良好的基础。幼儿园入学准备教育的理论涉及多个学科领域，需要综合考虑幼儿身心发展以及家庭和社会环境的影响。本节入学准备的理论视角强调了儿童发展、生态环境、学习经验以及教育机构之间合作的重要性。基于这些理论知识，可以更好地理解和实施幼小衔接的策略，从而帮助幼儿顺利从幼儿园过渡到小学教育阶段。

一、生理成熟理论视角

（一）理论内容

生理成熟理论是由美国心理学家格塞尔（Arnold Gesell）提出的，其主要观点是，个体的生理和心理发展是有顺序和规律的，这一点由基因决定。个体发展遵循一定的顺序，按照一个预定的、内在的时间表进行，这个时间表由遗传决定，也就是说该理论强调生物因素在个体发展过程中起着决定作用。[②] 儿童的发展有一定的阶段性，每个阶段的发展都是为下一个阶段的发展做准备。在生理没有发展成熟的情况下，早期的超前教育

---

① 许浙川，柳海民.OECD国家实施幼小衔接的目的、原则及启示[J].基础教育，2018(1)：32－39.

② 陈威，杨洁.学前教育学[M].重庆：重庆大学出版社，2021.

或者机械训练并不能达到推动或促进儿童发展的效果。格塞尔所做的“双生子爬梯实验”也说明成熟是发展中起主导作用的因素。儿童入学准备的水平主要取决于其个体的身心发展程度和经验积累水平。一方面，生理成熟理论有其自身的合理性，儿童在没有达到明显的成熟状态之前，外在的强化或训练都收效甚微。对于入学准备不足的儿童，父母或者教师不能操之过急，需要等待儿童的自然成熟，而不能靠外在的教育或学习加速这一进程。另一方面，依照该理论的观点，入学准备也应该是儿童成熟的一种表现，儿童自身的内因起着最关键的作用，应该为今后的小学生活与学习做好多方面的准备。这一观点片面强调了儿童个体对小学的适应，没有充分考虑到其他因素在儿童入学准备中的促进作用，一定程度上也会忽视能够助力儿童个体成长发展的积极因素。①

（二）现实启示

第一，深刻认识到幼儿生理成熟在入学准备中的重要性。生理成熟是指幼儿身体各系统的发育和功能逐渐完善，达到适应学习和应对学校环境的程度。幼儿生理成熟不仅体现出其具备良好的健康状况，也对其今后小学学习生活中的精细动作能力、大脑发育和社交技能的发展起重要的作用。其具体表现为：一是幼儿的生理成熟体现其具备良好的健康状况。一个生理成熟的幼儿通常拥有较强的免疫力和抵抗力，能够更好地应对学校环境中的病毒和细菌。此外，生理成熟的幼儿通常具备较好的体力和耐力，能够更好地适应学校的学习和活动需求。二是幼儿的生理成熟是促进其精细动作能力发展的基础。幼儿进入小学的学习生活后，需要参与更多的书写、绘画、手工制作等实践性的学习活动，而这些活动要求幼儿具备更高的手眼协调能力及精细动作能力。当幼儿经过生理成熟的发展后，能够循序渐进地掌握及提高这些技能，从而顺利适应小学的学习生活。三是幼儿的大脑发展与其生理成熟过程保持同步发展状态。幼儿的大脑发育与其认知能力、学习能力、情绪调控能力等密切相关。具备生理成熟的幼儿同样具备更好的注意力、记忆力和解决问题的能力，这促使其能够更好地完成小学学习任务、开展社会交往活动。四是幼儿的生理成熟是提高个体社交技能的基础保障。幼儿进入小学后需要与同学、老师和其他教育工作者进行交往和合作。生理成熟的幼儿通常能够更好地掌握社交技能，如与他人进行有效的沟通、分享、合作和解决冲突等，这对于他们适应学校环境和融入学习集体至关重要。可见幼儿的生理成熟是实现入学准备的基础保障，教育者应当关注幼儿的生理成熟度，并基于生理成熟度来帮助幼儿实现最大化的发展。

第二，充分认识到幼儿教育“小学化”的危害。当前，仍然存在一些幼儿园违背幼儿

---

① 朱雯珊.社会文化理论在儿童入学准备中的应用[J].宁波教育学院学报，2016(3)：105－108.

身心发展规律和认知特点，提前教授小学内容，强化知识技能训练，“小学化”倾向比较严重，这不仅剥夺了幼儿童年的快乐，更挫伤了幼儿的学习兴趣，影响了幼儿身心健康发展。为深入贯彻落实学前教育的有关文件精神，推进幼儿园科学保教，教育部和各地教育部门多次开展过幼儿园“小学化”专项治理工作，明确禁止幼儿园“小学化”。幼儿园“小学化”违背了幼儿的发展规律，不利于幼儿健全人格的形成，严重损害幼儿的心理健康。提前教授汉语拼音、识字、计算、英语等小学课程内容，超越了幼儿的认知发展水平。由于幼儿很难理解这些知识，如果迫使幼儿通过机械记忆去掌握，这在很大程度上增加了幼儿的心理压力，轻者对学习产生焦虑，重者产生厌学情绪，严重危害了幼儿的心理健康。

第三，以游戏为基本活动，满足幼儿真正的兴趣和需要。比如，3—6 岁的孩子正处在爱游戏的关键期，成人的教育方式应以游戏为基本活动，让幼儿在游戏中发展身体、语言、认知、社会性等多方面的能力。大人眼里的“玩”，就是这个阶段孩子的学习方式。对于越小的孩子，越应采取个性化教学。可是，不少家长却认为孩子游戏就是瞎玩，学不到知识，于是他们想方设法地提前教授自认为对孩子有用的读、写、算方面的知识或绘画、弹琴、舞蹈等各种才艺技巧，却限制孩子真正的兴趣爱好。以做手工为例，孩子会学习使用剪刀、画笔等工具，在裁剪、粘贴、穿针引线的过程中，他们的手部精细动作、手眼协调能力和专注力都得到了锻炼；同时，他们还接触了不同的材料，认识了各种形状，感受制作过程，体验作品完成的成就感。

二、生态系统理论视角

(一) 理论内容

生态系统理论是由美国心理学家布朗芬布伦纳提出的。该理论认为儿童是在由微观系统、中间系统、外部系统、宏观系统构成的多元背景中发展的，强调了这些系统对儿童发展的影响以及多层次系统之间的相互作用。个体的发展是在一个复杂的、多层次的系统中发生的，这些系统相互作用，共同塑造个体的行为和心理。[①] 依据该理论，可以将儿童的入学准备放置在包括家庭、社区、幼儿园或学校、社会文化等的整体生态系统背景下来考察。做好入学准备的对象和受益人是儿童，但儿童生活在各种生态系统相互嵌套

① 黄瑾，田方.论幼小衔接研究理论视域的转换——从生态系统理论到社会文化理论的研究展望[J].中国教育学刊，2022(4)：7－12.

的环境之中，如果各种生态系统之间不是良性的、有利的互动，就会对入学准备工作起反作用。就像教育部门多年来一直想要解决的幼小衔接难题，直接涉及幼儿园、小学、家庭三方面，但将其放置于更大的生态系统来看，也涉及教育行政部门、社会培训机构等方面。这让本身较为单纯的儿童从幼儿园向小学自然过渡的问题演变成一个复杂的社会难题。

（二）现实启示

第一，要注重儿童所处的生态系统对入学准备的影响，不要认为入学准备仅仅是强调儿童个体能力的准备。对于幼儿和小学生而言，家庭、社区、幼儿园或小学是其接触最频繁的生活学习环境。儿童在此类环境中能否感受到友好、安全、互动将直接影响其发展状态和趋势。幼儿园和小学都是国家批准设立的正规教育机构，但由于分属两个不同学段，学前教育和小学教育差异较大，表现在教育目标、教育内容、教育方式、学习环境等多个方面。做好入学准备是幼儿园教育的重要目标，其目的是帮助幼儿顺利适应小学的学习与生活。因此，幼儿园能否做好入学准备教育、小学能否实施好入学适应教育，是关系到幼小衔接最终效果的两大微观系统。家庭是儿童的第一所学校，父母是儿童的第一任老师。家庭是影响儿童发展最早、最深远、最全面的系统。学前期的儿童与家庭的关系比其他阶段的儿童都要紧密。3 岁入园之前的婴幼儿主要在家庭中由父母或者老人照顾；即使在 3 岁入园之后，由于其身心发展的柔弱性，与家庭成员的情感联结也很紧密。这一时期家长的儿童观、教育观特别是衔接观很大程度上决定着入学准备的效果。社区作为开放的讲堂，对于学前儿童来说更具接纳度。社区为儿童提供了物质资源，包括图书馆、博物馆等公共文化体育场所；也提供了人力资源，包括对学前儿童进行帮教和感化的老战士、老劳模等社区群体。我们应积极构架幼儿园与社会融合的幼小衔接的课程体系。对于需要做入学准备的学前儿童而言，社区的氛围、环境、互动良好，将有助于交往能力的提高、积极情绪的培养和心理压力的释放。①

第二，积极构建多元主体参与的入学准备生态系统。《指导意见》明确指出："整合多方教育资源，行政、教科研、幼儿园和小学统筹联动，家园校共育，形成合力。"由此可以看出，儿童入学准备涉及多个层面，包括幼儿园、小学、家庭以及校外培训机构等场所内的人员，还有外部环境中的教育主管部门、教科研机构、社区等其他场所内的人员。这些人员特别是直接的利益相关方在衔接理念、教育方式和策略上能否达成共识并建立多向互

---

① 李静，高怡楠，马炳焱.生态系统理论视野下的幼小衔接[J].今日教育（幼教金刊），2016(C1)：7－10.

动的良性沟通机制，一定程度上也会影响到儿童入学准备的结果。[①] 理想的入学准备生态系统应该是行政推动、教科研支持、园校合力、家长同心的良性环境，这样才能真正实现幼小科学衔接。

第三，幼儿园和小学是幼小衔接多元主体生态系统中的核心。在做好幼小衔接工作的过程中，关键还得发挥好幼儿园和小学专业机构的作用，办好教育，引领家长。这就不仅需要幼儿园了解小学，向“上”做好入学准备，也需要小学主动了解幼儿园，向“下”做好入学适应，只有这样才能实现真正的双向奔赴。从 2021 年以来的整体情况看，幼儿园做好入学准备工作的主动性、积极性和有效性不断增强，但小学方面对接幼儿园做好入学适应工作的思想和状态还需调动和强化。幼儿园教师与小学教师只有加强沟通交流，才能加深对儿童生活学习的阶段性、过渡性和连续性的认识。在此前提下，教育主管部门、教研部门的推动和支持才能取得显著效果，家长的理解配合和社区的资源开发才能及时跟进。

三、社会文化理论视角

(一) 理论内容

著名心理学家维果茨基提出了社会文化理论，这一理论尤其强调社会和文化因素在儿童认知发展中的核心作用。入学准备是一种社会性的动态活动。入学准备的社会文化视角强调，儿童发展是其在社会文化活动中的参与性转变，入学准备是一个多方共同参与的社会性的动态进程，涉及的不是孤立的儿童个体或者仅仅依赖儿童本身的技能。可见，入学准备作为一种社会性的动态活动，需要学校（幼儿园）、家庭、教育工作者和社区的共同参与和合作，即通过学校（幼儿园）与家庭的合作、教育工作者的专业指导、同伴关系的建立以及社区资源的整合，以此促进儿童顺利从幼儿园过渡到小学阶段，进而为儿童的学习发展提供良好的支持环境。在这种视角下，儿童如何参与这一入学准备的过程就成为关键因素。按照政策要求，幼儿园应将入学准备教育有机渗透于幼儿园三年保育教育工作的全过程。三年之中，儿童的身心、生活、社会和学习准备等活动是在幼儿入园以后持续地、交互地进行。不得不提的是，这些活动也可以发生在小学，还可能发生在家庭和社区等其他的场所。[②] 在参与活动的过程中，儿童在与更有能力的同伴或成人互

---

① 索长清，韩婧惠.幼小衔接的理论基础探析[J].早期教育，2022(51)：2－6.

② 李敏谊，刘颖，崔淑婧.国外近 10 年幼小衔接理论研究综述[J].比较教育研究，2010(5)：86－90.

动时，通过模仿、合作和对话，学习新的知识和技能。

入学准备是一种社会性的文化进程。入学准备是指从幼儿园到小学的过渡阶段，涉及幼儿园和小学之间的社会互动和关系，在这个过程中，幼儿从一种社会环境转移到另一种社会环境，需要适应新的学习和生活方式，与新的老师和同学建立关系，从而体现了入学准备的社会性质。同时，入学准备不仅仅是幼儿从幼儿园到小学的过渡，更涉及与幼儿园和小学相关的教育政策、教育理念等诸多变化和调整的整体文化进程，也反映了社会的文化背景、教育价值观和社会需求，代表了社会对教育的关注和发展的文化进程。社会文化理论强调儿童本身对这一文化进程的参与和体验，促使其通过参与活动而主动建构经验，丰富认知，从而为入学准备做更多积累，同时也使儿童的主体性得到凸显。

（二）现实启示

第一，重视帮助儿童在参与和体验中做好入学准备。幼儿园在小班就开始开展相关的入学准备活动，可以说是“一日生活皆准备”。准备的方式也具有明显的游戏化和生活化的特点。无论是在游戏中还是在生活中，儿童都不可避免地与同伴或者教师产生互动。能与同伴友好相处，分工合作完成任务，能向教师表达自己的想法和需求，这也是入学准备中社会准备的重要内容。教师应通过组织团队合作活动和小组讨论来促进儿童之间的互动，通过日常对话、故事讲述和问题解决等活动，引导儿童学习新知识。在社会交往过程中，语言是基本工具。教师应鼓励儿童在多种形式的交流中使用语言，以增强其表达和理解能力；与此同时激发儿童对符号系统如文字、数字和图像，产生认识、了解、熟悉和掌握的内在动机。总之，我们要重视儿童的参与感和体验感，毕竟儿童既是入学准备实践的行动者和参与者，也是入学这一重要转折的体验者与意义生成者。①

第二，重视入学准备中各主体间的合作。入学准备的社会性文化进程的本质，要求相关主体重视入学准备过程中的社会互动、沟通和合作，如教师之间的交流、家长和学校之间的互动等，通过社会多元主体的共同努力为幼儿提供平稳过渡的环境。此外，幼儿园、小学和家庭尤其要保持良好的沟通且建立合作关系，如幼儿园、小学向家长提供入学准备的相关指导，而家长则积极参与入学准备活动，以此为幼儿提供更好的支持。当然，我们还应当十分重视幼儿在两个教育阶段过渡期间的适应能力及综合能力的发展状况，并向其提供适当的支持和指导。例如，教师在教学实践中注重彰显儿童的活动主体地位及主动学习的适应能力，鼓励儿童积极参与入学准备活动，以促进其对小学生活适应能力及社交综合能力的发展。又如，幼儿园、家长、小学和社区联合组织多种活动，通过幼

① 索长清，韩婧惠.幼小衔接的理论基础探析[J].早期教育，2022(51)：2－6.

小联谊活动、社区儿童玩耍互动等活动，以促进学前儿童与小学低年级儿童之间的联系与交流，帮助入学准备儿童获得入学的准备经验；也可以通过参观小学活动，帮助儿童了解小学的环境；还可以通过让幼儿园教师与小学教师共同参与规划衔接课程及同课异构等教研活动，为儿童提供相关经验储备。

四、可持续发展理论视角

（一）理论内容

可持续发展，也被称为“持续发展”，最早于 1972 年由斯德哥尔摩联合国人类环境研讨会正式提出。1987 年，联合国世界环境与发展委员会的报告将“可持续发展”定义为“既能满足当代人的需要，又不对后代人满足其需要的能力构成危害的发展”。① 此后，其他领域的专家学者以可持续发展为核心，从自然、社会、经济等方面提出了与可持续发展相关的定义。虽然可持续发展理论的产生主要源于探讨自然资源、环境及人口与人类社会发展的关系，但其理念的内涵很快扩展到其他领域。因为人们逐渐认识到，万事万物都可以秉持这一理论，忽视其他因素与人类社会的可持续发展的关系，最终将很难真正实现人类社会的可持续发展。将可持续发展理论运用于教育行业，就形成了可持续发展教育。具体来说，是指教育者在对受教育者实施教育时，注意教育方式、教学方法、师生关系和学生的心理兴趣等，这些对于促进教育的长久发展具有重要意义。我们应该具备可持续发展教育理论，在入学准备过程中持续关注儿童学习兴趣，培养其良好的学习习惯，开发其学习能力，让他们从幼儿园进入小学之后仍能保持好的学习品质。

（二）现实启示

基于可持续发展理论视角，儿童发展具有连续性和整体性的本质要求，因此应该将儿童入学准备视为个体一生发展中的一个重要转折阶段。而在此期间的入学准备工作应当强调培养儿童综合素养、关注个体差异性、塑造儿童积极的学习态度和价值观、注重家庭及社区的参与，能够为儿童的小学学习和综合能力发展奠定坚实的基础，进而有效促进个体今后的可持续发展。

第一，关注儿童入学准备阶段的综合素养发展。基于可持续发展理论视角，幼儿入学准备教育要以促进幼儿身心的全面和谐发展为根本，为幼儿以后的终身学习和长远发

---

① 王千.我国成人高校办学理念创新研究[D].曲阜：曲阜师范大学，2009.

展奠基。因此，入学准备教育要体现对幼儿的身心、生活能力、社会性和学习等各方面的综合素养发展，而不应片面追求某一方面或几方面的准备，更不应该以提前学习和强化训练小学知识技能替代全面准备。① 儿童的综合素养发展包括认知、语言、社交、情绪、运动等能力的发展，其发展过程是各方面相互关联及相互促进的综合过程。我们应该为儿童提供丰富的学习和体验机会，培养儿童的多元智能、创造力、问题解决能力等，为其未来的学习和发展奠定基础。

第二，依据儿童的差异性发展需求进行入学准备工作。每个儿童都是独特的个体，有着不同的发展需求和潜力。入学准备应该充分考虑儿童的个体差异，关注他们的兴趣、优势和特殊需求，通过个性化的教育和支持，帮助儿童充分发展自身潜能，培养他们的自信心和自主学习能力。总之，根据儿童的个体差异进行入学准备工作是为了满足每个儿童的个体发展需求，并帮助他们更好地适应学校生活。这需要学校、家长和社会各界的共同努力，为儿童提供良好的教育环境和支持。对于一些有特殊需求的儿童，如患有学习障碍或者行为异常的儿童，需要提供额外的适应性支持。学校可以与相应的专业机构和家长合作，制定个性化的教育方案，以促进这些儿童的全面发展。

第三，帮助儿童建构积极的学习态度和价值观。入学准备阶段是塑造幼儿学习态度和价值观的关键时期，教育者应该注重培养幼儿积极的学习态度，如培养幼儿的探索精神、合作意识、自主学习能力等；同时，也要注重培养幼儿的社会责任感、环境意识和可持续发展的价值观，使他们成为具有社会责任感和环境意识的公民。例如，在入学准备阶段的活动中，教师借助如厕、盥洗、用餐等生活环节设计与之相关的游戏教学活动，应用游戏教学法提高幼儿的生活能力。又如，教师依据幼儿的兴趣爱好和认知水平，引导幼儿参与建构、角色扮演等游戏，让他们在游戏过程中接触大自然、大社会，潜移默化地自主构建积极的学习态度和正确的价值观。

① 唐燕迎.儿童立场下"幼小衔接"准备策略实践探索[J].中小学校长，2021(9)：60－62.

第二章　入学准备的现状调查

幼儿从幼儿园进入小学，其生活和学习轨迹发生了重要改变。与幼儿园相比，小学的生活方式、学习方式和环境等都发生了巨大的变化，这就要求幼儿提前做好入学准备，以顺利过渡到小学。正因为如此，幼儿园入学准备受到了广大教师、家长和教育决策者的关注和重视，业已成为教育领域和社会领域的热点问题。2021 年 3 月，《指导意见》提出，“建立幼儿园与小学科学衔接的长效机制，全面提高教育质量，促进儿童德智体美劳全面发展和身心健康成长”。同年 6 月，山东省教育厅印发《山东省幼儿园与小学科学衔接实施方案》，提出“坚持儿童为本、双向衔接、系统推进、规范管理原则，建立幼儿园与小学科学衔接的长效机制，全面提高学前教育及义务教育质量”。

入学准备对培养幼儿积极健康的心理品质、促进幼儿社会适应能力的发展具有长远的价值。那么历经多年的探索和实践，山东省各地入学准备工作的实施情况如何？还存在哪些挑战？为了了解相关情况，调研组专门进行了全省范围内的摸底调研。实证调查发现，当前入学准备工作的主要成效有：一是入学准备规范管理成效明显，典型经验宣传较为到位；二是幼儿园课程调整更为积极，双向衔接中幼儿园和小学的主动性也更高；三是教师入学准备观念总体较为科学，半数以上教师不认同超前教育行为；四是教师的专业支持举措较为得力，政策文件专题学习机会较多；五是资源共建共享效果突出，幼儿园、家庭、社区等形成育人合力；六是幼儿入学准备相对充分，特别是社会准备和生活准备。同时，入学准备工作在如下方面还存在挑战：一是规范管理工作仍不完善，幼儿园、小学、校外培训机构等主体在“小学化”治理工作面临挑战；二是双向衔接不畅通，小学课程调整的主动性偏低；三是部分家长入学准备观念不科学，存在超前教育行为和教育焦虑；四是幼儿园入学准备实践存在困难，教师教育能力有待提升；五是入学准备教研活动覆盖面有待扩大，教研指导资源分布不均衡；六是幼儿入学准备不足，集中表现在生活和卫生习惯与学习品质方面。为此，本章根据调研发现的问题，提出科学做好入学准备的对策建议。

第一节 调查方案设计

本章通过设计研制科学可行的入学准备调查问卷，对山东省幼儿园入学准备情况进行实证调查，通过对调查结果分析，进一步揭示当前山东省幼儿园在入学准备方面存在的问题，为后续改善入学准备工作提供实证依据。

一、调查目的

幼儿园园长、教师和幼儿家长是幼儿园入学准备工作的重要利益相关者，每一方都发挥着至关重要的作用。然而，当前调查中鲜有研究专门针对山东省入学准备工作进行实证调查。在科学衔接的政策背景下，我们聚焦本地区入学准备工作的实然状态和具体实践，从多维视角揭示当前我省幼儿园入学准备实施的现状、取得的成效、存在的问题，基于问题提出对策建议，以期进一步转变我省学前教育工作者和家长的衔接理念，构建科学有效的衔接工作机制，帮助儿童做好入学准备。

二、调查方法与对象

2023 年 3—7 月，我们以山东省幼儿园园长、教师和幼儿家长为研究对象，借助在线平台开展大规模问卷调研。为确保调研的客观性、科学性，本研究遵循科学取样原则，采用分层方便取样法，在山东省 16 个地市中选取研究对象，每个地市选取 3—5 个区县，每个区县选取城区、镇区和乡村幼儿园各 20 所，兼顾不同办园性质的幼儿园，共回收园长和教师有效问卷 28 993 份，家长有效问卷 69 268 份。从问卷涵盖的范围及数量来看，样本能够较好地代表山东省的整体情况。调查样本构成情况见表 2-1、表 2-2。

表 2-1 幼儿园园长和教师调查样本情况(N=28 993)

变量		频次	百分比
地区	城区	15 290	52.74%
	镇区	6 680	23.04%
	乡村	7 023	24.22%

续 表

变量		频次	百分比
幼儿园性质	公办园	23 858	82.29%
	普惠性民办园	4 064	14.01%
	其他民办园	1 071	3.70%
幼儿园等级	省级示范幼儿园	15 018	51.80%
	省级一类幼儿园	7 099	24.49%
	省级二类幼儿园	3 061	10.56%
	省级三类幼儿园	1 373	4.73%
	未评级	2 442	8.42%
职务	园长	1 916	6.61%
	教师	27 077	93.39%

表 2-2 幼儿家长调查样本情况(N=69 268)

变量		频次	百分比
地区	城区	38 278	55.26%
	镇区	9 004	13.00%
	乡村	21 986	31.74%
幼儿园性质	公办园	53 557	77.32%
	普惠性民办园	12 029	17.36%
	其他民办园	3 682	5.32%
幼儿园等级	省级示范幼儿园	25 927	37.43%
	省级一类幼儿园	12 449	17.97%
	省级二类幼儿园	4 047	5.84%
	省级三类幼儿园	2 707	3.91%
	未评级	24 138	34.85%
年龄段	小班	18 871	27.24%
	中班	19 497	28.15%
	大班	30 900	44.61%

三、调查工具的研制

本研究参考入学准备相关政策文件和研究，编制“幼儿园入学准备园长、教师调查问卷”“幼儿园入学准备家长调查问卷”两种调查工具。问卷编制主要经历了如下几个阶段：一是梳理已有的入学准备调查工具，明确问卷的主要维度；二是结合相关政策要求和实践情况，编制各维度题项，并基于园长和教师访谈修改完善问卷题目；三是邀请部分园长、教师和家长填写问卷，并对问卷题目的表述提出修改意见；四是选取部分专家审定问卷题目，对问卷的内容效度进行审查，确保问卷的有效性。最终，“幼儿园入学准备园长、教师调查问卷”涉及入学准备的规范治理、课程建设、态度观念、专业支持、资源共享、幼儿的入学准备等六个维度的内容。其中，规范治理主要调查入学准备教育过程中小学化、校外培训机构治理等情况；课程建设主要调查幼儿园为做好入学准备教育所做的课程方面的建设和努力；态度观念主要调查园长、教师、家长三者对入学准备的态度；专业支持调查教师衔接能力的专业培训和教师教研共同体的建构等内容；资源共享主要调查入学准备实施过程中“家、园、校、社”共建共享资源的情况；幼儿的入学准备主要调查幼儿在身心、生活、社会和学习四个方面所做的入学准备情况。“幼儿园入学准备家长调查问卷”主要包括家长的入学准备观念和行为两个方面，观念方面主要涉及对儿童发展及教育的期望、对幼儿园和小学的认识、对“提前学习小学知识”的态度等内容，行为方面主要涉及家长在家园沟通、在家参与和在园参与等方面的内容。

四、数据分析

本研究采取量化研究的方法，对调查问卷收集到的数据信息进行描述性统计分析，揭示入学准备工作的成效和挑战。

第二节　入学准备的现状分析

在科学做好入学准备的过程中，规范治理、课程建设、实施主体的态度观念、教师的专业支持、家园社资源共享、幼儿的入学准备等都是十分重要的构成部分，这些最终都指向幼儿完善的入学准备。为此，本部分旨在从上述六个方面分别呈现山东省幼儿园入学准备的现状及取得的成效。

一、入学准备的总体情况分析

(一) 规范治理现状

入学准备的顺利实施离不开政府的科学治理。在当前幼儿园“小学化”现象屡禁不止、小学“零起点”教学难以真正落实、校外培训机构违规继续开设等背景下，调研组着重调查了各地对入学准备相关工作的规范治理情况。结果显示，在当地推广宣传入学准备先进经验方面，81.44%的园长、教师认为当地能够较好地宣传相关理念，5%认为不能，13.56%认为一般；在当地小学均实施“零起点”教学方面，75.76%的园长、教师反映当地小学能够做到“零起点”教学，7.89%认为不能，16.35%认为一般；在当地校外培训机构治理成效方面，72.57%的园长、教师认为治理成效显著，9.19%认为治理成效并不显著，18.24% 认为一般；在当地幼儿园“小学化”治理成效方面，78.96%的园长、教师认为成效显著符合，8.25%认为不显著，12.79%认为一般；在当地有效推进入学准备各项工作方面，82.69%的园长、教师认为当地能够有效推进，5.25%认为不能，12.06%认为一般。

(二) 课程建设现状

幼儿入学准备教育的实施离不开科学的入学准备课程建设。因此，为进一步了解幼儿园为做好入学准备所做的课程方面的努力，本次调研主要从幼儿园和小学双向衔接、各自的课程调整、幼儿园教师的课程准备等方面展开。结果显示，在双向衔接的主动性方面，84.76%的园长和教师反映幼儿园主动与小学就入学准备相关事宜进行了沟通，4.64% 反映未能主动沟通，10.60%认为主动沟通情况一般；同时，78.48%的园长、教师反映小学主动与幼儿园沟通入学准备相关事宜，6.75%反映未能主动沟通，14.77%反映主动沟通情况一般；80.29%的园长、教师反映幼儿园和小学互相了解对方的课程、教育教学方法，5.84%认为不了解，13.87%认为了解程度一般。在幼儿园和小学各自的课程调整方面，89.15%的园长、教师认为幼儿园通过生活化、游戏化的活动方式帮助幼儿做好入学准备，3.23% 否认这一现象，7.62%认为准备情况一般；89.14%的园长、教师认为幼儿的身心、生活、社会和学习准备均在课程中有所渗透，3.21%否认这一现象，7.65%认为一般；81.68%的园长、教师认为小学适当在课程内容上减缓坡度，4.66%否认这一现象，13.66% 认为一般；80.29%的园长、教师认为小学注重活动化、游戏化、生活化的学习设计，5.16%否认这一现象，14.55%认为一般；82.16% 的园长、教师认为小学注重学习中幼儿的心理状态，4.45%否认这一现象，13.39%认为一般。在教师的课程准备方面，

76.36% 的园长、教师表示经常与小学教师交流入学准备内容，6.89% 否认这一现象，16.75% 认为一般；74.84%的园长、教师表示幼儿毕业后还会跟进他们一年级的情况，7.83% 否认这一现象，17.33%认为一般。

（三）实施主体的态度观念现状

园长、教师、家长三者对入学准备秉持何种态度观念，直接影响入学准备的实践做法。本次调研旨在了解园长、教师、家长对入学准备开始的时间、内容等方面的态度观念。在问及入学准备开始时间时，45.71%的园长和教师认为从小班开始合适，12.15%认为中班，39.11%认为大班，3.03%认为一年级。在问及大班幼儿是否有必要提前学小学内容时，50.29%的园长和教师不同意提前学习，23.31%同意提前学习，26.40%持中立态度；而在家长群体中，17.95%不同意提前学习，59.96%同意提前学习，22.09%持中立态度。在问及家长的入学准备观念是否还停留在"入学准备就是要提前学习小学内容的阶段"时，70.07%的园长和教师选择"是"。在问及幼儿的阅读兴趣和能力对入学准备是否重要时，88.86%的园长和教师认为重要，4.54%认为不重要，6.6%认为一般。在问及幼儿园教师与小学一年级教师就入学准备开展交流研讨/观摩学习是否重要时，86.32%的园长和教师认为重要，3.91%认为不重要，9.77%认为一般。此外，在问及家长认为哪些方面对幼儿入学准备重要时，家长的回答按重要程度由高到低依次是：语言表达能力、社会交往能力、学习兴趣、身体和心理准备、问题解决能力、生活自理能力、生活和卫生习惯、学习品质。

（四）教师的专业支持现状

科学做好入学准备是教师专业成长的重要内容，也是诸多教师在专业实践中的困惑点和难点。因此，能否给予教师入学准备方面的专业支持是培养教师衔接能力的重要因素，本次调研主要从教师的专业培训和教师教研共同体的建构等方面展开调查。结果显示，86.24%的园长和教师反映幼儿园组织过入学准备相关政策文件专题学习，4.08%反映未组织过；85.30%的园长和教师反映幼儿园组织过教师参加入学准备的相关培训，3.63% 反映未组织过；84.49%的园长和教师反映幼儿园经常就入学准备开展教研，4.54% 认为不符合。

（五）家园社资源共享现状

资源共享主要调查入学准备实施过程中"家、园、校、社"所提供衔接资源的共建共享情况，以及行政、教科研、幼儿园和小学的统筹联动情况。调查结果显示，78.25%的园长和教师反映幼儿园建立了与小学互通的联合教研制度，6.12%认为未建立，15.63%认为一般；86.44%的园长和教师反映幼儿园能及时了解家长在入学准备方面的困惑，2.73%持否认态度，10.83%认为一般；87.43%的园长和教师反映幼儿园为缓解家长焦虑提供了有效支持，2.45%持否认态度，10.12%认为一般；85.43%的园长和教师反映幼儿园能够有效利用家长资源做好入学准备，2.93%持否认态度，11.64%认为一般；83.10%的园长和教师反映幼儿园能够有效利用社区资源做好入学准备，3.47%持否认态度，13.43%认为一般；84.52%的园长和教师反映幼儿园有计划地组织家长参加入学准备相关的咨询与讲座活动，3.47%持否认态度，12.01%认为一般；82.65%的园长和教师反映当前教研员的指导能有效解决他们在入学准备方面的困惑和问题，3.68%持否认态度，13.67%认为一般。

(六) 幼儿的入学准备现状

教育部发布的《指导要点》指出要从身心、生活、社会和学习四个方面做好入学准备，并提出每个方面的具体表现和教育建议。本次调研主要调查教师对本班幼儿在四个准备方面的评价。结果显示，在身心准备方面，64.79%的教师认为本班 76%—100%的幼儿身心准备较为充分，29.15%的教师认为本班 51%—75%的幼儿身心准备充分，4.98%的教师认为本班 25%—50%的幼儿做好了身心准备，另有 1.08%的教师认为本班做好身心准备的幼儿不足 25%。在生活准备方面，65.82%的教师认为本班 76%—100%的幼儿生活准备较为充分，28.94%的教师认为本班 51%—75%的幼儿生活准备充分，4.47%的教师认为本班 25%—50%的幼儿做好了生活准备，另有 0.77%的教师认为本班做好生活准备的幼儿不足 25%。在社会准备方面，68.22%的教师认为本班 76%—100%的幼儿社会准备较为充分，27.01%的教师认为本班 51%—75%的幼儿社会准备充分，4.02%的教师认为本班 25%—50%的幼儿做好了社会准备，另有 0.75%的教师认为本班做好社会准备的幼儿不足 25%。在学习准备方面，64.36%的教师认为本班 76%—100%的幼儿学习准备较为充分，29.44%的教师认为本班 51%—75%的幼儿学习准备充分，5.18%的教师认为本班 25%—50%的幼儿做好了学习准备，另有 1.02%的教师认为本班做好学习准备的幼儿不足 25%。

二、入学准备取得的成效

基于对现状的分析，调研组发现当前入学准备工作取得了一定的成效，主要表现在如下几个方面。

（一）入学准备规范管理成效明显，典型经验宣传较为到位

山东省入学准备规范管理工作的成效具体表现为典型经验宣传、科学理念指引以及其他入学准备各项工作。调研结果表明，超过80%的园长和教师反映当地积极推广宣传入学准备先进经验（81.44%），为科学入学准备提供了思想和理念方面的指引（82.05%），并有效推进了入学准备各项工作的顺利开展（82.69%）。调研组通过访谈发现，各地均通过新闻媒体对入学准备的科学理念、正确做法等进行了宣传推广，帮助广大教师、家长丰富相关知识。

（二）幼儿园课程调整更为积极，幼小双向衔接中主动性更高

入学准备教育和入学适应性教育均要通过课程这一载体进行，调研组通过调研发现，在课程建设方面，成效较为显著的是幼儿园在课程方面的调整和主动性。具体而言，近90%的园长和教师认为幼儿园通过生活化、游戏化的活动方式帮助幼儿做好入学准备，且幼儿的身心、生活、社会和学习准备均在课程中有所渗透，这一情况在实地观察中也有所体现。在双向衔接的主动性方面，84.76%的园长和教师反映幼儿园会主动与小学就入学准备相关事宜进行沟通。

（三）教师入学准备观念总体较为科学，半数以上教师不认同超前教育行为

调研组通过调研发现，教师的入学准备观念总体上较为科学合理。具体表现为88.86%的教师认为幼儿的阅读兴趣和能力对入学准备很重要，并且86.32%的教师认为幼儿园教师与小学一年级教师就入学准备开展交流研讨/观摩学习是重要的。此外，50.29%的园长和教师不同意幼儿提前学习小学内容，访谈中教师也提出提前学习小学内容等“抢跑”教育行为不可取。

（四）教师的专业支持举措较为得力，政策文件专题学习机会较多

教师的专业支持举措主要包括专题学习、培训、教研等。调研结果显示，超过八成的园长和教师表示幼儿园组织过入学准备相关的政策文件专题学习（86.24%）、入学准备的相关培训（85.30%）、入学准备教研活动（84.49%）。调研组对教师的专业培训、教研活动记录进行核查发现，幼儿园均提供了相关的专业支持。

（五）资源共建共享效果突出，幼儿园、家庭、社区、教研等形成育人合力

调研组通过调研发现，当前幼儿园在与家长沟通、帮助家长解决入学准备方面的问

题、缓解家长育儿焦虑等方面成效显著，高达 84.52%的园长和教师反映幼儿园有计划地组织家长参加入学准备相关的咨询与讲座活动；同时，幼儿园也能有效调动社区和家庭资源为自己所用。此外，82.65%的园长和教师反映当前教研员的指导能有效解决自己在入学准备方面的问题。由此可见，幼儿园、家庭、社区、教研等多方已形成育人合力，共同推动入学准备工作顺利开展。

（六）幼儿入学准备相对充分，特别是社会准备和生活准备

调研组通过调查教师对本班幼儿在四个方面的准备的评价发现，幼儿在社会准备和生活准备两个方面相对较好。具体而言，有 65.82%的教师认为本班 76%—100%的幼儿生活准备较为充分，68.22%的教师认为本班 76%—100%的幼儿社会准备较为充分。

第三节　入学准备的主要问题

入学准备是一项复杂的长期的系统工作，涉及多方利益主体。调研组通过问卷调查发现，山东省各市在入学准备实践过程中仍存在诸多问题。本节将进一步从规范管理、课程建设、态度观念等方面存在的问题进行分析，为改进实践提供实证。

一、规范管理工作仍不完善，幼儿园、小学、校外培训机构治理面临挑战

相比较而言，当前幼儿园的入学准备工作、小学的入学适应工作、校外培训机构治理工作等三项入学准备工作均处于不完善的阶段。调研组通过调查发现，仍有五分之一以上(21.04%)的被调查者认为当地幼儿园“小学化”治理成效并不明显；近四分之一(24.25%)的被调查者认为小学在实施“零起点”教学方面表现不佳；近三成(27.43%)的被调查者认为当地校外培训机构治理仍需加大力度，当前社会上依然存在一定数量的机构开设幼小衔接班。教师问卷数据也从侧面反映了这一问题，四成以上(41.89%)的教师反映自己的班级内大班阶段幼儿存在不同程度的流失，超过半数(53.71%)的教师反映本班幼儿会去上幼小衔接班。调研组具体调查了教师反映的班级内幼儿上幼小衔接班的数量(如图 2-1 所示)。可见，大班幼儿流失现象仍较为严重，有高达 15.49%的教师反映班级内有 16 名及以上的幼儿会去上幼小衔接班，此外其他程度的流失也不在少数。

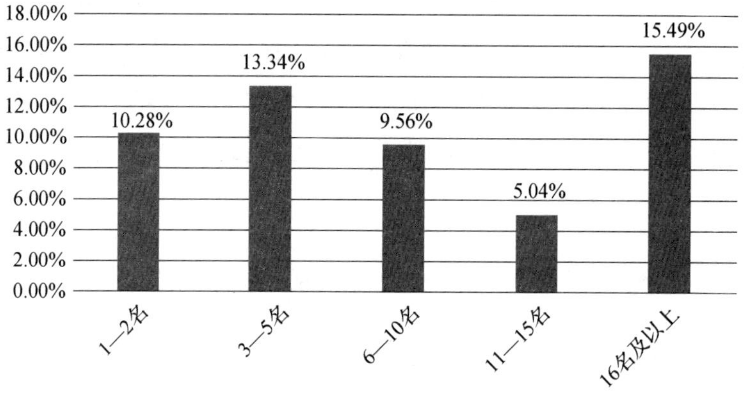

图 2-1 教师反映的班级内幼儿上幼小衔接班的数量

二、双向衔接不畅通，小学课程调整的主动性偏低

入学准备的生态系统中既包括幼儿园也包括小学，两个主体对入学准备工作的重视程度和投入程度均影响入学准备工作的开展。调研结果表明，认为幼儿园和小学双方互相不太了解对方的课程、教育教学方法的园长和教师占比为19.71%。当前小学在与幼儿园沟通入学准备相关事宜中的主动性较低，超五分之一(21.52%)的园长和教师反映小学未能主动沟通，小学的衔接意识不强；同时，小学在课程内容减缓坡度，学习设计注重游戏化、生活化，注重学习中幼儿的心理等方面效果均不佳，近20%的园长和教师反映了这一问题。此外，四分之一以上(25.16%)的园长和教师表示待幼儿毕业后不会跟进他们一年级的情况，表明入学准备工作仍然是短期的，而非长期的。

三、家长入学准备观念不科学，存在超前教育行为和教育焦虑

家长作为儿童学习与发展过程的关键他人，其入学准备教育观念及行为直接影响儿童的入学准备与适应水平。调查结果表明，当前教师的入学准备观念已经得到较大的改善，而家长的幼小衔接教育观仍存在较大偏差。数据显示，高达59.96%的家长明确同意幼儿应该提前学习小学内容；70.07%的园长和教师认为家长的入学准备观念仍然停留在“入学准备就是要提前学习小学内容”的阶段；在问及哪些方面对做好入学准备重要时，家长的答案中排名最后的是学习品质。这些结果表明家长的入学准备观念仍然不太科学。此外，一半以上(53.76%)的家长表示会送孩子上幼小衔接班，主要的两个原因为提前熟悉小学学习内容、担心跟不上一年级学习进度(如图2-2所示)。在被问及是否存在幼升小的压力或焦虑

心理时，38.94%的家长表示存在；进一步追问焦虑来源，数据显示小学教学进度快、孩子跟不上是两个主要的因素(39.55%)，其次是孩子以后的升学压力大、竞争激烈(24.09%)。

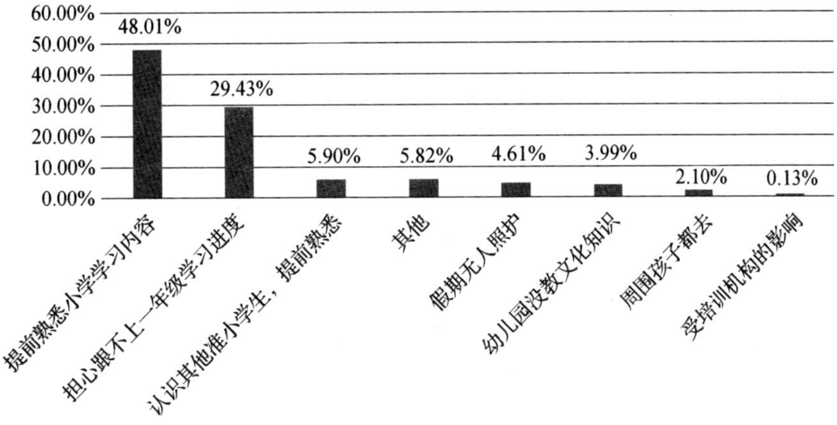

图 2-2　家长送孩子去幼小衔接班的原因

四、幼儿园入学准备实践存在困难，教师教育教学能力有待提升

调查结果表明，当前幼儿园教师已基本具备科学的衔接观念，均认为幼儿园应该拒绝“小学化”，小学应实施“零起点”教学，反对在幼儿园开设拼音、算数等小学课程，希望纠正家长超前、抢跑等教育行为。但调查发现，幼儿园在入学准备方面仍存在较大困难，近六成(58.88%)的教师反映幼儿园难以筛选出适宜的内容，高达 53.72%的教师不知道如何让家长配合，另有超半数(50.09%)的教师认为入学准备的理念方向不明确(如图 2-3 所示)。进一步调查教师在入学准备实践方面的困惑发现，高达 72.68%的教师反映不知道如何

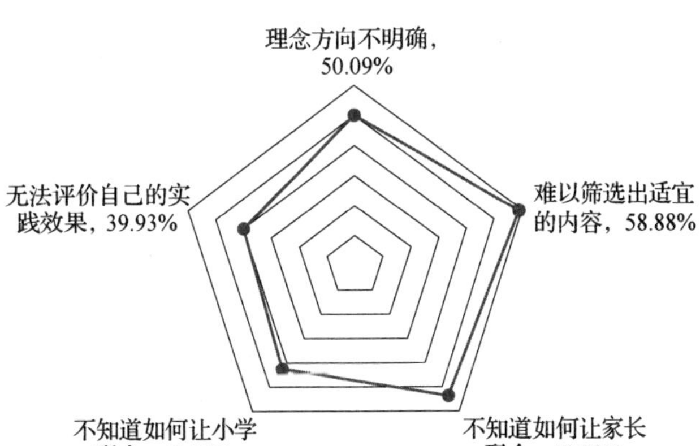

图 2-3　教师在入学准备实践方面的困惑情况

将家长的需求与教育专业立场相融合，高达 66.39％的教师表示对入学准备和“小学化”之间的关系感到困惑，另外半数以上的教师也对如何将四个入学准备的内容融入幼儿园课程表示困惑。

五、入学准备教研活动覆盖面有待提高，教研指导资源分布不均衡

完善的教研机制是促进入学准备顺利开展的保障，也是连接政策、理论和实践三者的重要桥梁。调查结果显示，17.96％的园长和教师反映未参与过入学准备相关的教研活动。此外，尽管大部分调查者反映教研员能够有效解决入学准备实践中的困难，但是进一步调查也发现，当前教师能够接受的教研指导资源分布是不均衡的，18.60％的教师反映从未接受过当地市/区教研员入学准备方面的指导，具体情况如表 2－3 所示。

表 2－3　教师接受当地市/区教研员入学准备指导的频次

题项	从未	偶尔	有时	经常	总是
教研指导频次	18.60％	21.12％	26.68％	25.64％	7.96％

六、幼儿入学准备不足，集中表现在学习品质方面

如图 2－4 所示（根据该题排序计算得分），在被问及入学准备中哪些方面还需要加强时，园长和教师认为由高到低依次需要的是：良好的学习品质，前阅读、前书写内容，规则意识，时间观念，语言表达能力，人际交往能力，激发上小学的愿望和兴趣，精细动作能力。由此可见，园长和教师认为幼儿的生活和卫生习惯、学习品质仍有较大提升空间。

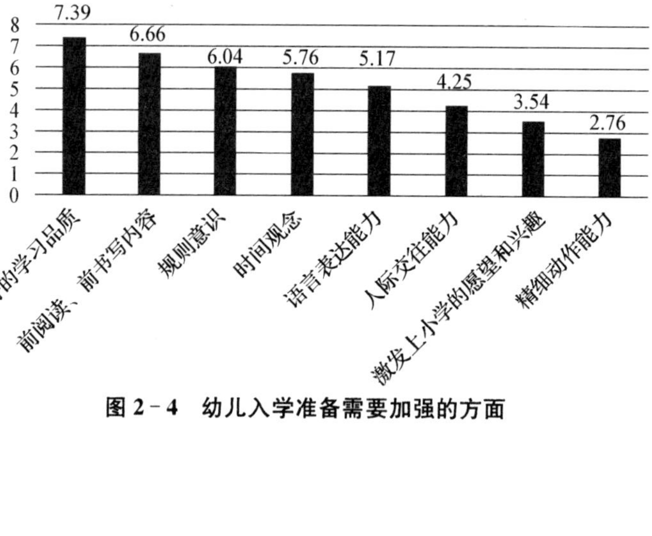

图 2－4　幼儿入学准备需要加强的方面

第四节 科学做好入学准备的对策建议

幼小衔接是儿童学习与发展中的关键时期，也是涉及家庭、幼儿园、小学、教研、行政管理层等多方利益主体参与的复杂性活动。为帮助儿童顺利完成从幼儿园到小学的过渡，家庭、幼儿园、小学、教研、行政管理系统等层面的利益相关者应当在幼小衔接中协同合作，共筑衔接一致、贯通顺畅的教育生态，形成幼小衔接山东范式。本节针对本次调研发现的问题，提出如下对策建议。

一、凝聚各方主体，关注幼儿入学准备的各个方面

首先，精准把握幼儿入学准备不足的关键方面，统筹谋划幼小衔接教育重点。一是针对幼儿学习等各方面准备不足的现状，精准开展衔接教育，促进每个幼儿在身心、生活、学习、社会多方面做好入学准备。二是树立长程幼小衔接的理念，将幼小衔接工作贯穿在幼儿园教育的始终。从幼儿全面发展的视角灵活明确衔接教育的起始时间，秉持循序渐进的教育原则，将入学准备教育有机渗透于幼儿园三年保育教育工作的全过程。从小班开始，注重培养幼儿的良好生活和卫生习惯，并根据小、中、大班幼儿的年龄特点，科学确定不同年龄阶段的发展重点；在大班阶段，围绕幼儿进入小学所需的核心素养与关键经验，实施有针对性的入学准备教育。其次，凝聚各方主体，实现资源的共建共享。依据系统生态学模型的观点，幼小衔接是幼儿与家庭、幼儿园、小学、教研、行政等各种环境之间相互作用的结果。这就要求幼小衔接工作中的各利益主体均以幼儿为中心，各自基于教育场所承担相应的教育责任，形成以促进幼儿发展为目的的教育向心力。

二、建立健全双向衔接制度，加强幼小课程衔接

首先，加强幼儿园和小学特别是小学双向衔接的主动性。幼小衔接一直有单向化、幼儿园"一头热"的问题，幼儿园和小学之间沟通较少，衔接方式也比较单一。《指导意见》颁布以后，小学衔接的主动性有所提高，但与幼儿园相比，仍存在较大的提升空间。为此，我们进一步呼吁小学加强与幼儿园的对接，在资源、课程、机制等方面实现共建共

享。其次,实现课程衔接,加快研制并推广适宜的幼小衔接活动课程。OECD 的报告显示,约 78%的国家其学前最后一年和小学第一年的课程具有连贯性。[①] 我们也可以组织相关领域的专家和教研人员,依据幼小衔接阶段儿童发展与学习特点,研制并推广适宜幼儿园和小学低年级开展的幼小衔接综合活动课程,在贯彻落实《指南》和《纲要》的前提下,对课程目标、课程内容、课程难度等进行顶层设计。再次,完善明天出版社、山东大学出版社出版的两套山东省幼儿园教师指导用书。在这两套幼儿园教师指导用书中增加幼小衔接相关内容,从做好四个方面的入学准备入手,引导幼儿园教师在生活活动、游戏活动和教学活动中科学做好幼小衔接工作。最后,可继续评选山东省幼小衔接优秀案例,宣传各地幼儿园的优秀经验和先进做法,发挥其引领示范作用,从而提升幼小衔接工作的质量。

三、转变家长教育观念,引导家长科学做好幼儿入学准备

首先,广泛利用各种媒体,宣传儿童可持续发展的教育理念,引导家长正确看待幼小衔接。在终身学习的时代背景下,教育应促进个体的可持续发展,而片面注重知识层面的"抢跑"教育行为并不利于儿童持久地发展。为此,有必要面向家长宣传儿童可持续发展的教育理念,帮助家长认识过度强化知识准备、超前学习小学课程内容对儿童未来发展的损害,引导家长认识到幼小衔接应兼顾儿童发展的各个方面。每年 5 月 20 日—6 月 20 日是全国学前教育宣传月,而这个时段也是幼儿园大班幼儿容易流失的关键节点,我们应充分利用学前教育宣传月和暑假时间,向家庭和社会广泛深入宣传幼小科学衔接理念,做好宣传教育工作,减缓家长焦虑。其次,明确幼小衔接中的家庭教育内容,完善家庭教育指导体系,规范家长的教育行为。充分利用家长学校,完善家长学校课程,可以组织专门人员编写幼小衔接家庭指导手册,充分发挥家长在儿童发展中的作用,通过科学具体的教育指导,明确幼小衔接中家庭教育的内容与方式,规范家长教育行为。最后,搭建家、园、校、社沟通平台,充分利用家长学校、家长开放日等提升家长参与幼小衔接准备的能力。幼儿园和小学需积极引导家庭参与幼小衔接教育,并通过家访、幼儿园大班毕业典礼等线上和线下相结合的方式,了解家长的教育需求与困惑,为家长参与衔接教育提供指导。

---

① OECD. Starting strong V: Transitions from early childhood education and care to primary education[M]. Paris: OECD Publishing, 2017.

四、加强幼小衔接专业支持，提高教师衔接教育胜任力

首先，开展幼小衔接职后专项培训，提高教师幼小衔接教育能力。针对现阶段幼儿园教师的需求，将幼小衔接纳入省级培训项目，各地幼儿园可开展多种形式的入学准备教育专项培训、幼小衔接家庭教育指导专项培训，增强幼儿园教师的衔接教育能力和指导家庭科学育儿的能力①。将幼小衔接作为省级幼儿园园长和教师培训的内容，指导市、县做好教师培训；用好山东省学前教育学会平台，定期开展专题培训、研讨会等交流活动，有计划、有组织地提高幼儿园教师幼小衔接教育胜任力。其次，将幼小衔接纳入职前教育课程内容，从源头增强教师幼小衔接教育胜任力。在幼儿园教师职前教育或入职培训中增设幼小衔接相关内容，为教师开展衔接阶段教育做好专业准备；有关高校要利用自身专业和资源优势，开展幼小衔接课题攻关、课程建设、人才培养培训等项目和工作。最后，建立幼小衔接教师成长资源库，为教师自我提升提供专业支持。为进一步增强教师幼小衔接教育能力，可整合多种资源，通过出台幼小衔接教师教育指南、编制幼小衔接教师工作手册、开设幼小衔接教师工作公开课、建立幼小衔接教师互助交流平台等方式，为幼儿园教师和小学教师搭建可获得、易获得、有价值的成长资源库。

五、深化幼小衔接教研指导，扩大教研资源的覆盖面

首先，建立健全联合教研制度，明确小学牵头责任，促进幼小学段多方面衔接。学前教育和小学教育在教育组织、教育方式等多方面存在明显差异。针对幼小衔接过程中教育组织形式跳跃过大的现状，要综合考虑该阶段儿童学习与发展的阶段性与连续性，通过联合教研，采取逐步过渡、相互衔接的教育模式。各级教研部门可将幼小衔接纳入年度教研计划，发挥教研人员引领作用，建立幼小衔接专题教研组，强化问题导向，根据实践需要定期开展主题教研活动，组织幼儿园和小学教师围绕儿童发展、教学、管理等方面进行交流，及时解决入学准备和入学适应教育实践中的关键问题。其次，建立健全省—市—县—园四级联动教研机制和教研指导责任区制度。省学前教育中心统筹指导省域学前教研工作，在省级层面成立山东省学前教育教学指导委员会，分设理论研究、课程、游戏等专委会，设立专项课题，整体推动幼小衔接及相关领域教科研工作。市、县级学前

① 洪秀敏，刘倩倩.不同利益主体视域下幼小衔接的多维挑战与突围之路——基于东中西部五省的实证调查[J].中国教育学刊，2022(4)：1-6.

教育教研机构要重心下移，开展系统性幼小衔接教研工作。加强教研指导责任区制度，专（兼）职教研员要根据实际，按照区域位置、教研内容等划分责任区，明确责任分工，采取有力措施。省级层面积极推动园本教研示范园创建工作，引领幼儿园加强以园为本的教研，解决幼儿园保教实践中的真实问题。通过上述措施，确保层层有人抓，园园有人管，实现各类幼儿园教研指导全覆盖。

六、加大幼小衔接专项治理力度，建立幼小衔接长效管理机制

首先，从法律层面严格规定并落实幼儿园幼小衔接工作规范。《山东省学前教育条例》明确规定："幼儿园不得使用小学化教育方式，教授小学教育内容，布置小学教育内容的作业或者组织与小学教育内容有关的考试、测验。"幼儿园应认真学习贯彻落实《山东省学前教育条例》《山东省幼儿园基本办园规范》等文件精神。其次，强化教育督导，开展规范幼小衔接专项治理行动。定期开展对责任督学的培训，明确幼小衔接的规范要求。将治理幼儿园"小学化"纳入责任督学常态监管内容。县区教育行政部门成立规范幼小衔接专项治理领导小组，全面负责专项治理行动的统筹协调、部署安排和监督检查。此外，实行承诺制度和责任追究。各县区教育行政部门、幼儿园、小学以及相关教师签订公开承诺书，并以适当的方式进行公示，主动接受监督。将幼儿园大班衔接教育规范情况和校外培训机构违规办学治理与地区教育质量评价、幼儿园评级评优评先、教师评优评先挂钩。对"非零起点"教学的小学，责令限期整改。没有按照要求进行整改或整改不达标的给予降级处理、通报批评，取消评优评先资格；对问题频发、社会反映强烈的小学实行年度考核，评优、评先等一票否决，并严肃追究其主要负责人的责任。对幼儿园出现大班幼儿流失的情况，应及时了解原因和幼儿去向并向当地教育部门报告；对进行违规培训、组织各种形式测试、鼓吹超前教育的校外培训机构，严格落实教育部印发的《关于大力推进幼儿园与小学科学衔接的指导意见》和《关于进一步减轻义务教育阶段学生作业负担和校外培训负担的意见》相关规定，严肃查处并列入黑名单。

第三章　身心准备教育及案例评析

身心健康是儿童全面发展的基础，关乎儿童的生命质量，关联家庭和社会的幸福，关系到国家的人口素质。幼儿期是塑造个体身心健康和谐统一发展的关键阶段和基础阶段。保持身心协同健康发展是幼儿适应小学生活及学习环境的基础。本章具体阐述了身心准备教育的目标、内容和实施策略以及典型案例。

第一节　身心准备教育的目标与内容

身心准备，是指幼儿需要在身体机能、动作发展和心理等方面做好相应的准备，是幼儿成为小学生开展学校学习的基础，具体包括对小学生活充满向往、保持良好的情绪状态、喜欢运动、动作协调等。幼儿园应正确把握身心准备的目标及内容，帮助幼儿做好身体、心理和社会适应方面的准备，为幼儿顺利过渡、有效衔接奠定良好的基础。

一、身心准备教育的目标

身心准备教育目标是幼儿的身心发展达到预期健康水平的教育结果，是身心准备教育的出发点和落脚点。根据《纲要》《指南》《指导要点》相关要求及内容，身心准备教育目标主要包含以下五个方面。

(一) 锻炼幼儿健康的体格

体格是人体发育情况和健康情况。科学合理的体格锻炼，有助于提升幼儿的身体素质和体育素质，促进幼儿身心全面发展。其目标可分解为：一是培养幼儿具有健康的体态、适宜的身高体重、正常的身体机能、良好的身体素质；二是帮助幼儿养成良好的饮食习惯和睡眠习惯，保证其生长发育曲线正常；三是帮助幼儿保持健康的运动体态，能以正确的姿态进行走、跑、跳、攀、爬等运动；四是提高幼儿机体适应能力，增强幼儿身体素质。

（二）培养幼儿运动的兴趣和能力

培养运动的兴趣，养成运动的习惯，具备一定的运动能力，有利于幼儿增强体质，保持充沛的精力和良好的情绪，形成健康的生活方式。其目标可分解为：一是培养幼儿参与体育运动的兴趣，帮助幼儿维持开展体育锻炼的热情；二是引导幼儿积极参加多种形式的户外活动，喜欢运动并形成习惯；三是利用多种活动发展幼儿的身体平衡和协调能力，培养其力量和耐力；四是创造条件和机会，促进幼儿手部动作灵活协调地发展。

（三）引导幼儿保持良好的情绪

情绪安定愉快是心理健康重要目标之一。① 保持良好的情绪状态，具备一定的情绪调节能力，有助于幼儿积极适应小学的环境和人际关系。其目标可分解为：一是通过营造良好的心理环境帮助幼儿获得积极的情绪体验；二是以欣赏接纳的态度及时、有效地回应幼儿的合理需求，帮助幼儿获得积极的情绪体验；三是为幼儿树立榜样，引导幼儿在潜移默化中学会恰当表达情绪、积极应对和化解消极情绪、适当调控情绪。

（四）激发幼儿入学愿望

《指导要点》指出，对小学生活充满向往，有上小学的愿望，是幼儿开启小学生活的情感动力。其目标可分解为：一是通过组织幼儿讨论分享与小学生活相关的话题，发现幼儿对小学生活的兴趣点；二是引导幼儿通过多种方式初步了解小学，对小学学习、生活有充分的认识和心理准备；三是激发幼儿成为一名小学生的愿望，引导幼儿积极为入学做准备。

（五）培养幼儿良好的身心适应能力和意志品质

良好的身心适应能力和意志品质是幼儿在面临环境变化和面对挫折时保持良好身心状态的重要保证。其目标可分解为：一是鼓励幼儿坚持锻炼，提高适应季节变化的能力；二是帮助幼儿提高对新环境和集体生活的适应能力；三是为幼儿提供适当的挑战和冒险的机会，增强幼儿勇敢、坚持、抗挫折等良好的意志品质。

---

① 李季湄，冯晓霞.《3—6岁儿童学习与发展指南》解读[M].北京：人民教育出版社，2013.

二、身心准备教育的内容

身心准备教育的内容是实现身心准备教育目标的载体。教师要以幼儿的经验与水平、幼儿的现实生活为出发点，选择有助于幼儿身心和谐发展的内容，通过恰当的组织方式，为幼儿进入小学做好身心准备。

（一）身体保健教育

健康的体魄是幼儿顺利入学的重要保障。教师可以从膳食营养、生长发育、卫生保健等方面关注幼儿的身体健康。

1. 膳食营养

依据幼儿的发展情况和身心特点制定科学合理的食谱，结合幼儿的年龄特点和学习方式，通过趣味互动的形式，帮助幼儿了解不同食物的营养价值，养成健康的饮食习惯，引导幼儿不挑食、不偏食、不暴饮暴食、少吃或不吃不利于健康的食品等。

2. 生长发育

幼儿身体的正常发育，是保证各方面健康发展的前提，关注幼儿的站、坐、行走等姿势，积极开展能调动幼儿充分进行奔跑、跳跃、攀爬等体能活动的体育游戏及体育运动；通过游戏化的情境，帮助幼儿养成良好的进食、饮水、午睡习惯；生活中发现幼儿的体态问题及时纠正；一日活动安排根据幼儿的年龄、个体差异和季节变化进行适当的调整。

3. 卫生保健

树立正确的理念与目标，依据要求科学严格地开展卫生保健工作。引导幼儿养成良好的卫生习惯，如饭前便后洗手、吃东西后要漱口、勤剪指甲等；通过多种形式支持幼儿了解基本的保健知识，如五官的作用及保护方法等；做好疾病预防工作，如做好卫生清洁、消毒等，开展多种形式的幼儿及保教人员的卫生保健教育等。

（二）动作发展教育

动作是人在日常生活和社会实践中所必需的身体运动技能。[①] 动作协调性是幼儿在完成动作练习时，身体各部分与动作规定的顺序、要求之间的配合情况，是反映幼儿身体素质的重要指标之一。

---

① 叶平枝.幼儿园健康领域教育精要——关键经验与活动指导[M].北京：教育科学出版社，2015.

1. 大肌肉动作发展

大肌肉动作发展是动作发展的基础，学前期是大肌肉动作发展的“敏感期”。[①] 大肌肉动作又称粗大动作，是指全身性的体能活动，涉及躯干、手臂、腿等大肌肉的控制能力。儿童透过大肌肉动作去探索及认识周围的事物。3—6 岁是幼儿基本动作技能发展的关键期，这一时期大肌肉动作发展的主要任务是走、跑、跳、爬、攀、抛、接、掷、推、拉等基础动作。因此，在体育活动中跳跃、爬行、抛球、踢球、跨步跳、单脚跳、滑步、跑步、攀爬等均是幼儿发展大肌肉动作的重要方面。

2. 精细动作发展

精细动作是幼儿身体技能发展的重要组成部分，也是幼儿早期身心发展的重要方面。3—6 岁幼儿的精细动作主要体现在手部小肌肉群的协调配合下，呈现出的流畅熟练的捏、握、屈、扭、拧、撕、抓、压、挖、夹等动作。幼儿精细动作的灵活性和协调性是正确书写的重要生理基础。发展幼儿精细动作，可以让幼儿在日常生活中自己尝试正确、熟练地扣扣子、系鞋带、使用筷子等；在游戏中使用画笔、剪刀、纸等工具材料进行操作与表征。

3. 运动习惯与兴趣

《幼儿园保育教育质量评估指南》(以下简称《评估指南》)中指出，幼儿园应提供尽可能多的运动机会，鼓励幼儿积极参与，激发他们的运动兴趣，帮助他们养成良好的运动习惯；科学合理地安排一日活动，保证每日户外活动时间不少于 2 小时，其中体育活动时间不少于 1 小时；[②]根据幼儿身体情况、季节和天气的变化随时调整户外活动的形式和内容；引导幼儿了解体育锻炼前要做热身活动，结束后要做放松活动；开展徒步、爬山等多样体育活动；组织形式多样的亲子体育活动，让幼儿感受运动的快乐。

(三) 情绪管理教育

情绪管理是个体通过对自身情绪和他人情绪的认识，从而调节情绪的能力。在一日生活中，我们可以从识别情绪和引导表达情绪两个方面助力幼儿管理情绪。

1. 识别情绪

幼儿对情绪的认知是其能够表达及管理情绪的前提和基础。一是开展丰富活动，帮助幼儿认知情绪特征。如通过“我的情绪小怪兽”活动，感受不同情绪带给人的独特感受；在区域游戏中，鼓励幼儿讲述并表演《小蚂蚁找食物》的故事，通过听、说、看、演等方

---

① 何玉红.大肌肉动作发展评估及其对学前教育的启示[J].幼儿教育，2017(C6)：21－25.

② 中华人民共和国教育部.幼儿园保育教育质量评估指南[R/OL].http://www.moe.gov.cn/srcsite/A06/s3327/202202/t20220214_599198.html.

式，巩固对情绪特征的识别，体验依据情绪特征辨别情绪的方法。二是通过多元途径，丰富幼儿的情绪体验。通过创设能够充分调动情绪的情境、体验不同情感的角色游戏等方式，不断丰富幼儿的情绪体验。三是一日生活浸润，引导幼儿逐步感知情绪。幼儿是发展中的人，他们敏锐的情感触角需要在成人的精心关爱下才能伸展开来。只有成人善于向幼儿陈述自己的情绪状态及产生这种情绪的原因，幼儿才能逐渐学会表达情绪的词汇和表达情绪的方法。同时，教师也可通过用心观察、善意引导，帮助幼儿逐步推测同伴的情绪。

2. 引导表达情绪

支持幼儿运用各种方式表达自己的心理体验。一是绘制心情故事。在一日活动的过渡环节或自由活动时间，幼儿可以通过绘画的方式记录一天当中自己高兴或是难过的事情，教师根据幼儿的记录及时了解其心理变化。如鼓励幼儿自制班级“解忧树”，把令自己烦恼的事情画下来并挂在树上，等烦恼不见了就可以取下来，帮助幼儿正确表达烦恼、接纳烦恼。二是讲述心情故事。在语言区投放各种玩偶或图片，让幼儿以讲述的形式表达自己的情绪和感受。三是创建自主交流的空间。举办开心会，帮助幼儿大胆坦露心声，如午睡后或者爸爸妈妈来接之前，幼儿和教师围坐，相互说说开心的事和不开心的事；设置相对私密的空间供幼儿自己进行思考，或与同伴进行交流。

（四）小学认知和体验教育

培养幼儿对小学生活的向往和期待，是帮助幼儿从身心方面做好入学准备的重要内容。幼儿园可以通过让幼儿认知小学和体验小学生活来培养幼儿积极的入学期待，其具体内容包括参观小学、表征小学、小学生活初体验三个方面。

1. 参观小学

幼儿通过全面、直观地了解小学生的学习生活及环境，以积极的心态迎接小学生活。参观前，通过调查、访谈身边的小学生，提前熟悉上学路线等方式，丰富对小学的认知经验。走进小学，参观校舍环境，了解小学与幼儿园的不同，体验小学生的各项活动。参观后，通过多种方式记录自己的发现与收获。

2. 表征小学

表征小学是幼儿用自己喜欢的方式来理解、表现小学生活及环境，如用数字、实物、代替物、符号等展现自己心目中的小学，或通过角色扮演、建构游戏等方式展现对小学的憧憬与期待。一是表达与交流。参观小学后，围绕小学环境、作息时间等方面，进行交流谈话、表征等活动，分享感受。二是再现与创造。鼓励幼儿创造性地表达自己在小学里看到的、听到的、印象最深的人、事、物等。如在建构区搭建“我心中的小学”，在角色区创设小学课堂等。

3. 小学生活初体验

小学生活初体验主要指带领幼儿体验小学课堂，到各功能室体验活动等。体验之前围绕小学生活进行讨论，让幼儿将自己对小学的困惑和感兴趣的事情记录下来，如“小学生日常都做些什么、学些什么”“哥哥姐姐们平时是怎么上课的”等；通过让幼儿亲身体验小学活动，感受小学生活的丰富与快乐，帮助幼儿提高适应环境的能力，为进入小学奠定良好的基础。

（五）品质养成教育

具备一定的适应能力和良好的意志品质，是幼儿从容、愉悦地适应小学学习生活和环境的重要一环。品质养成教育能够锻炼幼儿的意志品质，提升幼儿适应小学生活的能力。

1. 适应能力

适应能力指身体对内外环境及其变化、对社会环境的感受和调整能力。一是在生活中感受环境的变化，包含天气、植物等自然环境的变化，以及家人、师幼等社会环境的变化。幼儿在多样的、变化的环境中细心观察、迎接挑战，逐步提高对环境的适应能力。二是在运动中增强身体适应能力。幼儿在树林、土坡、草地等户外环境中，开展投掷、攀爬攀登、追逐躲闪跑、匍匐爬行等活动，不断增强身体适应能力及参与活动的主动性。三是在游戏探索中，生发主动乐观的精神。幼儿在角色游戏、体育游戏中进行合作探索，与伙伴互动，提高人际交往能力。

2. 意志品质

意志品质是在克服困难的过程中逐步形成的。幼儿的意志品质体现在一日活动的方方面面。如，在体育锻炼中的坚持性。幼儿在集体体育游戏、自由运动、特色体育活动中展现出的勇敢、坚持、不怕困难等品质特征是意志品质的重要体现。又如，在多元活动中的挑战性。如在勇敢者帐篷夜、阳光小兵军旅体验、远足等特色活动中，幼儿在多元体验中展现出的坚毅品质也是不断磨砺意志的表现。同时，幼儿在不断适应新环境、认识新同伴的过程中，逐渐学习到的合作、交往也是幼儿意志品质教育的重要内容。

第二节　身心准备教育的实施策略

身心准备是一个循序渐进的过程，围绕幼儿入学身心准备所需的关键能力，遵循幼儿身心发展规律，把入学准备教育目标和内容融入幼儿园教学、游戏和一日生活，通过实施生活浸润、教学支持和游戏助力等教学策略，将幼儿游戏、学习、生活有机整合，帮助幼儿主动获取身体动作发展和心理方面的关键素养，助力幼儿做好入学身心准备。

一、生活浸润，在体验中保持良好身心状态

（一）策略解读

幼儿良好的身心状态、健康的行为习惯不是一朝一夕养成的，需要在日常生活中不断地体验、感受与学习，通过日积月累，慢慢地实现。生活浸润策略强调环境的同化作用，需要教师和家长共同为幼儿创设安全、和谐的环境，科学合理地安排幼儿的一日生活，结合幼儿日常的进餐、饮水、盥洗、入睡等环节进行健康教育，从小班开始循序渐进培养幼儿身心发展的关键素养，让他们在日常生活中自然而然地习得健康的行为和习惯。

教师在幼儿园要善于捕捉日常生活中的契机进行健康教育，创设促进幼儿健康发展的情境，及时对幼儿进行引导。同时，教师可以向家长介绍幼儿身心健康方面的发展情况并给予家长方法上的指导，争取家长的密切配合。家园双方要达成一致，采用游戏化、生活化和操作化的方式引发幼儿的主动行为，并通过及时的鼓励和反馈让幼儿良好的行为得以强化和维持。

（二）策略实施

1. 创设安全、和谐的环境，为身心准备教育提供支持

幼儿园应当为幼儿提供健康、丰富的生活和活动环境，满足幼儿多方面发展的需要，帮助他们在快乐的童年生活中获得有益于身心发展的经验。

首先，要提供安全卫生、丰富科学的物质环境，为幼儿的发展提供保障。教师为幼儿设计的空间环境、提供的游戏材料要符合安全卫生的要求，保证不给幼儿带来任何身体和心理上的伤害，让幼儿在与环境和材料的充分互动中锻炼身体、发展认知、操作探究。其次，要营造温馨和谐、宽松友好的精神环境。教师要尊重幼儿，建立平等和谐的师幼关系，教师的爱和尊重可以为幼儿的发展营造充满激励的氛围；同时，也要加强对幼儿的情感和社会教育，帮助幼儿建立互助、友爱、和谐的伙伴关系，使幼儿生活在轻松愉悦的环境中，为其身心发展提供支持。幼儿园要建立和谐的家园关系，保持教育的一致性和连续性。

2. 科学组织一日生活，培养良好的运动和饮食习惯

科学的一日生活安排是身心健康发展的保障。幼儿一日生活的组织应遵循动静交替、室内与户外相结合、以游戏为基本活动的原则。科学合理的一日活动有利于幼儿身心和谐发展。

科学的一日生活要保证幼儿每天不少于 2 个小时的户外活动时间，且需要分段进行。户外活动可包含早操活动、户外自主游戏和 1 个小时的体育运动。幼儿园要为幼儿提供适宜宽敞的运动场地，场地上要有丰富的体育器械和游戏材料。教师一方面要发挥榜样作用，保持对运动的热爱和兴趣，具有良好的运动习惯；另一方面还要组织开展多种形式的体育运动，注重对幼儿的正面激励和评价，逐步提高幼儿的运动兴趣，帮助幼儿养成运动的习惯。

科学的一日生活要保证幼儿能定时、定量地饮食。定时进餐是指进餐要有一定的时间，两餐之间要隔 3.5—4 小时。定量则要根据幼儿的基本进食量进行配餐。要让幼儿了解健康的饮食习惯，如饭前洗手、饭后漱口、细嚼慢咽、不暴饮暴食等。还要注意营造宽松愉悦的进餐环境，让幼儿愉快地进餐。给幼儿自己动手盛饭、添饭等自我服务的机会，尊重幼儿的意愿，帮助幼儿养成良好的饮食习惯。

3. 开展丰富科学的食育活动，保证膳食合理、营养均衡

营养均衡的膳食是幼儿进行身体活动、体育锻炼的重要物质基础。幼儿生长发育迅速，新陈代谢旺盛，对营养有一定的需求，因此幼儿园要在日常生活中开展丰富的食育活动，帮幼儿建立对食物的认知，保持良好的食欲，养成科学的进餐习惯。

食育是以食物为载体或中介的教育形态，具有促进幼儿身体健康、健全幼儿人格发展和传承优秀文化等教育功能。例如，教师可以通过“帮厨”活动引导幼儿参与食物制作，通过餐前“快来尝尝小朋友的手艺”“介绍你是怎么制作食物的”等活动，激发幼儿的成就感和进餐兴趣，引导幼儿主动进餐。

教师还要抓住生活中的契机，引导幼儿认识食物的名称、颜色、形状、味道等，获得对食物的初步认知经验，了解营养与身体健康的关系，帮助幼儿建立初步的健康饮食意识。教师可以时常通过讲故事、树榜样、做游戏等方式正面鼓励幼儿不挑食、饭前不吃零食等行为。

4. 循序渐进，做好全过程准备

身心发展是一个循序渐进的过程。入学准备所需的身心素质需要从小班起就开始培养。

幼儿的肢体动作、运动、情绪管理、环境适应等能力的发展速度、成熟程度既有明显的年龄特征，又呈现出一定的个性化特征。身心准备，要基于幼儿的年龄特征，尊重幼儿

自身的发展节奏，提供适宜的教育。幼儿园要根据幼儿的年龄特点，充分考虑群体特征和个性差异，制定符合本园、本班实际的渐进式发展目标，选择符合幼儿年龄特点的、适宜的身心发展关键素养，帮助幼儿实现螺旋式上升。如在“向往小学”发展目标中，指向的是幼儿喜欢并适应集体生活的心理发展指标，不能仅通过大班下学期的参观小学、体验小学课堂等方式培养，还需要从小班开始引导幼儿逐步适应集体生活，从喜欢幼儿园，到对升班和长大有自豪感，再到对更大的集体、新的环境产生兴趣，慢慢产生归属感，并在人际交往中产生自信心等。

针对身心发展不平衡的幼儿，教师要有针对性地采取一定的支持策略帮助他们做好全过程准备。如“情绪良好”这一发展目标，指向的是幼儿能经常保持积极稳定的情绪。对于情绪调控能力相对较弱的幼儿，教师应加强关注引导，可采用同伴榜样激励、教师有效回应、鼓励表达等方式帮助幼儿恰当地调控情绪。又如在“喜欢运动”发展目标中，指向的是幼儿能积极参加多种形式的户外活动，能连续参加体育活动半小时以上。但是对于体质较弱、动作发展不够协调的幼儿，就要根据幼儿的运动能力，采用分层投放游戏材料，适当调整运动量和运动强度的方式，逐步提高其动作的协调性和灵活性，增强力量和提高耐力。

二、教学支持，在引导中获得身心健康成长

(一) 策略解读

幼儿身心准备教学活动，是针对幼儿身体健康和心理健康组织的专门活动。教师应从幼儿的兴趣和实际水平出发，根据身心准备教育目标，有计划地实施各种促进幼儿身心健康发展的活动。灵活调整教学方法、教学组织形式以及教学场地等，最大化地支持幼儿获得良好的体验，有效地帮助他们在活动中锻炼强健的体质与协调的动作，促进身体发育，保持愉悦的情绪状态，培养良好的生活习惯和基本的生活能力，从而为身心健康发展奠定坚实的基础。

(二) 策略实施

1. 多元引导，激发幼儿全身心参与

(1) 情境化教学贯穿始终，激发幼儿的运动兴趣

幼儿园体育教学活动是身心准备教育的主要教学活动形式之一，其结构可分为开始部分（热身环节）、基本部分（基本环节）和结束部分（放松环节），主要以故事或情境为主

线，进行情境化教学，激发幼儿的运动兴趣，提高幼儿的身体素质。

一是故事情节贯通。教师将体育教学活动的内容以故事的形式串联起来，激发幼儿的参与兴趣。故事一般有开端、经过和结果三个部分，这与体育教学活动的开始、基本和结束三个部分相吻合。如在体育活动“好玩的纸棒”中，教师创编《孙悟空和孩儿们》的故事，加上“孙悟空”带“孩儿们”变金箍棒操练本领、搬运水果过小桥等情节，引导幼儿在故事情境中练习手腕转动、平衡走、合作行进协调走等动作，完成教学目标。

二是情境化语言渲染。教师通过情境化的语言渲染，使活动更加生动有趣，激发幼儿去积极参与。如教师用情境性的语言鼓励幼儿像解放军战士一样爬过高山、走过铁索桥、跨过障碍物，不怕困难、刻苦训练等。在玩乐中，幼儿动作的协调性、灵活性和意志品质得到了很好的锻炼。

三是音乐渲染气氛。根据活动需求，教师选择适宜的背景音乐，增强活动的趣味性。如在体育活动“中国功夫”中，加入音乐《中国功夫》，在雄壮有力的音乐氛围和音乐节奏中，幼儿不仅能够做出更加整齐、有气势的动作，还产生了更加积极的情绪体验和情感共鸣。

(2) 体验参与式学习，激发幼儿的入学愿望

体验式学习是幼儿通过认知、体验和感悟，在实践过程中主动获得新知识、技能和态度的方法。幼儿可以扮演教师或者小学生等，在亲身体验角色和情境的过程中加深对小学学习生活的认知与理解。

体验前，教师可以根据幼儿的兴趣和需求，引导幼儿确定体验主题，制订具体的体验计划；体验过程中，减少不必要的介入，以便幼儿可以真实地表现、表达和感受；体验后，通过多种方式引导幼儿梳理、表征体验感受，提前预判并解决一些小学可能会遇到的问题，提升经验，做好入学心理准备。

(3) 情感激励式评价，助燃幼儿的运动激情

情感激励式评价有助于激发幼儿的积极性和内在潜力，增强学习动力，从而使其在面对困难和解决问题时保持积极乐观的态度，勇于迎接挑战，进而获得成功。可以通过教师欣赏式激励、幼儿体验式激励等方式助燃幼儿的运动激情。

一是教师欣赏式激励。教师要经常给予幼儿正面的、积极的暗示，如“你能行的”“你很勇敢”等。成人的情感激励也会引发幼儿的自我鼓励，他们会将鼓励内化为“我能行”的认识。

二是幼儿体验式激励。一方面，在设计体育活动时，要根据幼儿的实际情况及活动的具体内容，让每一个幼儿获得成功体验的机会。另一方面，要善于利用同伴学习的作用，通过引导幼儿相互交流、借鉴学习，达成共识，从而获得更多的新经验。

2. 分层推进，满足不同幼儿身心发展需求

分层推进是指幼儿园在体育教学中，从活动材料、活动要求、活动密度三个方面设计具有不同难易程度、不同运动负荷的活动内容，以满足不同体质、不同运动能力幼儿的身心发展需求。分层推进是为幼儿的发展做出科学引导从而因材施教的重要策略。

一是材料体现层次性。根据幼儿已有水平，区分动作发展的层次要求，设置不同的材料、场地和挑战难度，让每个幼儿都能在活动中获得最大限度的发展。如在小班的“小兔采蘑菇”游戏中，提供不同高度的拱形门，高个子的幼儿钻高拱形门，矮个子的幼儿钻矮拱形门，高个子也可以尝试钻稍矮一些的拱形门。

二是要求体现递进性。在学习基本动作的体育活动中，教师要分析动作要领，抓重难点，逐步提高活动强度。活动中不做“一刀切”的要求，既可以在同一次活动中准备不同难度的游戏材料，也可以根据幼儿的实际表现，将游戏过程分层次，调整要求。如“小青蛙捉害虫”游戏中跳小沟，小沟的宽度是逐次增加的，呈现递进性。

三是密度安排适宜性。认真观察幼儿的活动情况，灵活调整活动密度，使幼儿既能玩得尽兴，也不会损害身心健康。如在“小袋鼠跳跳跳”游戏中，第一次游戏，鱼贯式地跳到终点绕过“大树”就原路返回；第二次游戏，鱼贯式跳到终点，通过“装饰大树”稍作休息再返回起点；第三次游戏，接力式地跳，幼儿能够获得一些休息时间，有效调控游戏的活动密度。

3. 场域开放、多元，提升幼儿身心适应能力

幼儿园应根据季节、地域文化的特点，结合目标，整合家、园、校、社多方教学资源，拓宽教育教学场域，提升幼儿身心适应能力。

一是家长走进课堂，拓展幼儿经验。充分利用家长特长、职业优势，丰富课程资源。如解放军爸爸带幼儿一起叠被子、整理衣服等，帮助幼儿提高生活自理能力；让幼儿在站军姿、走正步等游戏中磨炼意志品质，提高身体素质。

二是幼儿走进社区，丰富社会体验。幼儿园附近的超市、文具店、果蔬店、药店、烘焙店、书店等都是教学场域。幼儿走进现场、亲身体验，丰富对不同环境的体验感受。如在“绿色小果篮”主题活动中，幼儿走进果蔬店体验买菜、买水果的过程，在体验中直观认识果蔬的颜色、种类等。

三是创造社会实践机会，拓展身心准备教育路径。教师可以组织远足、节庆、运动会、短途旅行等活动，锻炼幼儿身体，提高其身心适应力。如结合幼儿园周边环境特点，开展登山节活动。幼儿在登山过程中观察树木，体验陡滑的山坡、缓坡、沙石小路等带来的不同感受；坚持行走 1 千米，锻炼耐力和腿部力量；登山时学习抓住树木借力、伙伴间相互协助、小步慢行、控制身体幅度等，有效增长见识、增强体质、磨炼意志。

三、游戏助力，在探究中提高身心适应能力

（一）策略解读

游戏具有独特的教育价值。游戏能够很好地促进幼儿身心健康成长。幼儿会通过积极的游戏活动认识世界、探究世界，并在其中获得愉悦感和自主感，这种游戏的愉悦性与生命运动相一致。在身心准备教育中，游戏活动能满足幼儿身体发育、情绪控制、适应能力等多方面发展的需要。幼儿在游戏中做出各种努力，如努力跳跃、尝试剪纸等，从而使思维、想象、解决问题等能力处于最佳状态，进而在认知、态度和能力上获得理想的发展。

结合身心准备游戏活动组织实施的要求以及幼儿在游戏活动中的特点，幼儿游戏的支持策略主要包括环境和材料适宜化、游戏区域多样化、观察指导深入化。这些策略的灵活应用，能够有效支持幼儿自主游戏的生发，提升幼儿的身心素养，助推幼儿关键经验的拓展，进而实现幼儿身心全方面的发展。

（二）策略实施

1. 游戏环境、材料适宜化，支持幼儿身心和谐发展

适宜的游戏环境、材料可以为幼儿提供不同的支持，满足其身心发展的不同需求。因此，教师应追随幼儿的游戏兴趣及需要，营造开放、多元的环境氛围，激发幼儿创新游戏形式、推动游戏进程、收获游戏体验，进而实现身心和谐发展。

一是开放的环境、材料，满足幼儿游戏的兴趣和需要。打破区域间的界限，联动、融合游戏的物质和精神环境。在哪玩、玩什么、怎么玩，幼儿说了算。如建构游戏中，幼儿有的在搭建，有的自主生发交往游戏，休息时间“品尝”甜品店的冰激凌。自由、开放的游戏空间，愉悦的心理氛围，促进了幼儿良好心理品质的无痕发展。

二是丰富的环境、材料，引发幼儿多样的体验。为满足幼儿身心和谐发展需要，应提供可以调动各感官的配合与协调，接收更多有利于自我构建的信息，进行多种形式表达感受的一种整合环境。如富有变化的立体场地，高低不同的坡、曲直不同的小路、软硬不同的地面等环境的组合，满足幼儿不同动作的发展需要；不同触感的多元环境，沙、水、泥、木、草地等，是最自然的“保护垫”，有利于幼儿运动时对骨骼和关节进行保护；多元的游戏材料，源于生活的纸箱、矿泉水瓶、铁锅、木桶等，大自然中的树枝、石子、木棍、泥土等，充分激发幼儿游戏兴趣，丰富其游戏体验。在丰富的环境、材料中，幼儿尽情享受日

光浴、风浴、水浴，满足亲近自然的需要，培养健康的体态，增强体质。

2. 游戏区域多样化，关注幼儿身心素质提升

身心素质是身体素质与心理素质的合称。《指南》指出："发育良好的身体、愉快的情绪、强健的体质、协调的动作、良好的生活习惯和基本生活能力是幼儿身心健康的重要标志。"聚焦入学身心准备，幼儿园应从幼儿上小班起逐步培养其健康体魄、手部动作协调、自我情绪调控、积极入学态度等身心关键素质。

游戏是幼儿的基本活动。多样化的游戏区域既能面向全体、有针对性地提升幼儿相关的核心素质，又能满足幼儿的个体需求。幼儿自主选择喜欢的内容和方式，在其最近发展区进行发展，获得身心素养的全面提升，这对更好地适应小学生活是非常重要且有必要的。

一是聚焦发展需要的预设区域。预设区域是指结合幼儿入学准备的关键身心素质，根据幼儿年龄特点，在观察、解读幼儿游戏行为的基础上所创设的适宜幼儿发展需求的游戏区域。如在益智区投放锻炼幼儿手部精细动作的串珠、剪纸材料等，为小学书写打好基础；在户外创设多材质场地，投放多种类材料，锻炼上、下肢力量，满足其大运动量活动需要；创设形式多样的入园自主签到，渗透"坚持来园是让人骄傲的事"的观念，为幼儿喜欢上小学、坚持入学做好准备。

预设区域的科学设置，能在日常生活中潜移默化地引导幼儿对幼小衔接身心准备中一些较难自主习得的关键素养进行锻炼和提升。

二是聚焦个别化需求的开放区域。开放区域与预设区域是相辅相成、互为补充的。开放区域是指不固定功能、主题和玩法，幼儿可根据自己的兴趣、能力进行游戏的活动区。如在沙土区域，有的幼儿在玩沙玩水，通过抓、捏、拍等小肌肉动作，锻炼手部精细动作；有的幼儿则更喜欢跨过挖出的"小河"，在沙地奔跑跳跃，从而提高运动协调能力。

开放区域力求个性化地满足幼儿对身体素质提升、动作发展、情绪调控和积极情绪保持等方面的需求，使他们在自主游戏中能够按自己的发展节奏做好幼小衔接的身心准备。

3. 观察指导深入化，助推幼儿身心关键经验拓展

身心准备关键经验是需要通过游戏和生活潜移默化习得的，具有差异性和个别化。游戏中，教师的支持和推动应基于对幼儿的观察、了解，基于对幼儿主体地位的尊重。因此，在科学观察的基础上，教师顺应、支持、倾听等指导策略，可以帮助幼儿在自主游戏中建构身心发展的关键经验，助推幼儿在最近发展区的高阶发展。

一是顺应，为幼儿身心关键经验的获得增添活力。顺应，即游戏中追随幼儿的意

愿和兴趣，顺从幼儿的天性。从幼儿立场出发，看见幼儿需求，是支持他们用自己的方式追寻和探索自己发展目标的重要一步。如幼儿进行角色游戏时，在哪里玩、和谁玩、玩什么材料、想怎么玩等，幼儿按照自己的游戏意愿，积极愉悦地参与游戏。在宽松的心理氛围的支持下，幼儿通过自己的力量获得成长，为身心发展关键经验的获得打下坚实的基础。

二是支持，为幼儿身心关键经验的生长注入动力。支持，即教师通过显性或者隐性的介入方式，支持幼儿身心的纵深发展。其一，通过对话，显性介入游戏。在幼儿有发展需要时，教师以适当的启发和智慧的引导，助推幼儿身心的可持续发展。如当幼儿自如地在滚筒上行走时，教师启发："除了在上面走，还可以怎么玩呢?"幼儿自主取用材料，进而生发了在滚筒上拍球、转呼啦圈等游戏，游戏中幼儿的平衡能力、手眼协调能力得以发展的同时，坚持性、意志力也得到培养。其二，通过及时调整环境、材料，隐性介入游戏。教师观察和判断现有的环境、材料能否满足幼儿游戏的需要，适当进行调整，可以有效支持幼儿游戏，实现幼儿身心发展关键经验的不断生长。如教师发现坡上架着的横梯激发了幼儿极大的挑战兴趣，于是将沙包、呼啦圈、球等悄悄放在一侧。幼儿自主取用，大胆尝试挑战梯上抛接球、梯上吊挂、悬垂、高空爬行等游戏。幼儿动作的协调性、力量、平衡能力、耐力得以发展，他们在积累运动经验的同时，发展了勇敢、自信的品质。

三是倾听，为幼儿身心关键经验的积累获取张力。教师不仅需要以耳朵来听幼儿的言辞，还需要全身心感受来自幼儿的非言语信息，进而理解幼儿内心需要，梳理关键经验，捕捉下一次幼儿身心关键经验发展的契机。其一，共情式倾听。共情式倾听能够让教师捕捉幼儿的内心发展需要，了解幼儿的情绪状态。在幼儿游戏获得满足或垂头丧气时，教师作为倾听者，在幼儿心理发展的轨迹上始终追随，适时引导、启发、肯定、激励，有助于幼儿敞开心扉并合理表达自己高兴或不愉快的情绪，灵活调控自己的情绪状态。其二，共享式倾听。共享式倾听指教师作为幼儿游戏体验的分享者，和幼儿共同梳理愉悦的体验，追随幼儿的发展需要，将需要适时转化为下一步发展动力。如游戏后，幼儿快乐分享自己扮演厨师的经验，将木屑作为不同的佐料；将木箱、梯子、板组合成大炮，体验到了坚持不懈带来的成功；自己探索单杠游戏，可以倒立、悬垂等。教师在共享式的倾听中捕捉到幼儿多方面经验的获得，并在互动、激励中为幼儿实现身心最近发展区最大发展赋能。

第三节　身心准备教育的典型案例

为给教师提供可借鉴的身心准备教育案例，本节选取了三个较为成熟的案例，分别是"向'筷'乐出发""跳过大滚球""小学生活初体验"。这三个案例分别从发展幼儿手部精细动作、大肌肉动作和激发幼儿对入学的憧憬几个方面，展示了一线教师在身心准备教育工作中的实践与探索。

一、大班案例"向'筷'乐出发"

大班幼儿已经进入幼小衔接的关键时期，我们应利用多种机会锻炼幼儿的手部肌肉，发展其手部精细动作，为其进入小学后正确握笔、灵活运笔打下良好的基础。案例"向'筷'乐出发"中，我们结合大班幼儿的年龄特点及发展需求，引导幼儿尝试用筷子进餐。在"用筷初体验"后，师幼共同讨论使用筷子时遇到的问题，并寻找解决策略。在这个过程中，教师充分挖掘一日生活中各个环节的价值，并调动家长参与到活动中，既能锻炼幼儿手部精细动作，为入小学做好身心准备，又能有效优化家长的衔接理念，真正做到家园共育共融。

（一）案例背景

筷子是中国传统餐具，人们在使用筷子时需要手指灵活地进行夹、捏、抵、推、勾等操作。使用筷子在满足进餐需要的同时，有效锻炼了手部肌肉并提高了动作协调性。日常生活中，幼儿多使用勺子进餐，动作相对简单，中班幼儿已经相当熟练。我们尝试从中班开始，每周安排一次自选用筷时间，发现幼儿兴致很高，越来越多的幼儿主动选择尝试，还能将用筷子的技能迁移到生活和游戏中。于是，当幼儿升入大班，我们继续让筷子进入他们的生活。

（二）案例实录

1. 用筷子吃饭喽

开学初，我们将筷子和勺子同时放在餐具桌上。政政、馨匀和胜强拿起筷子，轻松地将食物夹起并送入口中。

海鑫和浩洋也笑容满面地选择了用筷子进餐。海鑫先拿起筷子放在手心仔细打量着，又学着同伴的样子，将筷子握在手中，但他的手指已经用力到发白的状态，还是无法打开、合上筷子，他原来上扬的嘴角也渐渐弯下来，有些失落地看着别人吃饭。

浩洋也尝试着拿起筷子，他将筷子放在右手虎口处，大拇指和食指“抱”在一起，固定住两根筷子，剩下的三根手指全收在掌心，他食指用力一勾，筷子不听话，呈“X”状打开了。他着急地将筷子合上，皱着眉走过去换了一把勺子，这才大口吃起了饭菜。

我们根据观察发现，午餐时间有32%的幼儿能熟练地用筷子进餐；有45%的幼儿不能灵活地控制筷子，导致进餐较慢；23%的幼儿在初次尝试后直接放弃筷子改用勺子进餐。

午饭后，我们和幼儿进行了一场“用筷大讨论”。师幼总结出幼儿不会用筷子的主要表现为筷子不能灵活地开合、夹起的食物总是掉、筷子总是呈交叉的状态等，这些导致他们进餐较慢甚至无法用筷子进餐。幼儿想出的办法有向同伴学习、在区域游戏中练习使用筷子等。

2. 巧用筷子方法多

讨论后幼儿开始了尝试。午餐时，高佳和海鑫坐在一起。高佳拿起筷子灵活地开合，并演示夹起一块肉吃了下去。海鑫仔细观察，耐心地调整手指拿筷的位置，但由于太过用力，夹起的食物又掉了。高佳鼓励海鑫道：“我是轻轻把筷子合上的，你再试一试。”海鑫再次将筷子打开，又用无名指抵住筷子慢慢地收力，终于成功夹起了食物，他手腕一转将食物送入口中，快乐地品尝着“来之不易”的美味。

幼儿使用筷子的热情延伸到了区域游戏中。在角色区，小饭店里的顾客们正拿起筷子准备品尝美食。宋宋打开筷子用力夹塑料苹果，但是苹果却像涂了肥皂水一样滑，在小碗里转来转去，就是夹不起来（如图3－1所示）。旁边的诺诺也夹着一块三角形的塑料玩具，她费力地追着滑动的玩具，刚要夹起来却失败了（如图3－2所示）。于是她们将筷子放到一旁，端起小碗“啊呜啊呜”地假装吃了起来。

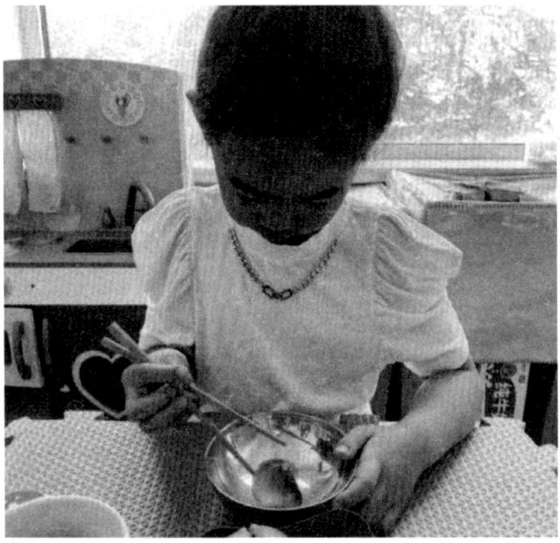

图3－1　宋宋用筷子夹塑料苹果

图3－2　诺诺用筷子夹玩具

通过一段时间的坚持用筷，幼儿找到了使用筷子的乐趣和成就感。他们在家务劳动中也逐渐养成了良好的劳动意识与卫生习惯，手部肌肉也随之发展得更加灵活。开展区域游戏时，幼儿通过夹、捏、剪、系、折等多种动作的运用，手部精细动作发展水平呈逐步上升趋势。

3. 快乐用筷我在行

在家园有效合作的基础上，愿意使用筷子用餐的幼儿越来越多，他们使用筷子的水平也越来越高。

海鑫端着午餐坐到座位上，无名指抵在下方的筷子上，大拇指和食指捏着上方的筷子，轻松地打开筷子将一块土豆夹了起来，手腕一转土豆块就被送进了嘴巴里，他的嘴角挂上了微笑。

浩洋则将筷子打开放在扁平的鼓眼鱼上，食指和大拇指捏住筷子收紧，筷子合起的同时夹起了一块白白的鱼肉，他得意地对政政说："你看，我不用手剥鱼，用筷子就可以吃到鱼肉啦。"说完，他一口将鱼肉吃掉了。

(三) 案例反思

1. 同伴间的互相学习较为有效果

从对海鑫与高佳的观察来看，海鑫能够根据观察同伴的用筷方式进行自我调整，并且在夹物失败后，依然不放弃，反映出他对用好筷子的强烈愿望。过程中高佳对海鑫积极地鼓励，使两人之间形成了融洽的关系，也帮助海鑫稳定情绪，这为他成功夹起食物增添动力。

2. 材料的质地、形状影响筷子夹取的效果

宋宋和诺诺选取的游戏材料多为塑料质地，圆且滑，不利于夹取，导致他们在一次次的夹取失败后自信心受挫，不愿意再去尝试，换用假想的形式继续游戏，没有起到练习用筷的作用。表面上看，幼儿因日常中较少使用筷子，经验不足而出现使用筷子不灵活的情况，但实际是因为他们手部小肌肉的灵活度、协调性较弱，手指不能灵活地开合。因此，结合观察分析以及幼儿的用筷需求，教师应该从如下几个方面给予支持。

(1) 区域游戏，初步练习

教师可以在益智区投放重量、形状、材质不同的物品，供幼儿自主选择，进行"筷子夹夹乐"游戏，帮助幼儿熟练地使用筷子；在美工区提供彩纸、剪刀、太空泥、双面胶、线绳等材料，让幼儿在表现美、创造美的同时，通过剪纸、折纸、捏太空泥、画线描画、编织等形式，锻炼手部小肌肉的精细程度；在拼插建构区，结合幼儿兴趣及发展水平，提供结构较为复杂、颜色多样的图片或实物，鼓励幼儿细心观察，利用不同形状、不同大小的木质积木、雪花片等材料进行拼插搭建，发展小手的控制力及协调性；在角色区创设生活情境，

鼓励幼儿练习系鞋带、扣扣子等，以锻炼其手部力量及手指的灵活性、协调性。

（2）一日生活，突破难点

从一日生活中寻找契机，为幼儿提供锻炼手部肌肉的机会，如在加餐和午餐时，提供未剥皮及未去包装的食物，让幼儿在剥、撕等动作中发展手部精细动作；在过渡环节中，结合幼儿兴趣融入多种民间游戏，如翻花绳等。

（3）家园协同，聚力发展

将幼儿在园用筷的情况，以视频或图片的形式在家长群中共享，针对家长的反馈，结合幼儿的需要，推送了一系列的用筷小妙招以及筷子夹物等亲子小游戏，建议家长在家中用餐也坚持提供筷子，为幼儿使用筷子创造机会。同时，呼吁家长鼓励幼儿参与到家务劳动中，增强幼儿的劳动意识，提高幼儿的自理能力，如择菜、切菜、剥蒜等，以此形成家园合力，达到锻炼幼儿手部小肌肉的目的。

（四）案例延伸与迁移

第一，在户外游戏中，自主选择树枝、冰糕棍、体能棒等和筷子相似的材料进行创意游戏，以游戏中成功的体验感为幼儿继续使用筷子增添动力，帮助幼儿形成良好的内驱力，激发他们不断地尝试与挑战。

第二，倡议家长减少包办代替，鼓励幼儿在家中做力所能及的事情，如叠被子、洗袜子、整理物品、清洗餐具等，在提高幼儿自理能力的同时，进一步转变家长的衔接观念，给予幼儿更多的锻炼机会。

第三，经常开展大带小、混龄游戏，幼儿在与弟弟、妹妹共同游戏的过程中，会自然而然地帮助他们做事情，如系鞋带、叠衣服、系围裙等。这些在发展幼儿手部精细动作的同时，也使他们获得帮助别人、照顾幼小的成就感和责任感，从而养成乐于动手、关爱互助的品质。

（案例来源：胶州市第二实验幼儿园　徐镇）

（五）案例评析

案例中教师基于本班幼儿年龄特点和发展需求，以如何使用筷子为切入点，从游戏、生活、家园共育等方面给予幼儿有效的支持，锻炼和发展了幼儿的手部精细动作。

首先，教师具有敏锐的观察能力，精准地甄别了幼儿的发展方向。用餐投放筷子后，教师及时对本班幼儿用筷子进餐的情况进行了统计，和幼儿进行“用筷大讨论”，梳理原因，观察、捕捉教育契机。

其次，教师运用丰富的专业智慧支持幼儿经验的生长。教师相信幼儿有自主学习的能力，支持幼儿通过自主讨论向同伴学习，在区域游戏中练习使用筷子等方式，帮助幼儿提升手部肌肉的灵活性和协调性。此外，教师结合《指南》《指导要点》两个文件的要求，在关注幼儿精细动作发展的基础上，也关注到幼儿前书写兴趣及习惯，为幼儿入学适应提供了有效支持。

这个案例中也有值得讨论和商榷的问题。例如，为幼儿提供的精细动作参与机会可以更加丰富，教师要继续加强观察解读能力，珍视一日生活中的教育契机，充分挖掘各个环节的价值，推动幼儿发展，为幼儿顺利适应小学生活做出全方位的有效准备。

（案例评析人：胶州市教育和体育局教学研究室学前教研员　刘英华）

二、大班案例“跳过大滚球”

“情绪良好”“喜欢运动”“动作协调”是入学准备教育身心准备中重要的发展目标。研究证明，运动对儿童神经系统的刺激、对大脑的发育有着积极的意义，同时可以减少抑郁和焦虑的影响。案例“跳过大滚球”中体现的运动与快乐、坚持与放弃、爱与陪伴、尊重与智慧，为大肌肉动作发展、情绪调控、个性化发展等身心准备关键素质的培养提供了启示和借鉴。

（一）案例背景

在大班上学期开展“神通广大美猴王”主题活动后，孩子们对模仿孙悟空“跳”的游戏兴趣和热情空前高涨，经常在户外跳上跳下，在木桩间跳来跳去，跨跳过树间的吊床……他们也会不时找来梯子、体操垫、奶粉桶、跨栏、单个轮胎和组合轮胎等材料，进行各种各样“跳”的尝试和挑战。因此，我们及时抓住孩子这一兴趣点，持续追踪跟进。

一天，小美和晓晴用轮胎和大滚球制作了她们的“大马”，可是她们怎么也跳不上去。一场关于“跳”的尝试和探索活动就这样开始了。

（二）案例实录

1. “骑马”初体验

小美将一个轮胎平放在地上，然后招呼晓晴帮忙，两个人一起将一个大滚球滚到轮胎上，轮胎中间的空心正好将大滚球固定住。小美对晓晴说：“来，咱们骑大马吧！”（“大马”高度约为75 厘米）

小美两腿弯曲，双脚脚前掌蹬地跳起，然后用手去抱大滚球，但从球上滑了下来。她用同样的方法再次尝试，仍然未成功。

晓晴说:“我试试。”她先将两手按在大滚球顶部偏下的位置,然后两腿顺势向上抬,也没成功。之后她再次尝试,双手仍在原位置摁球,双腿直立略跳一下,两条腿向上抬并向中间夹紧,但还是滑了下来。

晓晴回头笑着对小美说:“这马挺高挺滑溜呢。”两人都笑了。这次小美调整了策略,先用手摁住球顶部,然后双腿下蹲,用力一跳,成功坐到了球上,不过没控制好平衡,又滑了下来。晓晴赶紧去帮她扶着球。“得使劲跳,胳膊也要使劲。”小美回头对晓晴说。

再次轮到晓晴,她先趴在大滚球上,拍了拍球,说:“大马,你得听话点。”然后,她双手摁住球顶部,比上次略用力起跳,这次肚子能够贴到接近球顶端的位置了。晓晴努力将手向下伸想抱住球,可还没完全伸开胳膊就滑了下来,她自言自语:“我得跳得再使劲儿点。”

基于对幼儿的观察,我的思考如下。

游戏至此,两人虽然都没跳过滚球,但均出现了“自主尝试—模仿学习—调整改进—总结经验”的探索过程。小美和晓晴有几点不同。

第一,跳的方式不同。小美“先起跳再抱球”,晓晴“先支撑再抬腿”,失败 2 次后,两人均调整为“先支撑再起跳”。

第二,动作发展不同。幼儿“起跳”动作的核心经验为“身体蹲伸助跳”和“脚前掌蹬地起跳”,小美已经掌握,但晓晴仍存在“直立起跳”和“全脚掌起跳”的问题。

第三,关注点不同。游戏中,小美更关注“跳”这个动作,晓晴则更沉浸于“骑大马”情境和对同伴的关注中,对“跳”的关注度并不高。

2.“小教练”上线

之后两人又轮流试了几次都没成功。这时,一直在旁边玩轮胎的乐乐从她们身边跑过,又折了回来,跑到大滚球前略有减速,两手摁住球的顶端,双腿弯曲,用力一跳,成功从大滚球上跳了过去,臀部离球顶端约 3 厘米,平稳落地(如图 3-3 所示)。“你们得跑着跳,”乐乐说,“之前玩小马过河的时候不就跑着跳的嘛。”

图 3-3　乐乐跳大马

乐乐加入了她们的游戏,小美和晓晴继续尝试。小美从离球约 3 米处助跑,速度没有乐乐刚才快,全程未减速,跑到大滚球前略有迟疑,之后双手迅速摁住球的顶端,起跳,稳稳地坐在球上,然后像滑滑梯一样自己滑了下来。

轮到晓晴,她也从同样的位置开始助

跑，速度没有小美快，但跑到球前面停了下来，大概 3 秒后，双手摁球起跳，从球的侧面滑了下来。乐乐在一旁说："跑不能停，要不就没劲儿了。"

小美再次尝试，她往后走了走，在离球约 6 米处开始助跑，速度比上次快，双手摁球起跳，成功擦着球面跳过，右脚先落地，左脚后落地。

基于对孩子的观察，我的思考如下。

第一，基于自己的游戏经验，乐乐发现小美和晓晴腾空高度不够是因为没有助跑。他的加入使小美和晓晴的游戏动作由"原地双脚向上跳"发展为"助跑支撑跳"。大班上学期时，幼儿已经具有一定的奔跑和跳跃能力，但还不能很好地将奔跑、跳跃连贯起来，所以这个动作仍有一定挑战性。

第二，小美"助跑支撑跳"完成度相对较高，能及时反思调整，左右脚先后落地表明她落地前没有提前做好屈膝缓冲的准备；晓晴助跑速度慢、起跳前长时间停顿、侧面滑落说明她对"助跑起跳"这个环节比较胆怯。

第三，小美和晓晴对乐乐的助跑建议愿意接受并积极尝试，说明三人关系融洽，乐乐敢于提出建议，小美和晓晴乐于听取别人的意见。

3. 我陪晓晴当观众

乐乐紧随其后，成功跳过，双脚落地，但打了个趔趄。他略停了一会，向器械屋跑去。

小美继续从 6 米处助跑，成功跳过，左右脚先后落地，之后又进行了 3 次，1 次失败，2 次成功，最后一次双脚同时落地。其间，晓晴一直在一旁观看。

这时，乐乐拿着一块体操垫回来，放在跨跳落地的一侧。乐乐和小美继续游戏，晓晴在一旁观看，并未加入。

这时我走过去问晓晴："你怎么不再试试?"

"一跑我就不敢跳。"晓晴说。

"我在旁边保护你，没事的。"我尝试鼓励道。

"不行，我害怕，我给他们加油也挺好的。"晓晴依然坚持。

"嗯，跑着跳确实容易害怕，那咱俩一块看他们跳吧。"

于是，我和晓晴在一旁看小美和乐乐玩。看到他们成功跳过滚球，我们情不自禁地为他们拍手叫好。"等哪天你跳过去了，我肯定会高兴地跳起来!"我笑着对晓晴说。"我也会跳起来!"乐乐附和道，我们四人瞬间笑作一团。

基于对幼儿的观察，这里有两点引起了我的注意。

第一，第一次助跑跳失败后，晓晴不再进行尝试。此时我选择介入，在鼓励和陪伴未奏效后，我尊重晓晴的选择，一是因为晓晴对"跳"并不太感兴趣，二是因为她身高较矮(晓晴身高约 100 厘米，远低于《指南》中 5—6 岁女孩 104.9—125.4 厘米的身高指标)、跳跃动作发展相对不足以及对“助跑跳”的胆怯心理，这些使这个游戏对她而言有较大难度。我们会根据不同幼儿的个体差异，用更适宜和多样的方式鼓励孩子积极参加户外活动。

（2）虽然晓晴没有再尝试，但她全程开心地观看乐乐和小美的游戏，三人互动愉悦、和谐，这说明晓晴遇到困难时能保持积极、稳定的情绪，同时这个游戏能够带给她其他方面的愉悦体验，这也更坚定了我对晓晴“默默陪伴，不盲目鼓励”的想法。

4. 游戏后讨论

游戏结束后，我和幼儿们首先针对“游戏中你们遇到了什么问题”“为什么会出现这个问题”“解决这个问题用了什么办法”三个问题回忆并梳理游戏中探索的过程，聚焦“腾空高度不够”这一核心，发现“先助跑，再双手支撑，最后用力起跳”的办法（如图 3－4 所示）。

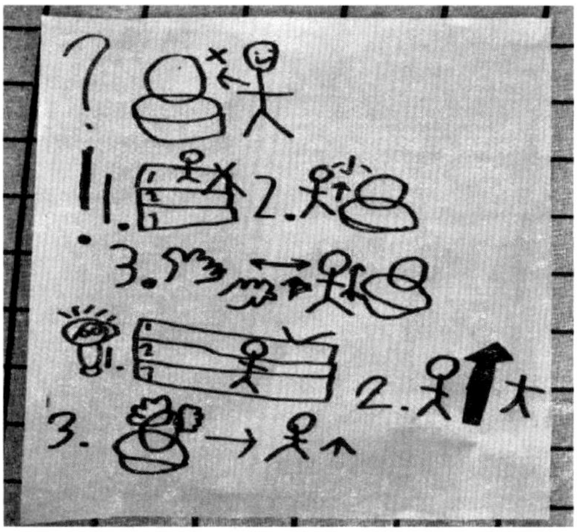

图 3－4　幼儿关于“如何跳大马”的表征

最后，我提出“面对更高、更胖的大马你还能跳过去吗”“有什么办法能让我们跳得更高”两个问题激发幼儿继续探索的兴趣。

之后，我和班级其他老师围绕“加入助跑后晓晴不再参加游戏的原因”展开进一步讨论。除了“跳跃动作发展水平较低”“个子较矮”等原因，从运动心理学角度分析，我们发现晓晴对“助跑支撑起跳”的畏惧心理和“对‘跳’兴趣不足”也是很重要的原因，而这又恰恰是因为晓晴“跳跃动作发展水平较低”“个子较矮”。

跳跃是幼儿园阶段一项重要的运动技能，借此游戏契机，我们重点对腾空和落地环节进行了资料查阅和研讨，发现幼儿起跳后不能腾空一定高度，通常是小腿肌肉力量不足导致的，落地阶段不懂得屈膝一般是因为膝盖灵活性不足。接下来，我将重点进行腾空、落地环节的隐性指导，并针对幼儿的需求进行个别关注。

5. 各显神通“骑大马”

更多孩子加入了游戏，他们对“跳着骑马”的热情更加高涨。

为了满足不同发展水平幼儿的需求，我在一旁放置了宽窄不一的轮胎和直径不一的滚球。在晓晴游戏时，我会尽可能离她近一些，让她感受到老师对她的保护和鼓励。

同时，我在集体体育活动时增加了“机器腿伸缩”游戏，引导幼儿反复弯腿再伸直，从而提高膝盖的灵活性；和幼儿一起玩“顶气球”游戏，锻炼幼儿的小腿肌肉力量，从而提高跳起后的腾空高度。

随着游戏的深入，幼儿的“助跑支撑跳”水平有了明显提升，小美能够双脚同时落地，乐乐跨过球时臀部离球顶的高度略有提升，晓晴在有人保护的情况下，也敢于尝试“骑”最窄轮胎组成的“小马”(高度约为 60 厘米)。虽然晓晴只能坐到“马背”上，但她依然很开心，我们也都为她感到骄傲。

渐渐地，幼儿开始了更多创造性的尝试。例如增加底座轮胎的数量，提高跳的高度；将组合轮胎并排摆放，增加助跑跑道高度，加大跳跃的挑战性；将滚球换成竖立的轮胎，虽跨越高度降低，但对跨越时平衡能力的要求加强；甚至个别幼儿还出现了跳后顺势做前滚翻和落地转身的动作(如图 3-5 所示)。

之后幼儿还编出了“跑—撑—跳—蹲”的口号，边说边玩，用自己理解的方式不断调整身体动作，实现了户外游戏中的深度学习和自主发展。

图 3-5　幼儿创造性跳大马(组图)

（三）案例反思

本次游戏中，幼儿在自发产生的“骑大马”活动中，通过不同大小的球、不同宽窄的轮胎的自由组合，创造了“助跑支撑跳”动作，他们兴趣盎然，持续探索。

看似简单的“助跑支撑跳”动作，不仅使幼儿的平衡能力、协调能力和灵敏性、手臂和下肢力量得到了有效锻炼，同时身体素质的发展也可以促进神经系统和脑功能的完善，让他们喜欢上运动、增强体质，这为幼儿上小学做好了身体、学习的双重准备。

游戏中，不论是最初遇到困难跳不过滚球，还是同伴指出问题，抑或是后面多次调整仍未成功，他们的情绪始终安定愉悦，尤其是晓晴，即使作为小观众依然乐在其中。这与幼儿能够被接纳、被支持、被鼓励选择自己喜欢的活动和适合自己的玩法是分不开的。在这种自由自主的心理氛围中，幼儿更容易学习并学会保持良好的情绪状态，具备一定的情绪调控能力，这有助于他们今后积极适应小学新的环境和人际关系。

教师将支持藏起来——不盲目鼓励，多隐性支持，分析幼儿的游戏行为，及时关注幼儿的需求，在合适的时机、用合适的方式给予幼儿有效支持，这也是幼儿不仅能够情绪愉悦，同时动作得到明显发展的原因。

表 3－1　教师在不同游戏情境中的介入情况

游戏情境	介入时机	介入方式	成效
乐乐差点摔倒	无	无	试误引发反思
晓晴当观众	晓晴放弃尝试时	语言	鼓励失败
	语言介入失败后	参与游戏	感受到认同和尊重
	同伴成功跳过时	语言、表情	感受到期待和认可

表 3－2　教师在不同游戏情境中的支持策略

游戏情境	支持时机	支持策略	成效
围绕“骑大马”游戏的讨论	分享交流时	提出问题，引发思考	梳理游戏经验 有效解决问题 推动游戏深入
各显神通“骑大马”	再次游戏前	添加游戏材料	满足不同发展水平幼儿的需求
	热身时	增加热身活动内容	锻炼有针对性
	晓晴游戏时	离晓晴近一些	安全感提高
游戏全过程	无安全隐患时	减少介入	保证幼儿游戏自由自主

（四）案例延伸与迁移

对于“跳”“跑”这类运动强度较大的活动，部分幼儿参与并不积极，但本次游戏的开展源于幼儿的兴趣，这种兴趣促使他们能在较长时间里持续参与。下一步我将继续顺应幼儿的游戏兴趣，通过和幼儿一起搜集奥运会跳马、田径、平衡木、双杠（讨论幼儿园是否适合双杠的投放与使用）、游泳等运动项目的资料，共同制作运动海报，投放跳马、踏板、长板凳、吊环等材料，在推动幼儿“骑马”游戏深入开展的同时，引导幼儿自然感受、亲身体验运动的乐趣，从而喜欢运动，为后期开展更多形式的体育活动打下基础，逐渐改善部分幼儿不愿参与大肢体运动、运动量不足的现状，帮助幼儿增强体质，保持充沛的精力和良好的情绪，养成良好的运动习惯。

（案例来源：胶州市胶北中心幼儿园　刘茜）

（五）案例评析

在这个案例中，我们不仅看到在对材料的组合运用中幼儿运动技能的发展，也看到了爱与支持、尊重与接纳。

1. 创造性地使用材料，幼儿主动获得基本动作的发展

轮胎和滚球是幼儿常用的体育器械，在教师主导的体育活动中少有交集，但在本案例中，幼儿在探索与创造中自由组合不同大小的球、不同宽窄的轮胎，妙趣横生。幼儿在自发产生的“骑大马”情境中，自主创造了“助跑支撑跳”动作，《指南》中虽然没有明确提及，但该动作适合幼儿年龄发展水平。幼儿在器械创造性组合使用中，对“助跑支撑跳”动作积极探索、大胆尝试，既主动习得了“中速助跑—直臂支撑—空中分腿跳—屈膝双脚落地”的动作要领，同时也锻炼了上下肢动作。助跑时确定双手支撑的时机和位置锻炼了动作的灵敏性，支撑、腾空、跳跃、平稳落地则是对上下肢力量和平衡性的有效锻炼。

2. 支持与尊重，幼儿获得愉悦与满足

案例中，晓晴是敢于做自己的，最初的勇敢尝试、多次失败后的果断放弃、教师鼓励再次尝试时的拒绝，晓晴始终都按照自己的想法游戏，即使不再“骑大马”，同伴间、师幼间依然愉悦互动，这说明幼儿敢于尊重、接纳自己，也乐于尊重、接纳别人，这是幼儿的自主游戏真正发生的原因之一。

同时，教师和幼儿又能够敏锐地发现游戏中“助跑支撑跳”失败的原因，幼儿同伴加入游戏亲身示范，教师通过增加材料、难点动作突破、给予心理安全感等支持幼儿，让幼儿充分感受到适宜的爱与支持，这是幼儿自主游戏真正发生的原因之二。

（案例评析人：胶州市教育和体育局教学研究室学前教研员　刘英华）

三、大班案例“小学生活初体验”

对小学生活充满向往，有上小学的愿望，是幼儿开启小学学习生活的情感动力，也是重要的入学心理准备。案例“小学生活初体验”以幼儿的兴趣和需要为主线，支持幼儿通过直接感知、实际操作和亲身体验等方式积累经验。“探秘小学”“我是班级小当家”等真实的生活、有趣的游戏、自主的活动让幼儿身临其境地了解、体验小学生活，帮助幼儿进一步消除对小学的陌生感，充分激发幼儿对升学的憧憬，引导他们以积极健康的心态迎接小学生活，为自信、快乐地迈入小学打下良好的基础。

（一）案例背景

“小学的哥哥姐姐在学校里都做什么？”

“小学的值日生要做哪些任务？”

“小学也会有各种各样的玩具吗？”

…………

参观小学以后，很多小朋友都发出了不同的疑问。刚进入小学，面对庞大、陌生环境产生的无措感，是困扰每一个一年级新生的问题之一。为了让幼儿进一步了解小学生活，熟悉小学环境，激发其对小学的向往之情，我们追随幼儿的兴趣和真实需求，充分利用毗邻胶州市第六实验小学（简称“六实小”）的优势，创造性地开展了“小学体验周”活动。教师和幼儿在六实小生活、学习的两周，使幼儿有充足的时间了解感受小学生活，从心理、习惯、能力等方面做好升入小学的准备。

（二）案例实录

1. 探秘小学

幼儿来到六实小后，对于学校的环境设施充满好奇，大家聚在一起，七嘴八舌地讨论着。

“老师，小学好大啊！”

“我想先去找找厕所，想上厕所的时候就不担心找不到厕所了。”

“我想去找能喝水的地方。”

“我想看看小学里有没有什么特别好玩的地方。”

看着幼儿如此兴奋，教师顺应幼儿的意愿，鼓励他们自主分组探究。于是，孩子们分成两组，迫不及待地开始探秘。第一组幼儿最先来到走廊的卫生间，看着门上不同颜色和图案的标志，彦红兴奋地指着女生厕所的牌子，大声说："这上面画的是穿裙子的小女孩，我觉得这应该是女厕所。""画着女生的是女厕所，那画着男生的就是男厕所喽。"贝贝挠了挠头，笑着说。成功地找到卫生间，幼儿格外开心，又一起手拉手、蹦蹦跳跳地继续往前走去。

第二组幼儿则是跑到饮水处，对着饮水机左看右看。乐乐疑惑地问："这个饮水机怎么用呀?"说着他就想伸出手按按试试。

"先不要着急，仔细看饮水机上的标志，你们有什么发现?"教师问。

小禾观察了一会儿，伸出手指着饮水机上的标志说："我知道了，这个红色的是热水，蓝色的是凉水。"

"嗯，那这个黑色和绿色的按钮分别代表什么意思呢?"教师继续问道。

铭铭若有所思，突然眼睛一亮，说："我猜绿色的是温水吧。"

"我认识上面的字——'开水'，我猜这个黑色按钮就是很热很热的水。"小禾瞪大眼睛，指着黑色按钮说道。

"要不我们接点水试试?"铭铭提议道。

"好呀好呀!"说着，孩子们纷纷拿出水壶想按按钮接水。

这时朵朵突然问道："可是如果水壶接满了，怎么才能让水停止呢?"这下可把大家问住了，一时没有人说话。

"我看爸爸在医院里接水的时候，好像是按一下出水，再按一下就停止出水了。"小禾灵机一动说道。

"好像是，我想起来了，有一次，我和妈妈吃火锅的时候看见服务员阿姨也是这样做的，我们干脆试试吧!"

"行，那老师来按黑色按钮。"教师微笑着点点头说。

朵朵、小禾和铭铭分别伸手按了饮水机上的红色、蓝色、绿色按钮，水成功流了出来，"出水啦!"孩子们兴奋地大叫着。他们的眼睛紧紧盯着水壶，快接满时用手再一按，水就停止了。

朵朵开心地说："以后口渴了就到这里接水，真方便呀!"

幼儿继续出发，发现了一处关于海洋文化的长廊。大家徜徉其中，时而观察，时而讨论。幼儿越看越兴奋，开心地走到走廊一角，又发现很多种类的棋，他们高兴地对弈起来。接着，他们还发现了一间垃圾分类教室，看着里面各种各样的垃圾分类宣传图和游戏，他们叽叽喳喳地看着、玩着……

"探秘小学"活动在幼儿的欢声笑语中结束。孩子们通过仔细观察符号标志、动手记录行走路线图，尝试操作功能室材料等各种各样的方法完成大冒险目标。"探秘小学"活动激发了孩子们浓厚的兴趣，增强他们的观察能力，让他们萌发了向往小学的情感。

回到教室后，有的小朋友在说悄悄话，有的在绘画，有的在绘制线路图……大家相互交流着自己的发现，分享探秘的快乐。有了思想的碰撞，幼儿会萌发新的想法，带着自己对小学的期待与疑惑，开启第二天的“探秘之旅”，又会有不一样的发现。

2. 与小学教师、校长的开心互动

几天的小学体验日过去了，幼儿对小学还有很多的疑惑。带着疑问，他们画了采访清单，计划到小学里寻找答案。

（1）询问小学教师

今天，班里来了一位神秘嘉宾，她就是在六实小担任一年级数学老师的峻奕妈妈。孩子们见到了真正的小学老师，兴奋地围着老师问了起来。

“老师，小学生上课是什么样子的？”明明第一个抢问。

“小学生上课跟你们在幼儿园的集体活动有点像，也有很多好玩的游戏，但又有点不一样，小学生上课要有规范的坐姿，时间也会更长一些，还有很多知识需要小朋友们记住。”峻奕妈妈耐心地解答道。

“也有游戏吗？肯定很有意思。我们上课前要做什么准备吗？”明明接着问。

“上课前一定要把上课时用的书和本子、笔提前准备好，放在桌子的左上角。”峻奕妈妈一边说一边给孩子们演示着。

孩子们意犹未尽，邀请小学老师带他们一起体验小学课堂。课堂上，小学老师用游戏的方式和孩子们快乐地互动。孩子们个个睁大眼睛、积极举手，俨然一副小学生的样子。

（2）采访小学校长

课间自主活动时，几个小朋友偶遇了正在学校值班的小学校长。孩子们兴奋地跑上前想要采访一下校长，得到了校长的温暖回应。

糖宝急切地问：“校长，小学里有很多男老师，他们会不会很严厉？”

“不会的，男老师非常亲切，而且他们还很幽默！”校长摸了摸糖宝的头说。

糖宝点点头，说：“那太好了！”

浩冉问：“校长，小学中午怎么吃饭、睡觉啊？”

校长说：“中午你们可以回家午餐、午休，也可以留在学校，学校里有大食堂和宿舍。”

安安问：“小学里也有很多有趣的活动吗？”

校长笑着说：“对啊，小学有丰富多彩的活动，艺术节大家可以弹琴、唱歌，展示自己的才艺，平时还可以参加跆拳道、足球、书法等丰富的社团活动。”

安安开心地喊道：“太棒了，我好想马上上小学呀！”

孩子们一起欢呼：“我也是，我也是……”

3. 我是班级小当家

中班开始，我们就开展了“我是小当家”活动。活动中孩子们承担了门岗、护旗手、帮厨、绿化员、快递员等角色，他们的主人翁意识和任务意识逐渐增强。

幼儿园里有班级小当家，那小学也需要吗？围绕这个话题，孩子们先是回家做了调查，带着自己的调查结果和小伙伴热闹地讨论起来：需要哪些小当家？用什么方式确立小当家呢？于是孩子们在热闹的讨论中，自发生成了“我是班级小当家”竞聘活动。

“我想负责扫地。”

“我负责擦桌子。”

“那我整理图书。”

…………

班级里哪些事情、哪些地方需要有人负责？你可以负责什么？你怎样让别的小朋友们为你投票？围绕这些问题，孩子们共同观察并讨论确定教室里需要负责的项目，用心思考、分析自己的特长等。为了在竞选中更好地展现自己，孩子们还回家认真准备了自己的班级小当家竞聘演讲。

竞聘时，有的幼儿口头表达了自己对竞聘岗位的理解，有的则用绘画的方式向大家介绍自己的打算，有的现场演示自己做事的好办法，有的则用才艺展示的方式介绍自己的特长……竞聘活动紧张而有序地进行着。

孩子们经过讨论，最终确定用轮流的方式担任班级小当家。小当家们一起探讨了班级小当家的主要任务：拖地、收拾桌椅、擦桌子、管理纪律、擦黑板、走廊协管员、整理植物……大家还共同制定了《小当家公约》：什么时间干？怎么干？由谁来干？孩子们你一言我一语地讨论着，并通过绘画的方式记录讨论结果。

4. 忙碌的加餐运输队

孩子们看到老师拎着水果桶很吃力地走进班级，纷纷跑过去帮忙。孩子们吃力地搬运着，这时伊一说：“我们得想个办法，怎么样才能运得更轻松呢！”

毛毛说：“我力气很大，很重的水果我也搬得动！如果一个人搬不动，可以叫上别的小朋友合作一起搬！”

媛媛说：“我们可以用幼儿园的三轮车运过来！”

然然说：“后院的轮胎车也很方便！”

伊一说：“那以后我们自己去搬运水果吧！”

孩子们你一言我一语地讨论着，已经迫不及待地想要试一试。于是，孩子们第二天一早就兴致勃勃地来到幼儿园，开始进行第一次水果搬运的生活体验活动（如图 3－6 所示）。

图 3－6　幼儿体验搬运(组图)

孩子们有的合作搬运,有的利用幼儿园的自制轮胎小车运送,有的用三轮自行车运送,还有的上下楼梯时集体搬运,在走道上又改用小车运送水果,形成了流水线式的接力运送,整个场面非常热闹。他们像一群团结协作的小蚂蚁,在劳动中体验着自我服务的快乐。

(三) 案例反思

1. 随机体验,幼儿合作探索,在游戏中发现学习

在大冒险活动中,孩子们在游戏中发现学习,解入学之“困”。一是通过寻找洗手间、楼梯、食堂、办公室等各个功能室的位置,充分熟悉了小学校园的整体布局。二是通过自主绘制冒险路线图,将抽象的冒险体验具象化,既锻炼了方向感,又增进了对小学的了解。三是利用游戏方式,在游戏中进行合作探索,减轻了对小学的陌生感和紧张感。

2. 回归生活,幼儿自我服务,发现成长之乐

一是自主体验,感受自我服务的快乐。利用“邻居”单位的优势,打开最近通道,班里

的水果自己运送。过程中孩子们自主探索运用不同工具、不同方式齐心协力地运水果，如用小车托运、合力搬运等，自主设计搬运路线。搬运活动让孩子们发现问题和解决问题的能力、探索学习能力、同伴合作能力等都得到了提升。

二是多角色体验，收获为他服务的快乐。大班幼儿已具备一定的规则意识，愿意为集体出主意、想办法、做事情，但自律意识和坚持性尚需加强。在争做班级小当家过程中，幼儿通过调查讨论了解“班级小当家”的分工及职责，以多种方式在同伴面前自信地推介自己，自主商讨、轮流当家、制定公约，充分提升了自主管理、民主管理的意识，增强了班级责任感，进而对小学生活充满向往之情。

3. 挖掘资源，幼儿多维互动，化解入学之“忧”

幼儿在与小学教师、校长的真实互动中积极思考，大胆提出对小学生活的困惑与担心，提高社会交往能力的同时，进一步揭开小学生活的神秘面纱，消除了他们对小学生活、学习、师生关系等方面的疑惑。

（四）案例延伸与迁移

实现家园校进一步联动，为幼儿真切的体验、真实的学习与成长提供衔接资源，打造家长、小学老师人力资源库，丰富、延展幼儿小学生活体验，合力进行有效、有意义的衔接，支持幼儿体验有意义的成长。

（案例来源：胶州市第四实验幼儿园）

（五）案例评析

立足幼儿发展现状，放眼幼儿入学适应的具体困扰和真实需求，幼儿园创造性地实施“小学体验周”生成性活动，帮助幼儿从心理、习惯、能力等多个方面做好升入小学的准备。

1. 自然融入，在真实体验中激发入学愿望

入学准备目标和内容与小学体验周真实的生活、有趣的游戏、自主的活动自然融入、充分融合，使幼儿身临其境地了解、体验小学生活，在“小学大冒险”“化身小记者”等体验活动中消除入学之困，在“班级小当家”“水果搬运工”等活动中发现成长之乐，满足了他们对小学生活的探知愿望，构建起对小学的初步认知。

2. 多方互动，助力幼儿做好社会准备

良好的交往和合作能力有利于幼儿入学后结交新朋友、认识新老师，逐步适应小学新的人际关系。幼儿在大冒险中自主结伴、交流发现探索之旅，访问小学教师、校长，担任班级小当家、水果搬运工，相互交流、思考，从而解决问题，在这些幼幼、师幼互动交流

中，丰富合作经验，提升社会交往能力与任务意识，有效做好社会准备。

3. 着眼发展，有效提升幼儿入学关键素质

小学体验周活动站在幼儿的立场，用符合幼儿发展规律的方式，支持幼儿通过直接感知、实际操作和亲身体验等方式积累经验，在游戏化的大冒险活动、生活化的自我服务与劳动活动中，培养自律、自信的品格，以及积极主动、好奇好问、不怕困难、敢于探究、乐于创造等良好的学习品质和自由的探索精神，为后继学习和终身发展奠定良好的基础。

（案例评析人：胶州市教育和体育局教学研究室学前教研员　刘英华）

第四章　生活准备教育及案例评析

幼儿入学生活准备与身心准备、学习准备和社会准备是密切相关的。生活能力是幼儿最基本的生存能力，人只有具备了基本的生活自理能力和自我保护能力，才能谈后续的知识学习。生活经验准备不足，会直接导致幼儿入学适应出现问题，进而影响幼儿的学习和身心健康成长。养成良好的生活卫生习惯、生活自理能力和安全防护能力，对幼儿入小学后尽快适应新环境，管理好自己的学习和生活，增强独立性和自信心非常重要。因此，幼儿园应该从生活与卫生习惯养成教育、生活自理能力教育、安全自护教育、劳动教育四个方面来帮助幼儿做好入学生活准备。

第一节　生活准备教育的目标与内容

帮助幼儿做好入学的生活准备，是幼儿园幼小衔接工作的首要任务，是保障幼儿顺利进入小学学习的基础，也为幼儿一生的健康文明生活打下良好的基础。幼儿良好生活习惯和能力的养成，需要教师和家长准确把握和深入理解幼儿园生活准备教育的目标和内容。目标是幼儿园生活准备教育的方向、起点，内容是幼儿园生活准备教育的重要载体。

一、生活准备教育的目标

依据《指导意见》中幼儿园阶段的生活准备目标，整合《指南》中健康与社会领域的相关内容，并结合当前幼儿入小学后生活适应问题的分析，我们从生活与卫生习惯、生活自理能力、安全自护意识和能力以及劳动习惯四个维度来确定生活准备教育的目标。

1. 培养幼儿良好的生活与卫生习惯

培养幼儿良好的生活与卫生习惯，最终目的是帮助幼儿逐步学习以健康的方式生活，这对幼儿的健康成长乃至一生的健康都具有重要而深远的意义。① 养成良好的生活与卫生习惯能帮助幼儿较快地适应小学的作息和生活，是幼儿园生活准备教育的首要目标。具体来说，教师或其他成人要培养幼儿初步的健康生活的观念，指导幼儿掌握正确的生活行为方式和个人卫生清洁方法，形成良好的生活与卫生习惯。

2. 提高幼儿的生活自理能力

生活自理能力是人类适应社会生活最基本的能力之一。幼儿生活自理能力的形成，有助于幼儿做好入学后生活和学习的自我管理和服务，有助于培养其责任感、自信心及独立解决问题的能力，对幼儿能独立上小学具有重要意义，因此，培养幼儿具备基本的生活自理能力，是帮助幼儿从生活方面做好入学准备的重要内容。具体来说，教师或其他成人要激发幼儿“自己的事情自己做”的意识，鼓励并支持幼儿做力所能及的事情，指导幼儿学习和掌握生活自理的基本方法，使其具备较强的生活自理能力，养成良好的自理习惯。

3. 增强幼儿的安全自护意识和能力

幼儿的安全自护能力是保证自身生命安全和身体健康的必备能力。开展幼儿安全教育，增强幼儿的安全意识，培养幼儿的自我保护能力，对杜绝幼儿园意外安全事故是至关重要的，能让幼儿入小学后避免发生危险和伤害。具体来说，教师或其他成人要增强幼儿自我保护的意识，使其具备基本的安全知识，学会简单的自救和求救的方法，具备在日常生活和意外事故中自我保护的能力。

4. 鼓励幼儿主动参与劳动

相对于幼儿园，小学生活更加独立。劳动不仅能增强幼儿的体质，也能培养其独立性、责任感，帮助幼儿更好地融入小学的集体生活。因此，要鼓励幼儿主动参与劳动，培养幼儿基本的劳动能力。具体来说，教师或其他成人要激发幼儿参与劳动的兴趣与积极性，指导其掌握初步的劳动技能，帮助幼儿养成良好的劳动习惯，引导幼儿学会尊重和珍惜别人的劳动成果。

二、生活准备教育的内容

幼儿园生活准备教育的内容是实现生活准备教育目标的重要载体，也是生活准备教育活动设计与实施的有效依据。生活准备教育内容是按照生活准备教育目标确定的，通过一定组织形式，使幼儿学习获得的健康生活认知、行为技能和态度习惯的总和，具体内容如下。

---

① 李季湄，冯晓霞.《3—6岁儿童学习与发展指南》解读[M].北京：人民教育出版社，2013.

(一) 生活与卫生习惯养成教育

幼儿良好的生活与卫生习惯是指幼儿在科学的引导下，经过长期生活中的反复练习，逐步建立起来的较为稳定的健康生活方式和良好生活常规。培养良好的生活与卫生习惯是促进幼儿身心健康发展的基础，是保障幼儿身体健康成长的积极方式和重要途径。幼儿生活与卫生习惯教育内容主要包括培养幼儿具备良好的作息习惯、饮食习惯、用眼习惯、个人卫生习惯和公共卫生习惯。

1. 作息习惯养成教育

幼儿园开展符合大、中、小不同年龄段幼儿能力的入园自主签到活动，指导幼儿自主绘制生活作息表，帮助幼儿逐步养成规律的作息习惯，每天坚持早睡早起，按时入园。

2. 饮食习惯养成教育

幼儿园引导幼儿参加餐前卫生清洁、营养报餐、自主取餐、独立进餐、餐后整理等活动，帮助幼儿养成定点、定时、定量进餐的习惯，能独立用餐、按需喝水，用餐时做到专心用餐、细嚼慢咽，不暴饮暴食；学习文明进餐礼仪，按需取餐，不剩饭，进餐时不大喊大笑等；帮助幼儿了解食物的营养价值，做到不偏食挑食，少吃或不吃不健康食品，多喝白开水。

3. 用眼习惯养成教育

幼儿园引导幼儿讨论如何保护眼睛，知道不用脏手揉眼睛，不在光线过强或过暗的地方读书、写字、画画，不长时间连续使用电子产品等；指导幼儿测量三米距离并粘贴标识，保持适宜距离看电视。

4. 个人卫生习惯养成教育

幼儿园引导幼儿爱清洁、讲卫生，学会正确的洗手、刷牙、洗脸等个人清洁方法，养成早晚刷牙、饭后漱口、饭前便后和活动后自觉洗手、勤洗澡、勤换衣服、勤剪指甲等卫生习惯。

5. 公共卫生习惯养成教育

幼儿园重视鼓励幼儿参加保护环境、打扫公共卫生的实践体验活动，引导幼儿维护公共卫生环境，不随地吐痰，不乱扔果皮纸屑，不随地大小便，保持生活场所的整洁卫生。

(二) 生活自理能力教育

生活自理能力是幼儿在日常生活中照料自己生活的自我服务性劳动的能力。它是一个人应该具备的最基本的生活技能，较强的生活自理能力有助于幼儿做好入学后学习和生活的自我管理和自我服务，增强独立性和自信心。① 幼儿生活自理能力方面的典型

① 董吉贺.山东省幼小衔接指导手册[M].济南：山东教育出版社，2022.

表现包括自我服务、个人生活管理、物品整理和时间管理。

1. 自我服务

教师指导幼儿学会独立进餐、入睡、盥洗、如厕、穿衣等方面生活自理的基本方法，如让幼儿掌握穿脱衣服和鞋袜、洗手洗脸、擦鼻涕、擦屁股的正确方法，并在不断练习中逐步形成自觉的行为。

2. 个人生活管理

教师引导幼儿主动表达自我需求，帮助幼儿逐步学会根据自身需求、活动需要或者天气变化，自主喝水、如厕，增减衣物。

3. 物品整理

教师指导幼儿逐步学会分类整理和收纳自己的衣物、图书、玩具和学习用品等。

4. 时间管理

教师通过让幼儿认识时钟、记录时间等方式，引导幼儿在日常生活和游戏中感受时间，逐步知道什么时间干什么事情，养成一日规律作息习惯；有初步的时间观念，养成守时、做事不拖沓的好习惯，从而形成张弛有度的生活节奏。

（三）安全自护教育

幼儿自我保护能力，是幼儿对安全的认识、理解和对周围环境中各种安全因素的敏感、判断及回避。[①] 幼儿安全自护教育的内容主要包括身体保护、日常生活中的安全自护、意外事故中的自我保护三个方面。

1. 身体保护

教师通过绘本、视频、模型等直观方式，帮助幼儿初步了解自己的身体构造以及身体各部位是如何工作的，了解防止身体器官受伤或生病的注意事项，如不将异物塞入耳、鼻、口中；帮助幼儿学会保护眼睛，教育他们不用脏手揉眼睛，不朝别人的眼睛扔沙子等；帮助幼儿改掉咬手指、抠鼻孔、眨眼睛等坏习惯，教会幼儿判断身体的不适，并准确描述，如实告知成人；告诉幼儿要保护自己的生殖器官，不让别人触摸查看自己的隐私部位。

2. 生活中的安全自护

教师引导幼儿了解校园、社区、交通等环境中的安全要求，注意周围环境中的不安全因素，学会保护自己。如开展饮食安全教育，引导幼儿知道进餐、饮水前先摸碗或杯子防烫，不吃过期食品、垃圾食品，进餐喝水时不哭笑打闹，防噎防呛；开展交通安全教育，引

---

① 李季湄，冯晓霞.《3—6岁儿童学习与发展指南》解读[M].北京：人民教育出版社，2013.

导幼儿认识常见的安全标志，能自觉遵守基本的安全规则和交通规则，学会靠右行走，过马路走人行横道，认识红绿灯标志；开展防触电安全教育，教育幼儿不触摸插头、插座等；开展防毒教育，教会幼儿辨认药物和有害物品，不乱吃药，认识防毒标志等。

3. 意外事故中的自我保护

教师通过开展安全教育活动和演习，让幼儿学会应对火灾、煤气中毒、拐骗等人为制造灾害，以及雷电、地震、洪水等自然灾害的自救方法，知道 110、119、120 报警电话的作用并会正确拨打；教育幼儿不离开家长的视线，不跟陌生人走，记住自己的家庭住址，父母的姓名、电话号码及单位，一旦走失知道向成人求助，并能提供必要信息。

(四) 劳动教育

幼儿园劳动教育是指“支持幼儿在亲历实践和动手操作的过程中有目的、有意识地运用体力和智力改造外部世界，从而获得劳动知识、劳动技能、劳动习惯、劳动意识和劳动情感等方面发展的一种教育活动”[①]，具体内容包括班级劳动、家务劳动、社会劳动三个方面。

1. 班级劳动

教师可以引导幼儿参与制订班级劳动计划，鼓励幼儿自主商议任务分工并有计划地完成；引导幼儿担任小组长、值日生等，主动承担并完成餐前准备、餐后清洁饭桌、分类整理游戏材料等班级劳动；组织幼儿开展种子认知、植物栽培、植物养护、劳动收获全流程的种植体验活动和喂养小动物、照顾小动物的饲养劳动。

2. 家务劳动

家长应引导幼儿做一些力所能及的家务劳动，指导幼儿学会摆放碗筷、收拾餐桌、洗碗、扫地、倒垃圾、整理书桌等家务的正确方法，让幼儿能够使用简单的劳动工具。

3. 社会劳动

教师或其他成人可以带领幼儿参与公益劳动、社会实践等劳动体验活动；邀请不同职业的家长、社区工作人员向幼儿展示各种服务，帮助幼儿了解各种行业劳动者的工作特点；开展美食坊、工艺制作、工程建构等活动，指导幼儿做蛋挞、蛋糕等食物，通过美食让幼儿参与制作的全过程，使他们深深感受到劳动成果的来之不易，懂得要珍惜食物。

---

① 霍力岩.幼儿劳动教育：内涵、原则与路径[J].福建教育，2018(47)：16－19.

第二节　生活准备教育的实施策略

《纲要》强调“既要高度重视和满足幼儿受保护、受照顾的需要，又要尊重和满足他们不断增长的独立要求，避免过度保护和包办代替，鼓励并指导幼儿自理、自立的尝试”。实施生活准备教育，要在日常生活、教学、游戏活动中，通过提供机会条件、关注生活需求、追随主题兴趣，培养幼儿的生活习惯，发展幼儿的生活能力，巩固提升幼儿的生活经验。

一、提供条件机会，在生活活动中培养幼儿良好的生活习惯

（一）策略解读

良好生活行为习惯的养成不是一朝一夕、仅靠几次活动就能够实现的，而是需要在生活中日积月累、反复练习。幼儿园一日生活为幼儿提供了亲身体验生活和劳动的机会。因此，幼儿的生活活动是实施幼儿生活准备教育的重要途径。良好的生活习惯是幼儿身心健康发展的基石，特别是良好的作息习惯和个人卫生习惯对于幼儿入学适应更为重要。心理学家埃里克森认为，在幼儿阶段，如果个体得到自我管理的机会和支持，他们就会发展出自主性、独立行为的能力和意志力、自由选择和自我控制行为的能力。教师提供条件可以包括三种策略，即环境浸润、常规约束、教育支持。在生活活动中，教师通过三种策略的有机结合，能够科学有序地帮助幼儿引发自觉行为、提升生活技能，逐步实现生活方面的自我管理，养成良好的生活习惯。

（二）策略实施

1. 环境浸润，引发自觉行为

《纲要》指出：“环境是重要的教育资源，应通过环境的创设和利用，有效地促进幼儿的发展。”3—6 岁幼儿主要靠感知觉来促进自身的发展，幼儿园环境潜移默化地影响着幼儿的一言一行，因此幼儿园环境创设对幼儿的身心发展具有重要作用。环境浸润是指让幼儿处于适宜的生活教育环境之中，让环境持续地、潜移默化地对幼儿的心理和行为产生影响。教师要创设浸润式的物质环境和心理环境来引导幼儿在生活方面做好入学准备。

（1）丰富有序的物质环境

教师应为幼儿提供存放个人物品的设施设备。如提供储物柜，指导幼儿逐步学会整理和收纳个人物品；提供标识清晰的玩具柜，引导幼儿自主取放玩具材料；提供适合幼儿使用的取餐工具、劳动工具等，支持幼儿自主取餐、做值日生等工作。教师要充分考虑环境的引导作用，利用有趣的图片、标志、照片等布置安全宣传栏或墙饰，让幼儿在环境中得到启发，习得必要的安全知识和良好的行为习惯；和幼儿一起制作富有童趣、易理解的标识，科学地张贴在生活设施、出入通道、公共设施上，在潜移默化中引导幼儿行为，例如洗手七步流程图、系鞋带步骤图、上下楼梯指示等。

（2）温暖轻松的心理环境

教师应放手让幼儿自主生活和学习，使幼儿感受到教师给予的尊重、理解、关爱和接纳，从而形成安全感和信赖感。教师要以鼓励、表扬为主，适当地强化幼儿的责任感和坚持性。例如，大班幼儿已经有较强的集体意识和竞争意识，教师可以引导幼儿制定班级公约，参与竞选小班长、小管理员等，做班级的主人翁。

2. 常规约束，培养良好习惯

生活常规是为了培养幼儿良好的生活态度、生活方式、生活习惯所制定的行为准则，具体就是教师对幼儿一日生活各个环节制定的行为规范，让幼儿形成良好的习惯和科学的生活秩序。《纲要》指出要“建立良好的常规，避免不必要的管理行为，逐步引导幼儿学习自我管理”。有效的常规管理能提高幼儿自我管理能力，有助于幼儿进入小学后尽快适应小学生活。教师可制定科学的一日生活常规、运用班级管理制度帮助幼儿养成良好的生活习惯。

（1）科学制定生活常规，明确行为要求

适宜的幼儿园常规能帮助幼儿有规律、有节奏地生活学习，养成良好的生活、卫生和行为习惯。教师应对每个生活环节的教育价值进行深入分析和梳理，高度凝练其核心价值，如在入园好时光、趣味来盥洗、自主进餐点、活动懂自护、轻松如厕去、科学来喝水、甜蜜午睡时、幸福离园去等环节中制定常规要求，帮助幼儿有秩序并科学地参加各项活动。制定的规则和要求应充分考虑幼儿年龄特点和发展需要，如小班常规要侧重生活习惯培养，大班常规则要关注作息规律、整理归纳等能力获得，做好入学准备。另外，良好的常规建立后，一日活动当中要让常规得以持续地落实，因此教师还需要合理安排时间，为孩子提供练习的机会和条件，帮助其巩固内化常规。如在每日午睡起床后，给予孩子们充足的机会和时间自己穿脱衣服、整理床铺等。

（2）实行自我管理，巩固生活常规

与幼儿共同讨论制定需要遵守的班级公约，帮助幼儿在一日活动中自主建立规则，逐渐把生活常规内化为自身的行为习惯。教师应利用在课间十分钟、模拟课堂等衔接活动，充分发挥大班幼儿的主体作用，引导幼儿参与常规制定、自我管理，如和幼儿一起讨论“有秩序盥洗、分类整理”等生活规则，让幼儿通过亲身体验来理解、遵守、维护规则。

3. 教育支持，提升生活技能

在幼儿园生活活动中，教师要细心观察幼儿的活动，抓住有价值的契机对幼儿进行随机教育，通过聚焦问题、随机教育，发现榜样、激励强化，不断提升幼儿的生活技能。

（1）聚焦问题，随机教育

教师要时刻关注幼儿在各个环节中生活技能的习得与习惯养成的情况，观察、调查、分析幼儿的常规发展需求，抓住日常生活中凸显的问题作为教育契机，强化幼儿关键经验。如针对大班幼儿比较薄弱的系鞋带、使用筷子、叠被子等技能，教师可以通过多种方式，帮助幼儿获得生活技能经验：区域游戏时玩“我会用筷子喂娃娃”的游戏、午睡后开展叠被子比赛等；一日活动中引导幼儿创设娃娃家、小超市、模拟小学课堂等游戏情境，做好个别指导与集体经验共享；投放家庭记录表，家园同步练习。

（2）发现榜样，激励强化

教师要建立一套科学、客观的评价体系，对幼儿的良好生活行为给予微笑、点头、拥抱或者是肯定性的语言鼓励等精神奖励，进行激励强化，例如开展生活技能评比时，设置“叠衣小能手”“整理书包小达人”等称号。教师及时对幼儿的正确行为进行肯定和鼓励，在幼儿心目中树立榜样，可以帮助他们从成人、同伴反馈的信息和评价中认识自己，促进其对规则要求的理解与践行，为实现自我管理而服务。

二、关注生活需求，在教学活动中发展幼儿的生活能力

（一）策略解读

教学活动是教师有目的、有计划组织的班级所有幼儿都参加的教育活动，能充分发挥“走在幼儿发展前，引导幼儿发展”的功能。因此，教师需要在观察幼儿最近发展区的基础上把握幼儿的年龄段发展目标，依据一定的原则选择有价值的生活教学内容、设计教学过程，有效组织实施，才能帮助幼儿拓展经验，发展生活能力。① 为了发展幼儿的生活能力，教师需要从一日生活出发，基于幼儿已有的生活经验，实现教学活动的价值，组织生活化、游戏化的教学活动，帮助幼儿整理和扩展自发学习所获得的经验和能

① 张素萍.幼儿生活习惯与生活能力的培养方法研究[J].考试周刊，2022(35)：151-154.

力，使其系统化，从而达到新的认知水平。具体来说，教师的支持可以包括三种策略，即甄选活动内容，优化活动过程，注重活动评价。在教学活动中，教师结合以上三种策略，通过组织开展基于幼儿生活经验的教学活动，促使其自主性的发展，帮助幼儿逐步形成健康的生活方式，丰富生活经验，提高生活能力，为今后的独立生活打下基础。

（二）策略实施

1. 甄选活动内容，贴近生活需求

有效的学习首先依赖于有价值的学习内容。目标性和发展适应性是内容选择的重要原则。生活准备中的很多内容，可以在日常生活或游戏中学习，但也有一些内容需要通过专门的教学活动来学习。教师在选择学习内容时应当根据幼儿生活准备的关键经验，观察了解本班幼儿生活准备中存在的共性问题和困难，针对幼儿不太理解的生活常识、不太容易掌握的生活技能，有计划、有目的地进行教学设计，帮助幼儿积累丰富的生活经验，使课程教学更加贴近幼儿的实际生活需求。

（1）根据生活准备教育的关键经验选择活动内容

教学活动的学习内容要贴近幼儿生活需求，与幼儿学习能力范围内的有关生活经验建立非人为的实质性联系，这样才能激发幼儿获取生活经验的愿望和兴趣。因此，教学活动要根据幼儿生活准备的关键经验将新内容迁移到幼儿的已有生活经验中，解决生活中的实际问题，让幼儿进行有意义的学习。例如："垃圾分类"是中班幼儿应具备的生活和卫生习惯，教师应通过教学活动帮助幼儿梳理和学习。在学习垃圾分类的过程中，教师首先应通过实例让幼儿理解垃圾分类的意义；然后为幼儿详细讲解如何对垃圾进行分类，使其掌握对垃圾进行简单分类的方法；最后为幼儿划分不同的垃圾分类整理任务，在游戏中巩固垃圾分类的方法，以便幼儿能更好地将所学方法运用到生活中去。

（2）观察了解本班幼儿生活准备中存在的问题和困难，精准选择活动内容

关注了解幼儿的生活需要，把握幼儿的生活规律，及时发现幼儿遇到的问题和困难，是选择教学活动内容必要的、基础性的工作。教师在开展教学活动时，需要充分观察本班幼儿生活准备中存在的问题和困难，如活动中幼儿遇到了什么困难，解决了没有，是怎样解决的等，精选在生活和游戏中幼儿不太理解的生活常识、不易掌握的生活技能、自我保护办法、劳动技能等进行教学活动，努力使教学活动内容具有适宜性、丰富性。例如，"认识时间"教学活动就是因为幼儿对抽象的时间概念较难掌握而选择的。

2. 优化活动过程，支持主动学习

科学的活动过程是激发幼儿主动学习的重要途径。在教学过程中，教师要唤起幼儿的生活体验，将活动与幼儿的生活建立密切联系，激发幼儿的兴趣点，围绕生活准备教育

的关键经验，结合适宜的教学方法逐层开展活动。

（1）设计合理的活动过程

活动过程应设计得合理清晰，体现游戏精神，引发幼儿自主学习，关注幼儿学习与发展的整体性。例如，“蔬菜香香”活动中，在培养幼儿饮食习惯时，教师可以先引导幼儿通过触摸、看、闻、品尝等多种直观方式，引导幼儿认识各种蔬菜，直观了解各种蔬菜的颜色、形状、味道及结构；再让幼儿观看视频，了解每种蔬菜的营养价值，知道吃蔬菜的好处，产生吃蔬菜的兴趣。

（2）选择适宜的教学方法

教师在思考教学方法时，不仅要考虑教学内容的特点，尊重幼儿的身心发展及认知发展规律，也要考虑其中蕴含的发展功能的性质等，选择适宜的教学方法，运用提问、讨论、启发、欣赏、鼓励等策略促进幼儿多元互动，为幼儿提供自由表现的机会，帮助幼儿逐步养成积极主动、认真专注、不怕困难、敢于探究等良好的学习品质。例如，在“整理小书包”活动中，教师通过创设问题情境，巧妙地设计问题，如“每天上的课一样吗，我们依据什么来整理小书包”，尊重并回应幼儿的想法和问题，通过开放性提问、推测、讨论等方式，支持每一个幼儿的学习，引导幼儿主动思考发现问题，然后鼓励幼儿在操作和交流中寻找问题的答案，帮助幼儿丰富学习经验，并提升在实践操作中解决问题的能力。

（3）营造和谐的活动氛围

在活动过程中，教师保持积极乐观的情绪状态，尊重信任幼儿，以亲切和蔼、支持性的态度与幼儿互动，关注幼儿在活动中的表现，善于倾听，能敏感地察觉幼儿的需要，及时与幼儿进行有效沟通，营造民主和谐的活动氛围，让幼儿在尊重、平等、信任、关爱、温暖中获得归属感、安全感和自我价值感，并学习尊重和关爱他人。例如，在“好担心”活动中，教师为幼儿创设适宜的心理环境，为幼儿提供大胆表述自己内心想法的机会，帮助幼儿答惑解疑，为入小学做好心理准备，如向幼儿提问：“马上要上小学了，你的心情怎样？有没有担心的事情?”通过营造和谐的活动氛围，教师鼓励幼儿表达自己的想法，消除幼儿对上小学的担忧，让他们以积极乐观的态度面对环境的变化。

3. 注重活动评价，提升生活能力

活动评价作为教学活动的重要组成部分，是教学活动的基本反馈机制，是帮助幼儿获得生活经验的必要手段，是提高教学质量的路径和策略。教师通过分析幼儿在活动中是否生长了新经验，了解幼儿掌握的情况及存在的问题，确定下一步的支持策略。

活动评价可以起到验证教学活动效果的作用，在对幼儿进行针对性评价的过程中，教师要全面了解幼儿的发展状况，防止片面性，注重幼儿认知、情感、态度、能力等多方面的发展，尊重幼儿个体差异，将幼儿的早期表现与现在的情况做比较，让幼儿看到自己的进步，增强自信心，不轻率地对幼儿进行比较。评价应在日常活动与教育教学过程中，采用自然的方法进行，使幼儿感到舒适自然，没有压力。通过客观的评价，教师从中得到反馈，发现活动中存在的问题和不足，及时调整和改善，在活动中不断提高幼儿的生活能力。

三、追随主体兴趣，在游戏活动中巩固提升幼儿的生活经验

(一) 策略解读

游戏是幼儿已有经验的表现活动。在游戏中，幼儿会自发地重复练习已习得的生活技能，这对幼儿掌握和巩固生活经验和技能具有极大的意义。通过多元的游戏形式，培养幼儿良好的生活习惯，不仅让幼儿自我服务的需求得到满足，提高自我管理能力，还可以促进幼儿的精细动作发展和大脑发育，为后继学习和发展做准备。另外，幼儿在游戏中往往不满足于已经达到的行为水平，他们总会尝试新的游戏行为，主动发展生活能力。生活技能是有效解决生活中各种问题的心理品质、动作机能和适应能力的综合，包括生活自我服务能力、自我保护能力和服务他人的能力。为了巩固发展幼儿的生活技能，教师必须转变教育观念，放手让幼儿充分地游戏，并给予有效的支持。结合游戏活动的特点，具体来说，教师的支持包括三种策略，即提供游戏资源、有效观察指导、组织整理分享。在游戏活动的各个环节，教师通过实施这三个策略，支持幼儿在具体的游戏情境中体验学习、提升和拓展生活经验。

(二) 策略实施

1. 提供游戏资源，支持体验学习

幼儿的经验是具体的、形象的，其学习应该发生在具体的情境中，通过"操作""体验"建构新经验。生活化的游戏情境能提高幼儿参与游戏的积极性，巩固提升幼儿的生活经验。

(1) 创设有准备的环境

教师应以幼儿为本，根据他们的实际能力、需求来布置他们熟悉的游戏环境，即有准备的环境。幼儿通过游戏中的操作再现生活经验，积累新的生活经验。例如大班"小学课堂"游戏中，幼儿学习如何整理小书包、系红领巾，在反复操作体验中，总结出整理书包和系红领巾的好方法，不断提升生活经验，为进入小学做好生活准备。

(2) 投放适宜的游戏材料

教师观察幼儿游戏情况，不断调整和持续投放材料，确保材料的种类与数量能支持

并激发幼儿深入开展游戏活动。教师引导幼儿参与搜集材料、整理材料、清洁材料，提升幼儿在游戏中的自我服务能力。例如在角色游戏中，为幼儿提供一些角色的服装，如医生的白褂、超市营业员的背心、妈妈的围裙等，让幼儿在游戏情境中巩固生活技能。

(3) 保障充足的游戏时间

游戏时间同样对幼儿的自主游戏有着重要影响，充足且具有弹性的时间是幼儿能够持续、深入开展游戏的先决条件。教师要给予幼儿连续不间断的自主游戏时间，并随着幼儿年龄的增长逐渐延长，还可以整合半日活动，促进生活活动在游戏中的浸润融合。比如，将加餐环节与室内自主游戏环节相结合，通过创设奶吧、水果餐厅等，引导幼儿在游戏的间隙自主加餐、喝水，巩固发展幼儿的生活技能，确保充分且连续的游戏时间。

2. 有效观察指导，促进经验提升

教师观察、了解幼儿的学习与发展是为了评估他们的兴趣、特点和需要，以便有效地拓展其经验，促进其学习与发展。游戏行为观察分析是对幼儿游戏行为解读的过程。所谓解读，包括对幼儿游戏行为及其成因的分析，通过对幼儿游戏行为的分析来评判幼儿的发展及其缘由。在活动中，教师基于幼儿视角，支持和推动幼儿用自己的方式去探究，促进生活经验提升。

(1) 指导自主计划

游戏前教师引导幼儿制订自己的游戏计划，要倾听、尊重幼儿的选择，并鼓励幼儿将制订的游戏计划落实到游戏中，帮助幼儿回顾和调整自己的计划，提升自我管理能力。教师可以请幼儿通过语言表达和符号表征等方式把自己想要玩什么游戏，想跟谁一起玩，想在哪里、用什么材料玩，以及怎样玩等呈现出来。幼儿在一起交流游戏计划时会相互启发、拓展游戏思路，养成做事有目标、有规划、有条理的良好生活习惯，提升自我管理能力。

(2) 潜心观察解读

观察游戏是指导幼儿游戏的重要一环，教师只有通过细致的观察，才可以发现幼儿游戏的兴趣和需要，了解幼儿游戏的现状及存在的问题，进而及时调整游戏的材料、场地，适时介入、参与幼儿的游戏，并做出适宜的指导，有效发挥指导作用。例如，在“美食街”游戏的观察中，教师发现有的幼儿不会妥善保管自己的财物，于是逐步引导幼儿总结出保管自己物品的好方法，提升幼儿的自我管理能力。

(3) 适时介入游戏

教师应在观察的基础上决定是否介入幼儿的游戏，适时地帮助幼儿发展并延伸其游戏。当幼儿出现困难时，教师要“学会等待”，让幼儿通过充分的操作、探索，尽可能自己解决问题。例如，当某些区域无人问津的时候，教师可以运用邀请的方式，如利用“你可以帮我理发吗”“请问你知道‘加油站’在哪里吗”等语言来激发幼儿游戏的兴趣，促进幼儿与其他幼儿的交往。

3. 组织整理分享，巩固拓展经验

游戏分享环节是游戏结束后教师与幼儿一起交流、分享游戏经验的活动，是完整游戏活动的重要组成部分，能够整合和提升幼儿的游戏经验。教师可以综合运用多种方式把幼儿在游戏中表现出的良好生活和卫生习惯，加以“固定”并“放大”，有意识地将幼儿的个体经验通过游戏分享，拓展成集体的间接经验，巩固拓展幼儿的生活经验。

（1）指导幼儿主动收拾整理

收拾整理玩具、材料是游戏组织开展的一个重要环节，是下次游戏开展的前提和基础。《指南》指出，5—6 岁的幼儿应能按类别整理好自己的物品。教师应倡导幼儿成为整理材料的小主人，培养幼儿的责任感、做事认真仔细以及井然有序的生活习惯。例如，组织幼儿讨论怎样做才能又快又整齐、干净；教给幼儿一些有条理、有秩序地收放整理玩具的方法；利用游戏后的分享环节引导幼儿参与设计分类归位标识，制定整理规则，提升幼儿自我整理、自我服务的能力。

（2）组织分享提升幼儿经验

游戏结束之后，教师组织幼儿表征游戏，并进行集体或小组的分享。幼儿可以用自创的图形、符号来记录和表征自己的游戏经历和体验，记录自己在游戏过程中的思考及遇到的问题；也可以用游戏连环画或自制绘本等方式来呈现游戏故事。例如，在语言区幼儿制作《能干的好孩子》自制书、《整理巧方法》信息报。教师借助讨论会、辩论会等形式，将幼儿的个体经验拓展成集体的间接生活经验。教师还可以根据游戏中存在的问题及幼儿的行为表现，引导幼儿共同制订出下一次游戏的计划，为后续的游戏做好准备，提升班级幼儿整体生活经验和水平。

总之，教师需要在游戏中通过耐心细致的观察，追随幼儿的兴趣需求，提供生活经验提升机会，支持幼儿体验学习，利用游戏后的分享环节巩固拓展幼儿的生活经验，敏锐地发现幼儿游戏活动中的问题，灵活运用多种指导策略，让幼儿的游戏源自生活、回归生活、服务生活。

第三节　生活准备教育的典型案例

幼儿良好的生活卫生习惯和独立的生活自理能力不是一朝一夕就能养成的，因此幼儿入学生活准备教育需持续贯穿整个幼儿园阶段，从小班抓起。以下根据生活准备教育内容，提供三个教育实践案例，具体呈现教师该如何在生活、游戏、教学活动中，捕捉生活教育契机，追随幼儿兴趣需要，发展幼儿的生活能力。

一、大班案例“时间的秘密”

在大班“时间的秘密”这个主题活动中，幼儿通过调查、采访、讨论、亲身体验等多种方式，对时间变化有了感性的认识，初步形成了遵守时间、有效利用时间的意识，最终将对时间的探究落实到生活中。

（一）案例背景

大班幼儿应逐渐培养珍惜时间的意识，形成初步的时间概念，以适应即将到来的小学生活。教师通过在平时活动中的观察与倾听，发现大部分幼儿对时间观念缺乏一定的认知，时间管理能力还较弱，时间概念在幼儿的脑海中是模糊的、抽象的。幼儿即将步入小学，形成良好的时间观念对他们来说十分重要，因此，教师根据幼儿当下的发展需求，开启了一场关于时间的对话。“时间的秘密”活动通过“寻时间”“探时间”“惜时间”三个核心活动展开，旨在让幼儿充分地感知时间与人们生活的关系，真正感受到时间是宝贵的，要珍惜每一分每一秒，从而养成做事不拖拉、抓紧时间做有意义的事的好习惯。

（二）案例实录

1. “寻时间”活动实施

（1）孩子们眼中的时间

教师：你们知道什么是时间吗？

敏舒：时间就是咱们班里的钟表，一直在走。

亚旋：时间是今天是星期五，明天周六。

明：做什么事都有固定的时间，比如吃饭的时间、睡觉的时间、上课的时间。

小佳：到了吃饭的时间就要按时吃饭。

一一：时间是春天来了，我们可以野餐、放风筝。

镇源：时间就是我从 1 岁现在都长到 6 岁了。

博文：时间就是太阳出来天亮了，月亮出来天就黑了。

时间虽然看不见、摸不着，却在我们的身边，让我们找找生活中哪些物品能表示时间。

（2）时间在哪里

凡：妈妈给我买的手表，我每天晚上 8 点准时练钢琴。

宁：家里有钟表可以用来看时间。

博文：太阳从东边升起时是早晨，从西边落下时就是天要黑了。

小希：我妈妈给我买了一个 3 分钟刷牙的沙漏。

晨：日历上有时间，妈妈说 5 月 29 日是我的生日，我快过生日了。

幼儿通过寻找“时间”，知道电脑、手表、手机、日历等都有时间，时间有年、月、日，有小时、季节。时间会让我们慢慢长大，从不会走路不会说话到现在，我们学会了很多本领。

（3）计时仪器的过去、现在

幼儿在收集、观察、分享的过程中发现显示时间的物品有很多，钟表是最常见的。古代没有手机没有钟表，人们是怎样知道时间的呢？我们以此为契机引导幼儿开展了小调查（如图 4－1 所示）。通过调查，我们了解到钟表的演变大致为大型钟—小型钟—袋表—腕表，每一阶段的发展都和当时的技术发明分不开。为了拓展幼儿对计时工具的认知，我们借助网络平台了解古代人们掌握时间的方法，如太阳、日晷、漏刻、燃香（一炷香大约是 30 分钟，僧人打坐修行烧香计时，携带方便）、一盏茶（夏季 15 分钟，冬季 10 分钟）等，以此帮助幼儿了解计时工具的发展史。

图 4－1　关于计时仪器的调查问卷（组图）

2.“探时间”活动实施

（1）探秘钟表

时钟是一种计时器，它可以告诉我们现在是什么时间，也可以帮助我们形成良好的生活习惯。时钟是人类的好朋友，小小的时钟蕴藏着大大的奥秘。

午饭时间，小朋友在讨论关于时间的话题。

宜霖：老师说长针指向数字 8 就要把饭全部吃光哦。你们知道长针指向 8 是几点吗？

蓉蓉：我知道，长针指向 8 就是 8 点。

润润：不是的，爸爸说短针指向几就是几点。

教师借助绘本故事《时钟的书》，让幼儿认识钟表的构成，了解时针、分针、秒针，跑得最快的是秒针，个儿高，身材好；跑得最慢的是时针，个儿短，身材胖；不高不矮的是分针，匀速跑步作用大。它们的名字不同，粗细也不同。

（2）玩转钟表

结合孩子们的知识点和兴趣点，我们将有关时间的小游戏“时间找朋友”的材料投放到了区域中和操作墙上。幼儿在摆弄钟表的过程中，发现整点时，分针指向 12，半点时分针指向 6，分针走一圈，时针走一格。有的幼儿还发现钟表有 60 个格子，就是 60 分钟。幼儿利用区域活动时间和餐后时间，在游戏中巩固对时间的认识，加深对整点、半点的认识（如图 4－2所示）。

（3）创意钟表

经过对钟表的探究，幼儿逐步了解了时钟的秘密，他们都想制作属于自己的时钟。于是我们一起动手设计、制作了各种各样的时钟（如图 4－3 所示）。

图 4－2　桌面游戏“时间找朋友”

图 4－3　设计制作时钟

3. “惜时间”活动实施

户外活动时间结束，幼儿纷纷表示：“老师，我还没玩，游戏怎么就结束了？”“老师，我们就玩了一会儿，时间怎么就到啦？我还想玩！”教师说：“游戏时间结束了，我们要准备离园了。”“可是我们觉得游戏的时间很短呢。”为了更好地帮助幼儿了解时间的流动性，我们与幼儿分享了有趣的绘本《金老爷买钟》《一分一秒一世纪》。

(1) 感知时间

绘本《一分一秒一世纪》引发了幼儿新的讨论和猜想:时间有长短吗?一天到底有多长呢?一分钟可以干什么?时间长短的概念在幼儿心中还很模糊,幼儿提出了自己的猜想。

若萱:我要用一分钟来喝水。

继坤:一分钟可以洗手。

帆帆:一分钟可以玩拼图。

小希:一分钟可以整理绘本。

轩轩:一分钟可以写一张数字。

帮助孩子答疑解惑最好的方法就是让他们亲身体验——借助计时工具验证。教师提供了计时器、沙漏、手表等计时工具支持幼儿在实践中验证自己的猜想。幼儿用纸笔记录自己的完成情况,一分钟能够完成的打"√",不能完成的打"×"。

挑战过程中,幼儿对挑战活动做了详细记录,将自己的预想和实际活动记录做了对比,发现一分钟很短,但也能干很多事情。

教师从与孩子们探讨"一分钟我能做什么"中获取灵感,将孩子能理解、能体验的活动融入一日活动,并衍生出系列游戏活动。为满足孩子对活动的需求,教师把活动内容重组,以集体竞赛的形式呈现,进行一分钟挑战活动。幼儿在亲身体验中观察、比较、发现和感知一分钟的时长,知道抓紧时间就能做很多事情,从而形成初步的时间概念,懂得要珍惜时间,做事不可以磨蹭。

(2) 时间的小主人

幼儿对时间有了一定的了解,那么怎样帮助他们管理时间呢?考虑到幼儿即将入学成为小学生,应该养成珍惜时间的好习惯,做时间的小主人,我们把珍惜时间渗透到了一日生活中。

① 自主讨论方法

幼儿自主讨论迟到、拖拉的解决办法,在教师的引导下梳理幼儿园的作息时间。

宁宁:提前设置闹钟,也可以让爸爸妈妈提醒。

心仪:把需要的东西提前准备好。

亦辰:早睡早起,不赖床。

文硕:做事情要专注,不想其他事情。

小依:收玩具时要有计划,先收哪些,后收哪些。

幼儿对不迟到的方法进行了表征(如图 4 - 4 所示)。

图 4－4　幼儿表征不迟到的方法

② 自主制订计划

我们通过各种体验活动、谈话活动让幼儿知道自己在幼儿园的一日活动安排。同时，我们也尝试让幼儿和家长共同制订计划，并按计划做事，邀请家长帮助孩子学习合理安排时间，一起用行动去实现（如图 4－5 所示）。在幼儿园，教师也引导幼儿自己计划自由游戏时间（如图 4－6 所示）。

图 4－5　幼儿自主绘制周末计划表

图 4－6　幼儿绘制自选活动计划表

（3）与时间的约定

制订计划容易，执行计划困难。我们一起和时间做个约定，一日之计在于晨，从早上入园开始，幼儿每天按时入园签到，记录自己到园的时间，对时间的概念又有了新的探索，学会用符号、数字解决生活中的问题。幼儿在每天记录时间的过程中，知道了时间不只有半点和整点，还有 35 分钟、45 分钟，知道 7:35 比 7:45 早，他们对时间管理有了进一步认识。在生活的各个环节，每日的值日生负责根据幼儿园一日作息表督促其他幼儿按时活动。

(三) 案例反思

1. 有初步的时间观念是幼儿入学准备的重要内容

本案例中，教师引导幼儿自主签到、规划设计自己的周末及自主游戏时间，在记录、规划时间的过程中，幼儿切身体会到时间的宝贵，建立了正确的时间观念。他们开始留意这位默默无闻却又与我们的生活息息相关的“时间”朋友。随着活动的开展，大部分幼儿都能够遵守与时间的约定，按时到园，懂得要珍惜时间。

2. 幼儿要在做中建立时间观念

时间是一个抽象的概念，幼儿对时间的认知必须在活动中通过亲身体验感知获得。本案例中，教师提供充足的时间与材料，支持幼儿对时间进行持续探究。幼儿通过多媒体、图书等多种渠道了解计时工具发展史，知道了古代人记录时间的方法，萌发对时间探秘的兴趣；在“体验一分钟”的游戏中感知时间的珍贵；在观察、制作钟表的过程中了解表盘的结构、数字排列规律，了解抽象的数学概念，为认识时钟和记录时间做好了铺垫；在拨一拨、玩一玩中发现整点和半点记录的方法，学习解决日常生活中的时间问题。

3. 要注重幼儿良好学习品质的养成

在案例中，教师允许幼儿失败，鼓励幼儿大胆体验、操作。幼儿通过独立探索，亲自尝试，在不断尝试、体验中，发现什么事情都不干，一分钟过得特别慢，在挑战时感觉一分钟特别快，而且可以干好几件事情。幼儿认识到了时间的快慢取决于自己做事情的速度，从而明白要珍惜时间的道理。这些大胆尝试、不怕失败、独立解决问题的学习品质对于入小学后的学习尤为重要。

(四) 案例延伸与迁移

1. “倒计时”活动——学会珍惜时间

教师组织幼儿开展“倒计时”的系列活动。活动中，教师带领幼儿观看春节联欢晚会中的倒计时视频、火箭发射的倒计时视频以及红绿灯倒计时的视频，在班级活动室设置毕业典礼倒计时的板块。

一日生活中，教师通过小闹钟定时、小沙漏倒计时、音乐提示音等方法，支持幼儿在设定的时间内完成某件具体的事情，比如整理衣橱、洗手、用餐、收拾区域等。幼儿在完成每件事情的过程中，能直观地感受到时间的流逝，形成一定的时间观念。他们在感受“倒计时”的同时也懂得了珍惜时间的重要性，掌握了抓紧时间的方法。

2. 家园共育“制订计划”

家园通力合作，指导幼儿制订小任务计划。在家庭中，家长可以在孩子完成一个任务后记录所用时间，并以“我的日记”的形式帮孩子进行回顾与反思。一段时间后，家长可以根据孩子的情况，对计划进行适当调整。如果孩子没完成计划，家长要帮助孩子分析原因，鼓励其坚持；如果孩子完成了计划，家长应该适当地夸奖、肯定。

我们建议家长给幼儿讲珍惜时间的故事，引导孩子了解珍惜时间的重要性，懂得要珍惜时间；也可以翻阅相册，和孩子共同回忆度过的美好时光，讲述自己的感受，让孩子在对过去的回忆和对未来的期待中，感知年、月、周、日的关系，进一步引导孩子理解过去的时光虽好，但不会再回来，时间是一去不复返的；和孩子共同制作一张好习惯养成表，孩子如果能够按时完成任务就给自己贴上奖励贴纸，若能超前完成，则贴上两个，以此感受成功的快乐。此外，家长还可以引导孩子比较完成同种任务花费时间的长短，有意识地培养孩子的时间观念。

（案例来源：五莲县北京路幼儿园　王丽丽）

（五）案例评析

有效管理好时间是培养幼儿正确时间观念的重要途径，也是大班幼儿顺利适应小学生活的关键因素之一。对于孩子来说，“时间观念”并不是与生俱来的能力，而是需要后天的培养。时间在孩子们眼中是很抽象的概念，他们很难精准控制时间。因此，我们要通过各种游戏活动将时间具象化。

案例中，教师以“什么是时间”的提问为切入点，与幼儿开展了一场关于“时间”的话题探讨。在寻找时间和认识时间的过程中，幼儿对时间和钟表产生了极大的兴趣，并且通过各类活动认识到了时间对于我们生活的重要性。在探索时间秘密的过程中，教师通过“一分钟我能做什么”“挑战一分钟”活动，让幼儿体会时间的宝贵，使幼儿对时间的认知也得到了升华。最后，教师通过“时间的小主人”活动将良好的时间意识渗透到一日生活中。在逐步递进的感知和体验的过程中，幼儿逐步建立起时间观念和任务意识，养成了“做事首先有计划、遵守时间不拖沓”的好习惯，成为掌控时间的小主人。教师通过有针对性的活动，把时间管理能力的培养作为重要的内容，支持幼儿更好地养成健康、规律的生活习惯和学习习惯，并引导幼儿珍惜时间，提高做事效率，从而为进入小学做好准备。

培养幼儿的时间管理能力是幼小衔接工作的一项重要内容，需要长期坚持和努力，教师要注意观察幼儿的需求，并采取适宜的策略，帮助幼儿逐渐形成时间意识，为顺利进入小学做好充足的准备。

（案例评析人：日照市学前教育教研员　丁平平）

二、中班案例“小小值日生”

中班的“小小值日生”活动中，教师为幼儿提供劳动实践机会，注重引导幼儿积极思考，提升幼儿解决问题的能力，帮助幼儿建立自信，培养幼儿的自我认同感、责任意识、任务意识及热爱劳动、乐于助人等重要素养。

(一) 案例背景

随着中班幼儿自我意识和社会认知能力的不断发展，我们常能听到他们稚嫩而果断、自信而坚定的声音：“我长大了，我会做”“老师，我帮你”……中班幼儿的生活自理能力已经趋向熟练阶段，同时对“个体”与“集体”关系的认知，以及对“新本领”的挑战意识也逐渐增强。在这个阶段，每个幼儿都渴望展现自己的力量，为自己、他人、集体服务，做力所能及的事。值日生工作是幼儿在园为他人、为集体服务的一种形式，是劳动教育的重要组成部分，它能有效培养幼儿的责任感和为集体服务的意识，培养幼儿的劳动习惯，帮助幼儿掌握劳动技能，从而提高生活自理能力，同时还能培养幼儿的合作意识和自信心，为升入小学做好生活准备。因此，我们在中班上学期尝试在班级开展“小小值日生”活动。

(二) 案例实录

1. 关于值日生的讨论

对于中班孩子来说，“值日生”是一个既熟悉又陌生的词语。于是，我带着孩子们进行了一次关于“值日生”的讨论，了解孩子们的想法和已有经验。

我：你们知道什么是值日生吗？

迟早：值日生要帮助别人做事情。

邢琳：值日生要打扫班级，让班级干净。

小恩：值日生要监督别人，就像一个小班长。

通过讨论，大家得出了结论：值日生就是会提醒、帮助他人的人，是为我们班级服务的人。

我：你们觉得为什么需要值日生呢？

郑佳欣：因为我们长大了，自己的事情自己做。

郭紫婷：因为老师忙不过来。

郭书含：因为我们的教室干干净净的才漂亮，我们才能健康成长。不仅教室要干净，我们也应该讲卫生，比如饭前便后洗手，饭后漱口。老师，我现在就去看看咱班小朋友的手洗得干不干净。

韩逸柯：我爱劳动，我喜欢当值日生。

孩子们心目中的值日生，是愿意帮助别人，喜欢为他人、为班级服务的人。而且孩子们都很乐于参与值日生的工作。可是一日生活中有许许多多的事情，值日生究竟需要做哪些事呢？怎么分配呢？这些问题又引发孩子们的思考。

2. 我的值日准备工作

一个班级里需要值日生做什么呢？为了能够明确自己的值日任务，孩子们进行了讨论，共同梳理了一天各个环节中值日生需要做的工作。

王家宜：值日生要早一点来，给大蒜浇水。

白馨月：值日生要抬桌子。

王奕然：值日生要监督小朋友卷袖子洗手、叠衣服，哪里有问题就赶紧提醒小朋友。

杨青云：值日生要提醒小朋友吃水果，摆放好水杯。

解橙羽：值日生要检查小朋友吃饭前洗手了没。

…………

孩子们还把自己认为需要值日生的环节画了下来。

家宜：我们有这么多小朋友，怎样快速找到每天的值日生呢？

金哲：那我们分一分呗，可以根据学号分组，一个星期有五天来园，可以分成五组。

大家再次讨论，结合值日生的工作内容，最后一致同意根据学号划分，一天有 6—8 个值日生。这样，班上就有更多的小朋友帮忙做事情了。为了记住自己是哪一天当值日生，孩子们分好组后进行了记录，一组的值日生共同完成一幅作品，作品中小朋友们手拉手，表示要团结友爱，共同完成值日生工作（如图 4－7 所示）。

我：那你们怎么分配工作？

欣怡：对呀，值日生需要做的这些事情，可以分一分吗？如果大家都去照顾植物，都给它浇水，植物会被浇死了。

我：那应该怎么办呢？

诗婉：每组选一个小组长吧，由他分配。

我：小组长请假了怎么办？

家宜：我们可以做标记，这样就不会忘记自己的工作了。

经过讨论，孩子们决定设计值日生标志。每个值日生都佩戴胸牌，胸牌上明确了该值日生需要做的工作（如图 4－8 所示）。有了这些独一无二的值日生胸牌，孩子们当值日生的积极性更高了。

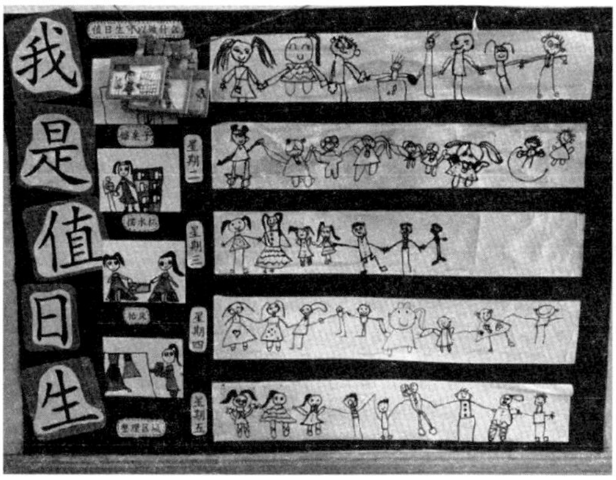

图 4－7　幼儿自主表征值日表

图 4－8　值日生胸牌

3. 我是小小值日生

一切准备就绪，值日生们忙碌在各自的工作岗位上。他们既认真又负责地完成自己的值日生工作。我们的值日生工作就这样如火如荼地开始了。

任何事情都不一定是一帆风顺的，随着值日生工作的开展，小小值日生们也遇到了一些问题。孩子们将问题进行了归类，整理出被提及最多的三个问题。

问题 1：每天都有小朋友问工具在哪里。

金哲：值日生不知道工具放在哪儿，可以去问其他小朋友，我也会轻轻地告诉他。

我：如果这个时候你正在做其他的事情，比如看书，那他会不会打扰你？

馨月：老师可以给小朋友介绍一下工具在哪里找，用完之后要放回去，不然就找不到了。

通过讨论，结合幼儿意见，我向幼儿介绍了值日工具的存放地点，并且叮嘱幼儿用好后物归原位。

问题 2：饭桌上的米粒总是擦不干净。

奕然：饭米粒总是擦不掉，桌子擦不干净。

诗婉：要先把抹布打湿，然后把抹布叠一叠，一手拿抹布，一手扶桌子，一遍擦不干净，那就再来一遍！

家宜：在水里加点洗洁精，擦完之后用清水再擦一遍。

金哲：吃饭的时候让盘子离自己近一点，这样就不会掉米粒了。

我意识到，孩子们的积极性足够高，但想达到理想的质量并不是一蹴而就的。因此，我当即决定请生活老师——王老师教大家正确的方法。在王老师的指导下，孩子们学会了正确擦桌子的方法。

问题 3：叠好衣服往衣橱放的时候衣服总会散开，导致衣橱很乱。

依诺：叠衣服的时候要把衣服压平。

青云：双手夹住左右两边开口的衣服。

图 4－9　幼儿自主整理衣橱

橙羽：先把衣橱打开，再放衣服。

诗婉：也可以请别的小朋友帮忙开衣橱门。

戴扬：衣服叠好后，夹到胳膊底下，用另一只手打开衣橱门。

青云：值日生要选一个管理员负责监督。

第二天，在管理员的“监督”下，小朋友们把衣服压平，按照讨论的方法，把衣服整整齐齐地放到了衣橱里（如图 4－9 所示）。

4. 评选“值日小达人”

经过值日生们的辛勤劳作，活动室里出现了不小的变化，一切都那么井然有序，这归功于每一位值日生的辛勤付出。4—5 岁幼儿对事物已经开始有了比较稳定的态度，能较好地建立起社会规则与自己行为的联系，并重视他人对自己的评价。为了增强幼儿的积极性，我们召开了一场“值日小达人”评选大会。

我：你们觉得什么样的值日生才是好值日生呢？

刘轩：每天按时来幼儿园，不迟到的值日生是好值日生。

郭书含：帮老师维持纪律的是好值日生！

林昱辰：好值日生就是能及时完成自己所负责的事情。

郑麒：自己主动去做值日，不需要老师提醒的是好值日生。

大家经过讨论，一致认为能按时入园值日、主动帮助他人、准时完成任务的值日生才是好值日生。

之后，我们用投票的方式评选出了每组的“值日小达人”，小朋友为他们设计、颁发奖状，小达人的好朋友给他贴上贴纸。这不仅是对优秀值日生的认可，更是对所有值日生的鼓励，孩子们深深地感受到劳动最光荣。

（三）案例反思

1. 重视对幼儿任务意识的培养

具备任务意识和执行任务的能力，有助于幼儿适应小学的学习生活，逐步做到自觉、独立完成各项学习任务。活动中，我们引导孩子通过了解自己和身边亲人的任务，发现原来每个人都有任务，不管任务的难易，我们都应该尽量去完成任务。我们通过搭建提升幼儿任务意识的平台，激发幼儿进行自我管理、服务同伴的愿望。

2. 培养幼儿初步的责任感

中班幼儿的自我意识正迅速发展，给予幼儿自己做决定、自己实践的机会，能够增强幼儿的自信心，培养其初步的责任感，有助于幼儿顺利融入小学集体生活。幼儿的归属感往往来自他们对群体生活的直接感受和体验，值日生活动开展前的准备工作也是帮助幼儿建立“将个人与群体联系在一起”的思想准备。在“小小值日生”活动中，我们看到孩子们不仅亲身感受到了劳动的乐趣，获得了劳动的硕果，更体验到了实现自我价值的满足感，增强了责任意识和自我服务的能力。小小的身躯，也有大大的能量。虽然孩子们在“上岗”之路中问题重重，下个阶段可能还会出现各种各样的问题，但他们正在努力地去解决、去摸索……对于孩子们而言，这个过程是弥足珍贵的！

（四）案例延伸与迁移

1. 开展家庭值日生活动

陈鹤琴先生指出：“良好习惯养成与否，家庭教育应负重要的责任。”教师要有意识地去发现与利用家长特有的教育优势，同时赢得家长的理解，获得他们的支持和配合，使家园教育相辅相成，从而使幼儿良好的习惯逐步内化为稳定的良好品质。随着班级值日生活动的开展，可以引导家长在家也开展“家庭值日生”活动。

2. 致敬劳动者

小朋友们通过值日生活动获得了劳动的快乐。教师可以继续引导幼儿调查了解社会中各行各业的劳动者，从身边爸爸妈妈、叔叔阿姨从事的职业开始，并由家委会组织社会实践活动，让幼儿亲身体验各种社会劳动，从而懂得珍惜他人的劳动成果。

（案例来源：五莲县幼儿园　何雨）

（五）案例评析

《纲要》指出：“指导幼儿学习自我服务技能，培养基本的生活自理能力。”参与班级的值日活动是幼儿建立自信的一种方式，同时也能帮助他们培养良好的生活习惯。在这个过程中，幼儿的大肌肉运动能力、精细运动能力、认知能力和逻辑思维能力等，都能得到非常好的锻炼。更重要的是，在自我服务意识和自我管理能力提高的同时，幼儿的集体服务意识和能力也得到了显著的提升，这为幼儿健康和谐地成长奠定了坚实基础。

该案例中，教师通过启发性提问，引导幼儿思考什么是值日、值日生应该做什么、怎样做好值日工作，幼儿通过亲身体验，不断梳理、提升经验。教师将值日生活动融入一日生活各环节，经过一系列的值日生活动，幼儿获得了劳动的快乐，养成了良好的生活与卫生习惯，培养了生活自理能力，为他人、集体服务的意识也增强了，从一开始需要教师引导参与劳动，到现在能自己意识到为集体服务，能够自主地参与劳动，并积极为集体想办法解决问题，幼儿无论是在能力上还是在思想上都获得了成长。

“小小值日生”工作是一个漫长的沉浸式生活教育课程，坚持值日生生活化课程的同时，教师还要思考有哪些问题等待幼儿去发现、去探究、去解决，在此基础上对幼儿提出新的要求，从而引发幼儿主动、持续地参与到值日生的活动中，让幼儿生活自理和劳动能力得到进一步提高，为进入小学做好准备。

（案例评析人：五莲县学前教育教研员　王维苗）

三、大班案例“玉米种植记”

（一）案例背景

习近平总书记在全国教育大会上明确指出，把劳动教育纳入社会主义建设者和接班人的总体要求，构建德智体美劳全面培养的教育体系。幼儿园举办“春耕节”，给予孩子们可以亲身体验种植过程的场所，为孩子们提供了随机观察和探索的机会。从播种到悉心照料，再到收获，孩子们全程参与。该活动帮助幼儿了解了种植的基本方法，通过劳动教育，使幼儿能够树立“劳动最光荣”的观念，体会劳动创造美好生活，尊重普通劳动者，培养勤俭、奋斗、创新、奉献的劳动精神。

（二）案例实录

经过二月二龙抬头活动和惊蛰活动，孩子们了解到此时正是春耕播种的大好时机，我们的小菜园在经历了冬眠到春天的洗礼后也焕然一新，孩子们想到自己的小菜园里种些什么。

浩涵说：“我看见姥爷在小菜园里种上了土豆，那我们种些什么呀？”

孩子们七嘴八舌地讨论着，有的说也种土豆，有的说种白菜，还有的说种玉米。这时候种植助教孙老师说：“什么节气种什么都是有一定规律的，有的你现在种上它也长不出来，即使长出来了它也长不好。”那么到底什么节气该种什么呢？于是我把这个问题抛给了孩子，请他们回家调查并将答案在第二天带到幼儿园。

馨苒说：“奶奶跟我说马上就可以种春玉米了。”

可是玉米要怎么种？它有什么样的种植方法？需要什么样的工具？它的生长过程

是什么样子的？针对这些问题，我们制作了“玉米种植”调查表。我请孩子们回家和家长一起调查了解玉米的种植过程，帮他们积累初步的种植玉米的经验。

1. 种玉米啦

孩子们开始刨沟，峻熙自告奋勇地想要挑战，可是刨着刨着沟就歪了。怎么样才能将沟刨直呢？孩子们虽然有疑惑，但又对播种跃跃欲试，疑惑并没有得到解决，就进行了下一个环节。

按照预先讨论好的方法，孙老师告诉孩子们播种时种子与种子之间要留 20 厘米的距离，沟与沟之间要留 30 厘米的距离，这样长出来的玉米苗才能吸收更多的阳光和养分。在这里，孩子们听到了“距离”这个新名词，但因为他们对“距离”这一概念并不理解，又急于继续下一环节，所以这个问题现场也没有即刻得到解决。在孙老师的示范和帮助下，孩子们开始尝试施肥这道工序。

“化肥要放在两颗种子的中间，不能离种子太近，否则会把种子给烧死。”孙老师说。可刘兹畅已经把化肥和种子放在一起了，怎么办呢？这时倾城提议：“我们一起来做个标记吧，看一看会怎么样。”于是，小朋友找来了小树枝插在这里做标记，看看是不是真像孙老师说的那样，小种子会被化肥烧死。

在孙老师的示范和帮助下，孩子们了解了玉米的种植过程有五步：刨沟、浇水、播种、施肥、盖土。这是孩子们第一次参与种植的全过程，看到他们认真的样子我倍感欣慰。每一个环节他们都有自己的许多小问号，我从这不难看出孩子们对劳动活动的热爱与向往。活动也激发了他们继续种植、深入探究的欲望。

就这样，孩子们完成了玉米种植的刨沟、浇水、播种、施肥、盖土。

为了解决“距离”这一问题，孩子们在教室寻找木棍儿、毛线、积木、尺子、记号笔等可以用来“找直”“找沟距、种距”的材料，准备在第二次种植的时候验证他们想到的解决方法。

问题 1：沟与沟的距离是 30 厘米，怎样才能确定沟距？

彰旭：直接用尺子在土上量。

兹畅：可以用尺子在小木棍儿上量出 30 厘米，用记号笔记录。

他们用木棍的一头对准刨好的那一条沟，将木棍放直，这一头在 30 厘米处的地上做好标记。然后，一个按住木棍，一个刨，孩子们利用这种方法刨了三条沟。

问题 2：怎样才能将沟刨直？

看到刘兹畅用小木棍比对“找直”，孩子们很快聚拢过来，主动拿来小木棍连接（如图 4－10 所示），并将木棍的首端准对刘兹畅木棍的尾端放直，以此类推，很快小木棍变成了一把长长的“尺子”。有了这把“尺子”，孩子们的沟刨得直直的。

图 4 - 10　幼儿利用小木棍比对“找直”

图 4 - 11　幼儿利用木棍比对播种距离

虽然孩子们还没有“首尾相接”的概念，但在这一过程中，孩子们第一次体验了“首尾相接”。在刨倒数第二条沟的时候，孩子们想出用毛线来“找直”，正好地头有个标志牌的小木桩，他们将毛线的一头绑在小木桩上，另一头绑在积木上，并把积木埋进土里。这样就出现一条“直线”。而宋彰旭则利用比对目测的方法用小木棍在地上画了条直线。

问题 3：怎样准确找出种子间的距离？

方法 1：木棍、毛线标记法。

基于“首尾相接”这一经验，孩子们决定用木棍和毛线，采取同样的方法标记种子之间的距离，并完成播种。只见倾城开始在木棍上做出 20 厘米的标记，用木棍比对进行播种：首先将一粒种子放在木棍首端，第二粒种子放在尾端，将木棍拿起，再将木棍的首端放在第二粒种子处，第三粒种子放在木棍的尾端（如图 4 - 11 所示）。除了这种方法，孩子们还用尺子在毛线上找出 20 厘米的距离，用笔做出标记，以此来完成播种。

方法 2：小脚丈量法。

我：除此之外，大家再想一想，还有其他办法吗？比如我们身体的哪个部位可以帮助我们？

倾城：小手，用小手量一量。我觉得我的脚也跟这距离差不多（如图 4 - 12 所示）。

刘兹畅：她的小脚真的是 20 厘米，我们就用她的脚比对播种吧。

就这样，孩子们用不同的方式完成了播种工作。在这个过程中，孩子们讨论、尝试，将测量的经验运用到种植活动中，更是获得了“头尾相接”这一经验，而他们的劳动热情也是有增无减。

2. 给玉米搬家（间苗）

玉米地里有的地方长出了玉米苗，有的地方空空的，什么也没有，之前化肥和种子放在一起做记号的地方，也没有长出玉米苗。

这时王馨苒说：“你们看，有的地方长出了好几棵小苗苗，太挤它们就长不大了，我们

给它们搬家，搬到空的地里吧。”孩子们顺势完成了“间苗”这个环节。（如图 4 - 13 所示）

图 4 - 12　小脚丈量

图 4 - 13　间苗

3. 玉米长高了

孩子们发现玉米长高了，决定量一量玉米有多高。他们找来了不同的工具：小木棍、马克笔、毛线……他们每次测完都会记录玉米的高度。玉米越来越高，原有的测量工具已经不能量出它的高度。通过讨论，孩子们决定用尺子、毛线和管子三种材料完成测量。

只见宗航捏住毛线与玉米最顶端对齐，倾城拿住线团不断放线，最后把线靠在玉米最低端并做上了记号。孩子们把线放在地上拉直，把管子与线对齐，首尾连接好，并数出管子的数量是 5 根。（如图 4 - 14 所示）

图 4 - 14　幼儿测量玉米高度

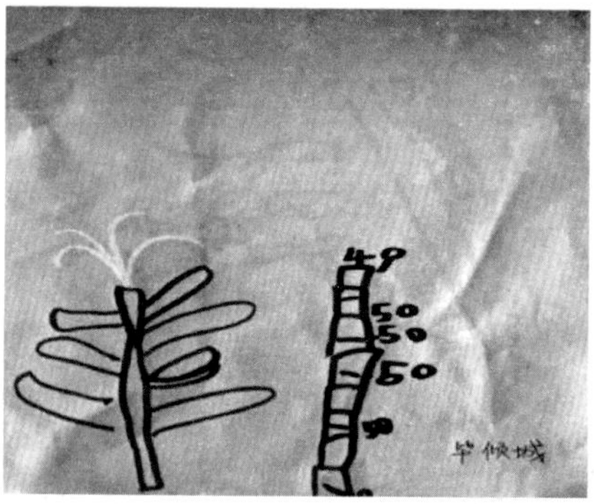

图 4 - 15　幼儿记录测量结果

倾域和艺宣用尺子测出一根管子是 50 厘米，共 4 根，第 5 根管子的标记处是 49 厘米，因为他们还不会计算，最终在老师的帮助下，他们得出玉米的高度是 249 厘米。（如图 4 - 15 所示）

这次测量活动中，孩子们对首尾相接已经非常熟悉，并且可以自如地运用。同时，孩子们遇到问题，能自己思考，想办法合作解决。

4. 玉米成熟了

在照料玉米的几个月里，孩子们每天都会去观察玉米的长势，并细心地观察是否有虫子。在孩子们的期盼中，玉米终于成熟了。他们走进玉米地掰玉米，到厨房称玉米、分玉米，异常兴奋。孩子们还想到玉米有多种吃法，如煮玉米、做爆米花、磨面做糊糊或馒头等。在家长和厨房阿姨的帮助下，孩子们尝试了多种烹饪方法，并邀请爸爸妈妈、老师、好朋友一起品尝亲手制作的玉米美食。通过这次活动，孩子们体会到了收获的快乐。尤其在掰玉米的过程中，孩子们能够主动地去帮助别人，并且学会了合作；在煮玉米的过程中，他们不仅联系自己的生活经验，通过动手操作，丰富了自己的知识经验，还在劳动中获得了成就感与快乐。

（三）案例反思

1. 种植活动有助于培养幼儿的责任感

在玉米种植活动中，幼儿亲身参与种植、观察、收获等活动，体验到劳动带来的喜悦和成就感。该活动不仅激发了幼儿参与劳动的热情，也帮助他们习得种植的基本方法与技能，提高了自理能力和动手能力，并使其懂得热爱劳动、尊重他人劳动成果的道理，增强其自信心，培养了初步的责任感，为其升入小学做好生活准备。

2. 劳动教育助力幼儿良好学习习惯的养成

从玉米种植到日常养护观察，再到收获做成美食，幼儿利用几个月的时间坚持完成这一流程，体现了良好的坚持性、专注性以及解决问题的能力。这些良好学习习惯的养成，有助于幼儿入学后更好地胜任学习任务，且受益终身。活动中，教师鼓励幼儿亲手播种，引导幼儿对玉米生长的持续关注，支持幼儿深入观察与探究，为幼儿提供了更多发现问题、解决问题的机会，比如种植过程中对距离的认识与了解、如何把沟刨直、数玉米苗、测量等，培养了幼儿独立解决问题的能力，同时也提升了他们的社会交往能力、合作能力以及语言表达能力。

3. 在种植活动中自然渗透数学学习

在这个活动中，我们贯彻“一日生活皆课程”的理念，放手让幼儿自己想办法测量播种间距、玉米高度，自然而然地把数学的学习融于劳动实践，让幼儿在亲身体验和实际操作中，积累对长度、高度等数学概念的感性经验，为幼儿入小学后的测量学习打下直接经验基础。

（四）案例延伸与迁移

活动初期，我们和孩子一起讨论，了解到玉米不仅可以食用，还有许多玩法，比如玉米皮可以作画、编织，孩子们可以大胆地发现美、表现美、创造美；玉米粒可以用来开展点数、筷子夹玉米、数字分成等活动，为孩子创造动手动脑的机会；玉米秆可以变成横杆障碍玩跨跳，丰富孩子们的户外游戏；玉米芯还可以用来拼摆造型，丰富孩子们的想象力。

（案例来源：日照市北经济开发区莲海幼儿园　迟蕾）

（五）案例评析

在这个玉米种植活动中，教师不仅关注了幼儿劳动技能的习得，更重视幼儿情感态度和价值观的培养。这种体验式学习方式，对于幼儿的全面发展具有深远的意义。通过这一系列的活动，孩子们在实践中学会了如何与自然和谐相处，如何通过自己的努力收获成果，从而增强了责任感、自信心和成就感，为入小学能积极主动地参与集体劳动，以及独立解决问题、合作学习等都打下了良好的基础。

1. 体验成长，增强自信心

在玉米种植过程中，孩子们从最初的不知所措到逐渐掌握种植技巧，每一步的成长都让他们感到自豪。当他们看到自己亲手种植的玉米苗逐渐长高、结出果实时，内心的满足感和成就感是无法用语言表达的。这种体验不仅增强了孩子们的自信心，还让他们明白了付出与收获之间的关系。

2. 合作学习，培养团队精神

在玉米种植活动中，孩子们学会了分工合作。有的负责播种，有的负责浇水，还有的负责记录生长情况。通过团队合作，孩子们学会了相互支持、相互帮助，培养了团队精神。在遇到困难时，他们学会了共同探讨解决方案，而不是单打独斗。这种合作精神对于他们未来的学习和生活具有重要意义。

3. 增强环保意识，树立可持续发展观念

在种植过程中，教师引导孩子们关注环境保护，比如合理使用水资源、减少化肥和农药的使用等。通过这些活动，孩子们逐渐树立了环保意识，明白了可持续发展的重要性。他们懂得了在享受自然恩赐的同时，也要保护自然环境，为自己创造更加美好的家园。

（案例评析人：日照市学前教育教研员　王成梅）

第五章　社会准备教育及案例评析

幼儿园入学准备当中的社会准备其本质是促进幼儿的社会性发展，为幼儿顺利进入小学做好人际交往、规则遵守、任务意识以及集体归属感等方面的准备和衔接，帮助幼儿形成正确的社会认知，激发丰富的社会情感，养成符合规范的社会行为，最终实现自信乐群、大胆交往、善于合作、诚实守规、有责任敢担当、有归属感、爱集体等良好的社会性发展。重视社会准备教育，除了可以拓展幼儿社会领域的相关经验，推动幼儿更充分地做好入学准备，还能促进幼儿身心全面协调、可持续发展，支持幼儿成为充满活力、热情主动的终身学习者。

第一节　社会准备教育的目标与内容

确立科学、准确的社会准备教育目标，并围绕目标精选适宜3—6岁幼儿学习的社会准备教育内容是做好社会准备教育的基础。目标指引着教育的方向，内容则是目标得以实现的良好载体。社会准备教育目标紧扣帮助幼儿顺利做好入学准备，支持幼儿更好实现入学适应这一方向，从指向自我、指向他人、指向社会文化[①]三个方面构建了形成积极的自我效能感、提升人际交往能力、培养遵守规则的良好意识、形成一定的责任感、萌发热爱集体情感等五个社会准备教育的具体目标，并依据目标确定相应的社会准备教育内容。

一、社会准备教育的目标

社会准备教育的目标依据《指南》精神，围绕《指导要点》，结合高瞻课程社会性和情

① 刘晶波，等.幼儿园社会领域教育精要——关键经验与活动指导[M].北京：教育科学出版社，2015.

感发展的九条关键发展指标[①]以及学前儿童社会学习与发展的核心经验，确定了向内关注自我效能感，构建做好积极社会准备的良好心理基础，向外关注他人和环境，不断增强交往合作能力、提升社会认知与任务意识、增强热爱集体情感的社会准备教育目标群，为社会准备教育科学且有效地实施奠定了坚实的基础。

（一）引导幼儿形成积极的自我效能感

阿尔伯特·班杜拉（Albert Bandura）的社会认知理论提出了自我效能感的概念，它是指个体对成功完成某项任务或行为的一种预期，会影响个体完成任务或参与活动的内在动机。[②] 有自我效能感的幼儿能充满自信并带着成功的渴望面对各种事情、完成各类任务，他们会主动迎接挑战，而不是选择逃避或退缩。即便经历了挫折，他们也会很快恢复信心并将失败原因归于自己准备不足或知识、技能的缺乏，而不是自己无法胜任挑战。自我效能感包含挑战性、坚持性和自我评价三个要素，是预测幼儿未来学业成就的重要指标。因此，教师应引导幼儿建立积极的自我概念，形成“我能行”的自我效能感，为其后续升入小学的学习与发展构建积极的“正向循环圈”。具体来说，本条目标包含三个方面的内容：引导幼儿确立正面、积极的自我认知，形成乐于迎接挑战的态度；帮助幼儿发展胜任感，支持幼儿形成坚持不懈的品质；让幼儿感觉自己是有能力的，不断发展正面的自我评价，从而推动幼儿形成积极的自我效能感。

（二）支持幼儿大胆交往，增强人际交往能力

心理卫生学家卢格曾说：“人类的心理，最重要的就是对人际关系的适应。”幼儿的人际交往能力是其社会化程度和社会适应能力的重要指标，是幼儿进入小学后交往、学习和快乐生活的基础和保障，能帮助幼儿尽快适应小学生活，建立被认可和接纳的同伴关系、师生关系。学会共同生活，是面向 21 世纪的四大教育支柱之一。[③] 通过大胆交往，幼儿在共同生活和合作学习中获得认同感，这会帮助其更好地发展自己各方面的能力，形成健康、积极的人格特质。具体来说，本条目标包含三个方面的内容：鼓励幼儿和同伴友好相处，支持幼儿结交新朋友；引导幼儿与同伴分工合作共同完成任务，帮助幼儿体会遇到困难时要互帮互助，发生冲突时应尝试协商解决；引导幼儿主动向教师表达自己的想

---

① 安·S.爱泼斯坦.社会性和情感发展：关键发展指标与支持性教学策略[M].霍力岩，谷虹，李金，等译.北京：教育科学出版社，2018.

② 莉萨·博林，谢里尔·西塞罗·德温，马拉·里斯-韦伯.教育心理学：激发自主学习的兴趣[M].连榕，缪佩君，陈坚，等译.北京：机械工业出版社，2020.

③ 联合国教科文组织. 教育：财富蕴藏其中[M].联合国教科文组织总部中文科，译.北京：教育科学出版社，2014.

法和需求，学会与成人沟通的方法，在需要时能寻求成人的帮助。

（三）培养幼儿遵守规则的良好意识

规则意识，是指发自内心的、以规则为自己行动准绳的意识。具体来说，规则意识指的是在道德法律环境中，个人理解并接受规则的内涵要义，并经过社会实践活动不断总结发展，逐渐内化为自觉的价值尺度和行为准则的意识。规则意识能使人形成主动遵守规则的自我约束意识，从主观思想上把规则作为自身行动规范标准，从而形成遵守规则的良好习惯和正确对待规则的意识特点。[①] 本条目标包含两个方面的内容：引导幼儿提升对规则的认知能力，帮助幼儿形成一定的规则意识；支持和推动幼儿自觉遵守游戏及日常生活中的各类规则，不断提升遵守规则的能力。

（四）帮助幼儿形成初步的任务意识和责任感

任务意识是指个体对自身需要完成的任务或目标的清晰认知、主动关注以及积极规划的心理状态。幼儿任务意识的发展与任务责任感的发展密切相关。[②] 具备任务意识不仅是社会准备教育的重要内容，更是一名合格小学生应该具备的重要品质。具体来说，本条目标包含两个方面的内容：引导幼儿理解教师的任务要求，支持幼儿向家长清晰地转述并主动去做；鼓励幼儿自觉、独立地完成教师安排的任务。

（五）萌发幼儿热爱集体的积极情感

心理学家在长期的研究中发现，成为集体的一部分对个体产生意义感和幸福感是必不可少的。集体归属感的缺乏可能会对幼儿的社会性和神经发展产生深远的影响。[③] 幼儿本质上是社会的人，融入集体并对自己所处的集体产生归属感是幼儿成长过程中必须面临的挑战。幼儿想要成为新集体中的一员，就应该了解集体规范，平衡自己和他人的需要。具体来说，本条目标包含三个方面的内容：引导幼儿喜爱自己的班级和幼儿园；鼓励幼儿积极主动为集体出主意、想办法、做事情；初步引导幼儿形成爱家乡、爱祖国的情感。

---

① 赖清文.3—5岁幼儿规则意识发展特点及其与气质的关系研究[D].大连：辽宁师范大学，2013.

② 吕园.幼儿责任感与同伴交往能力的相关研究[D].南充：西华师范大学，2015.

③ 安·S.爱泼斯坦.社会性和情感发展：关键发展指标与支持性教学策略[M].霍力岩，谷虹，李金，等译.北京：教育科学出版社，2018.

二、社会准备教育的内容

我们对《指南》社会领域目标及各年龄段的表现进行简略分析可以发现，社会领域的学习与发展内容大致包括对自我和对他人的认知、态度和行为；交往态度和交往技能；对群体、群体生活及我群关系的感受、态度和行为几个方面。① 社会准备教育内容基于《指南》精神，结合《指导要点》中社会准备教育的具体表现，以社会准备教育目标为依据，确定了自我意识教育、人际交往教育、规则意识教育、任务意识与责任感教育、集体归属感教育五个方面的内容。

（一）自我意识教育

自我意识是幼儿对自己以及自己与周围事物关系的认识，是个体实现社会化目标、完善人格特征的重要保证。② 自我意识从形式上分为自我认识、自我情感体验和自我调控三个方面。自我认识主要是指个体对自己身心特征和活动状态的认知和评价，包括自我感觉、自我形象、自我概念、自我分析、自我评价等，其中自我概念和自我评价是自我认识的主要方面；自我情感体验主要是指个体对自己所持有的一种态度，包括自我感受、自尊感、自信心、羞耻感、自豪感、自卑感、内疚感和自我效能感等，其中自我效能感和自尊感是自我情感体验的主要方面；自我调控主要是指个体对自己思想、情感和行为的调节和控制，包括自我监督、自我掌握、自我控制、自我改造、自我教育和自我完善等，其中自我控制是自我调控的主要方面。③ 自我意识教育在幼儿发展过程中，尤其是个性形成的过程中具有非常重要的作用，是社会准备教育的重要内容，能帮助幼儿更好地认识和接纳自己，形成积极的自我评价，带来良好的自尊感和自我效能感，不断实现自我控制，为幼儿顺利迈入小学生活奠定坚实的心理基础。自我意识教育的内容主要有以下几个方面。一是帮助幼儿认识和接纳自己，增进幼儿的自我价值感，如引导幼儿从外在方面认识自己，知道自己的外貌特点；从内在方面认识自己，明白自己的优点和缺点，从而形成比较全面、客观的认识并接纳自己的优缺点。二是帮助幼儿学习、认识、理解和适当表达自己的情绪，控制自己的行为，如让幼儿知道生气了可以告诉别人“我生气了”，也可以暂时不理人、有控制地哭等，但是不能打人、骂人、摔东西等。三是帮助幼儿学习自由选择、自我决断，培养其独立性、自主性和为自己行为负责的意识。四是支持、鼓励幼儿大胆地

① 李季湄，冯晓霞.《3—6 岁儿童学习与发展指南》解读[M].北京：人民教育出版社，2013.
② 邓敏，樊洁，潘莹，等.流浪儿童自我意识状况的调查研究[J].社会心理科学，2014(10)：35－39.
③ 张明红.学前儿童社会教育[M].上海：华东师范大学出版社，2008.

表达自己的想法和态度。五是为每个幼儿提供表现自己长处和获得成功的机会，让幼儿在不断获得积极反馈的过程中增强自尊心和自信心。

（二）人际交往教育

人际交往也称人际沟通，是指个体通过一定的语言、文字、动作、表情等表达手段将某种信息传递给其他个体的过程。[①] 开展人际交往教育，能引导幼儿获得丰富的社交技巧，形成安全感和归属感，帮助幼儿建立自我概念并发展其人格。在《指南》社会领域中，人际交往是一个重要的子领域。由此可见，人际交往教育对幼儿做好社会准备具有重要的意义和价值。人际交往教育主要包含以下内容：一是帮助幼儿学习协调自己与他人的兴趣和想法，能根据他人的需要和行为调整自己的行为，学会与同伴友好相处，鼓励幼儿大胆结交新朋友，支持幼儿主动分享，培养其同情心，引导幼儿掌握基本的交往技能；二是支持幼儿与同伴分工合作完成任务，遇到困难时能互帮互助，发生冲突时尝试协商解决；三是鼓励幼儿主动向教师表达自己的想法和需求，引导幼儿在具体的交往过程中尝试关心、理解、尊重和赞赏他人。

（三）规则意识教育

规则意识教育是幼儿道德教育的重要组成部分，主要是指通过多种教育手段，规范个体或群体的规则行为，引导幼儿形成对规则的自觉遵守和维护的意识。规则意识教育主要包括三个方面的内容，一是幼儿对规则的认知，即能理解日常规则；二是幼儿对规则有一定的了解，并愿意遵守规则，尤其是当没有外在力量来监督他们遵守规则或制止他们违反规则时，他们仍然选择自觉地遵守规则；三是幼儿的规则意识表现为不仅愿意自己遵守规则，还愿意提醒身边的人遵守规则。

（四）任务意识与责任感教育

具有良好的任务意识和责任感是幼儿从自然人转向社会人的必要条件。在融入社会的过程中，幼儿要承担各种各样的任务。能够具备一定的能力完成各项任务并具有一定的任务意识和责任感，是社会准备教育的重要内容。任务意识与责任感教育主要包含三个方面的内容：一是鼓励幼儿做好力所能及的事，逐步形成不怕困难的意志品质；二是引导幼儿理解教师和家长的任务要求，能清晰地转述任务内容并主动去做；三是帮助幼儿明确自己所担负的责任，能自觉承担分内的事情，独立完成教师和家长安排的任务。

---

① 张明红.学前儿童社会学习与发展核心经验[M].南京:南京师范大学出版社,2018.

(五) 集体归属感教育

归属感是指个体认同所在的群体(团体)并感觉自己也被群体认可和接纳而产生的一种隶属于这个群体、与这个群体休戚相关的感觉。[①] 归属感是幼儿社会认知中的重要情感,对于幼儿的亲社会行为和人际交往有着十分深远的影响。有研究表明,归属感的建立,一方面与幼儿心理健康水平的提升、学习动机的激发、不良行为的遏制等存在正相关,另一方面有利于幼儿适应班级、学校并与之良性互动。归属感的获得,是培养幼儿热爱家庭、热爱集体、热爱家乡、热爱民族、热爱祖国的坚实基础。[②] 归属感教育主要包括五个方面的内容:一是引导幼儿增强对自己班级和幼儿园的喜爱;二是激发幼儿愿意为集体出主意、想办法、做事情的良好意识和积极态度;三是与家庭、社区合作,引导幼儿了解自己的亲人以及与自己生活有关的各行各业人们的劳动,培养其对劳动者的热爱和对劳动成果的尊重;四是充分利用社会资源,引导幼儿感受家乡的变化和发展,感受祖国文化的丰富与优秀,激发幼儿爱家乡、爱祖国的情感;五是向幼儿介绍我国各民族和世界其他国家、民族的文化,使其感知人类文化的多样性和差异性,培养理解、尊重、平等的态度。

第二节　社会准备教育的实施策略

社会准备教育的实施围绕社会准备教育目标和内容,从幼儿园一日生活各环节中挖掘社会准备教育的多元价值,从教学活动、游戏活动和生活活动中列举有效途径和策略,引导教师将社会准备教育落地并发挥实效。

一、融合多元体验,在教学活动中增长幼儿社会认知

幼儿期是社会认知发展的重要时期,社会认知能力的发展能帮助幼儿了解自己与他人及周围环境的关系,知道该如何面对各种人际关系及社会关系。在促进社会认知能力提升的过程中,感知体验是幼儿重要的学习方式,是认识和态度形成的基础。[③] 维果茨基

---

① 李季湄,冯晓霞.《3—6 岁儿童学习与发展指南》解读[M].北京:人民教育出版社,2013.

② 张明红.学前儿童社会学习与发展核心经验[M].南京:南京师范大学出版社,2018.

③ 同①。

曾说，儿童需要借助他们的文化工具，通过积极参与社会互动来建构自己的知识。[①] 幼儿只有获得真切的社会体验，才能增进社会认知，进而将认知内化为自身的社会行为。因此，在教学活动中融合多元体验，便成为丰富幼儿社会认知的有效策略。

（一）策略解读

多元体验，是指教师从活动需求出发，依据一定的教学目标，创设富含真实事件或真实问题的多样化情境，以激发幼儿的兴趣、情感和思维为目的，在探究事件或解决问题的过程中，引导幼儿自主地理解知识、建立规则，达到教与学最佳效果的教学方法。在社会准备教育活动中，教师可以通过巧用生活场景、创设问题情境等多种策略，最大程度地支持幼儿激活原有经验，唤醒其深层体验，引发认知冲突，提升幼儿对自己、对他人、对群体的社会认知，帮助幼儿在教学活动中获得有效的社会准备教育。

（二）策略实施

幼儿的社会认知可以来自生活场景，与幼儿成长息息相关的生活场景中每天都生发着与幼儿当下感受密切相关的丰富体验；可以产生于问题情境，教师通过专门创设问题情境促进幼儿对社会认知的辨别和思考，由此为幼儿带来增长社会认知的鲜活源泉。

1. 场景再现式体验，激活原有经验

日常生活场景是引发幼儿社会认知，积累社会经验的最好途径。尽管幼儿通过日常观察和体验积累了大量的社会认知经验，但这些经验是相对零散和不系统的。因此，教师在进行社会准备教育时，需要关注幼儿的年龄特点和已有经验，将幼儿所处的一日生活场景作为教育资源，通过教学活动中的情境再现引发幼儿的情感共鸣，从而将原有零散的社会经验变得更加系统条理，丰富幼儿的社会认知。例如，在大班社会活动“我们不拥挤”中，教师通过播放日常生活中人们拥挤上车，小朋友挤作一团滑滑梯、自主游戏争抢材料等情景视频，引导幼儿观看和讨论，分析这些行为可能产生的后果，并依据具体场景制定行之有效的行为规则，从而激活幼儿已有的相关社会经验，在迁移运用中增长和丰富幼儿的社会认知。

2. 问题讨论式体验，引发认知冲突

问题是引发认知冲突、推动活动进程的引擎。以问题情境为导向，可以引导幼儿关注群体内部及群体之间的各种社会关系，提升对社会领域中各类角色及各种规则的认

---

① 米丽娅姆·别洛戈洛夫斯基，莉萨·戴利.让早期学习理论看得见[M].赵红霞，译.南京：南京师范大学出版社，2018.

知。在组织社会领域活动时，教师可以与幼儿围绕某个问题进行思想碰撞和交流，如谁对谁错的价值冲突型问题讨论、如何做好入学准备的多种求解型问题讨论等，通过创设问题情境和围绕问题引发的讨论推动幼儿增长新的社会认知经验。教师首先需要和幼儿一起确立问题，引导幼儿在参与过程中积极思考，大胆表达个人的见解与想法，在自问自解、自问他解、他问自解、他问他解的讨论交流中达成共识，从而增长社会认知经验。在讨论过程中，幼儿能不断运用已有经验去推理、分析和探究问题，并形成新的经验，实现了社会认知经验在教学与生活中的双向迁移应用。如在大班参观小学之后，幼儿积累了丰富的幼儿园与小学之间不同之处的生活经验，此时师幼共同发起了“你更喜欢幼儿园还是小学”的辩论赛。两组幼儿结合表征图示表达自己的观点，针对幼儿园及小学在环境、作息时间及课程作业等方面的差异展开了激烈的辩论，在观点交流碰撞而引发的认知冲突中，大大提升了关于幼儿园与小学不同之处的认知，增进了对升入小学后需要调适的问题的了解。

二、聚焦多维角度，在游戏活动中丰富幼儿社会情感

幼儿是有能力的学习者，在游戏活动中表现尤为突出，他们通过游戏丰富自己的社会体验，获得积极的社会情感，形成自己的社会经验。教师可以巧妙地在游戏活动中渗透社会准备教育，内化幼儿的社会情感体验，促进幼儿的社会性发展。

（一）策略解读

游戏是 3—6 岁幼儿最主要的学习方式，具有对象性、社会性、主体性和发展性等基本特征，[①]对幼儿身心各方面的生长发展具有积极的意义和重要的价值。“学前期是社会性能力形成的‘关键期’，幼儿的社会性能力很大一部分是在实际的交往活动中形成与发展起来的，而游戏是幼儿社会性交往的主要形式，也是他们社会性发展的重要途径。”[②]在游戏中，幼儿会面临大量人际交往和社会适应情境，这些能够助推幼儿形成对自我、对他人和对社会的认知与情感，发展幼儿的自我效能感，丰富幼儿的交往体验，帮助幼儿形成较强的集体意识。在游戏中进行社会准备教育，丰富幼儿的社会情感，教师应把握游戏的关键特征，挖掘游戏与社会准备教育的最佳融合点，敏锐地关注到游戏活动中能够促进幼儿社会情感发展的教育契机，帮助幼儿做好社会准备教育。

① 刘焱.儿童游戏通论[M].北京：北京师范大学出版社，2008.

② 同①。

（二）策略实施

在游戏中促进幼儿社会情感发展，可以通过游戏特有的物质环境、人文环境，并融合多元游戏体验，为幼儿提供适宜性支持等策略，多渠道、多形式地激发幼儿的自我效能感，发展幼儿的人际交往能力，培养幼儿热爱集体的情感。

1. 在环境中引发，帮助幼儿建立自我效能感

游戏活动中的多元环境，是为幼儿提供丰富社会体验的来源。游戏环境具有多元性、丰富性、多变性、开放性和挑战性等特点，其中，开放性的游戏环境强调了对幼儿自主权利的保护，能促进幼儿在游戏中获得成功感、自豪感等积极的情绪情感，有利于激发幼儿的自我效能感。

开放性游戏环境包含两个方面。一是能吸引幼儿主动探索的物理环境，即从时间、空间、主题、材料、规则、玩法和过程等维度给幼儿自主权，让幼儿按照自己的想法和意愿，根据自己的需要自主地选择，真正保障幼儿的游戏权利。幼儿能够根据自己的兴趣与需要选择游戏内容及伙伴，按照自己的想法和创意进行游戏，也能够在游戏中获得快乐、愉悦的情感，满足自己的游戏愿望。同时，开放性的物理环境还具备包容性，能够支持幼儿发展自己的兴趣，形成更加个性化、更适合自身的发展方向，让幼儿在自己的最近发展区不断挑战自我，建立自信心。二是教师创设宽松、自主、愉悦的气氛和心理环境，能够完全接纳幼儿，不评判、干预幼儿的游戏过程，包容幼儿的个体差异，有利于幼儿获得良好的情感体验，形成不怕犯错、大胆挑战的勇气，在超越自我中获得成就感和胜任感，形成积极的自我效能感。

在挑战滑索游戏时，滑索的高度让程程望而却步，他担心自己无法一直抓牢把手。迟迟不敢挑战的他显得有些沮丧。看到其他小朋友一次次挑战成功，程程也很渴望自己能够成功。在老师和小朋友的鼓励下，经过思考和尝试，他利用周围的轮胎、木箱、软垫等材料为自己做辅助，从较矮较缓的滑索开始尝试。当把滑索环境改造得符合自己心中的安全预期后，他进行了初次挑战，并十分顺利地到达了终点。他高兴得手舞足蹈，不断喊老师和小朋友观看、记录他的新成就。成功的尝试让程程更加相信自己了，他反复尝试了许多次，并且挑战了难度更高的滑索，探索了更多玩滑索的花样，享受着成功带来的满足感和喜悦。

由上述案例可见，开放的游戏环境带给幼儿许多挑战，也为幼儿实现自我突破提供机会。通过游戏，原本情绪低落的幼儿变得昂扬向上、积极主动，也在一次次的成功挑战中增强了自信心和自我价值感，相信自己是有能力战胜困难的，从而逐步建立起自我效能感。

2. 在体验中生发，提升幼儿的人际交往能力

“社会学习理论认为人的情绪、情感的发展，如同人在其他方面的行为一样，都是通过学习获得的。”①幼儿的学习主要通过直接感知、实际操作和亲身体验的方式进行，其社会情感的发展也依托于游戏中的丰富体验。

首先，游戏给予了幼儿扮演他人角色和体验他人情感的机会。在游戏中，幼儿可以扮演各种各样的角色，在扮演不同的角色时，他们体验着站在他人角度上思考问题的感受，逐渐去自我中心化，习得与人交往的能力。如扮演妈妈的小朋友会认识到宝宝很柔弱，需要大人细心地照顾，在关怀的情感中出现照料宝宝的行为；扮演医生的小朋友会考虑到病人身体不舒服，共情病人，给予病人无微不至的关照……这些来源于游戏过程中的社会情感体验，有效提升了幼儿情感的敏锐度和人际交往的能力。

其次，游戏中也会出现许多同伴交往的契机。“随着儿童年龄增长，他们需要掌握更复杂的社会情感技能，他们通过与学校和家庭中的成年人、兄弟姐妹以及同龄人之间的各种互动来进行社会情感学习。”②在与同伴共同游戏时，幼儿常常会遇到如何与他人达成共识的问题，而解决这一问题，离不开幼儿与他人之间积极良好的人际交往。

在小组搭建城堡时，轩轩对城堡的造型设计十分投入。他对于城堡的构造有了更好的想法，可他并没有与同伴商量，而是直接把同伴放上去的积木替换下来，这一行为遭到了同伴的强烈拒绝。两个人吵了起来，闹得十分不愉快。轩轩忍不住哭了起来。了解了事情原委后，老师和轩轩进行了一番交谈。轩轩尝试着换位思考，理解了自己的行为给对方造成的不愉快情绪，也试着使用先和同伴提议、商量，再进行作品修改的方法。这一次，他和同伴友好地达成了共识，继续投入愉快的游戏。

上述案例中，轩轩尝试在与人交往中理解他人的感受和观点，并且能够以为他人考虑的方式回应他人的需求，用适当的方式做决定，修正自己的行为。在理解他人游戏意愿的过程中，幼儿习得了观点采择能力，发展了同理心。

3. 在情境中激发，培养幼儿热爱集体的情感

美国著名心理学家马斯洛在其“需要层次理论”中提到，人的需要分为五种，其中第三种是“爱和归属的需要”。生活在集体的环境中，归属感、荣誉感和责任感是幼儿在处理社会关系中所必须具备的社会情感，游戏则以其独特的价值引发了幼儿的相关体验。

一铭在班里总是闷闷不乐，他没有什么好朋友，无论班里进行什么活动，他总是游离在外，提不起兴趣。老师和他交流了许多次，依然没什么效果。在一次户外自主游戏中，

---

① 刘焱.儿童游戏通论[M].北京：北京师范大学出版社，2008.

② 联合国儿童基金会.可促进社会凝聚力的早期社会情感学习(3—5岁)——亚太区域课程教学指导纲要[EB/OL].https://www.cnsece.com/kindTemplate/MsgDetail/56609.

老师突然发现一铭主动参与到了警察的角色游戏中，并和其他小伙伴玩得不亦乐乎，脸上第一次露出了开心、满足的笑容。经过后续了解，教师知道了一铭的爸爸是一名警察，扮演警察的游戏与一铭的真实生活经验建立起了联结，因此一铭主动加入了游戏。

游戏让幼儿更加主动地与他人进行互动，也帮助幼儿萌生了对集体的归属感。因此，教师可以鼓励幼儿自主决定游戏内容，融入自己喜欢的游戏，在游戏中收获"爱和归属的需要"。在与同伴合作的游戏中，幼儿也会自然而然地萌发荣誉感。在小组游戏时，幼儿会特别关注自己小组作品与他组的比较，自身的情绪和小集体的荣誉密切挂钩。这一荣誉感引导着幼儿尊重伙伴，主动尝试友好地和小伙伴合作。基于幼儿的这种情感发展特征，教师可以在游戏前鼓励幼儿以小组为单位制订游戏计划，引导幼儿与同伴产生更多的交往和互动。在归属感和荣誉感之上，幼儿会慢慢形成对集体的责任感。他们会为了完成一个共同的游戏目标，积极想办法，贡献自身的力量。

游戏时，孩子们把滚筒全部放倒，连续排成一排，又在滚筒上面放了一块垫子，打算依靠滚筒的滚动性运送坐在垫子上的人。颠簸的运送过程中，坐在垫子上的人宛如坐上了一艘"海浪船"。"海浪船"的前行并非一帆风顺，总是走着走着就不动了。孩子们积极努力地寻找船开不起来的原因。在一次次尝试中，孩子们慢慢形成了各司其职的任务分工：有的在后面推滚筒，有的在前面制造滚筒之间的空隙（滚筒挨得太紧密也无法滚动），有的在旁边扶着垫子，有的则调控着垫子前进的方向……大伙儿齐心协力，"海浪船"航行得越发顺利。孩子们享受着团队配合带来的成功感，并且轮流体验着"坐船"的乐趣。

游戏中共同的任务情境激发了幼儿的集体责任感，基于此，教师在游戏后的分享环节，发起了更多幼儿参与的对话，引发全体幼儿共同讨论游戏中的困难和问题，大家你一言我一语地分享在游戏中的分工和付出，从而增强了集体意识。

游戏活动中蕴藏着幼儿发展的各种需要和丰富的社会情感教育契机，幼儿在游戏中收获的不仅仅是快乐、愉悦等积极情感，还体验着对自我的价值感和效能感、对他人的同理心和换位思考的意识、对集体的归属感、荣誉感和责任感。教师以游戏为依托，挖掘其中的社会情感教育价值点，借助环境、丰富体验和有效支持多维融合，从而促进幼儿的社会情感发展，推动社会准备教育走深走实。

三、挖掘多样价值，在生活活动中萌发幼儿良好社会行为

社会准备教育发生在幼儿生活中与人交往以及与社会环境相互作用的过程中。生活活动是幼儿与他人和环境互动的重要情境，是促进幼儿社会性行为发展，做好社会准

备的重要载体。《指南》说明部分指出,要珍视游戏和生活的独特价值。[①] 结合布朗芬布伦纳的生态学习理论,本条策略以构建幼儿园、家庭、社区及整个社会全方位的大生活教育环境为依托,立足幼儿园生活活动的各个环节,抓住生活中丰富的教育契机,发挥环境潜移默化的影响,坚持正面的积极引导,不断促进幼儿良好社会行为的发展。

(一) 策略解读

生活活动是幼儿园教育活动的重要组成部分,包含入园、离园、餐点、饮水、如厕、盥洗、午睡、转换等生活环节。生活活动中蕴含着交往合作、诚实守规、任务意识、热爱集体等丰富的社会教育目标。另外,家庭生活、社区环境与文化、大众传媒等都是幼儿社会学习的影响源,因此,应珍视生活活动的社会教育价值,为幼儿创设多样化的生活环境,通过日常生活中的各个环节为幼儿提供更多的社会性发展契机,让幼儿通过模仿、同化、强化、体验等方式进行社会学习,并提供更多的机会让幼儿观察和参与社交互动,在人际交往和社会适应过程中,发展良好的社会行为,为未来的学习和生活打好基础。

(二) 策略实施

针对幼儿模仿、同化、强化、体验的社会学习特点,可以在生活活动中为幼儿提供充分实践和探索的机会,及时捕捉生活活动中社会准备教育的契机,同时发挥同伴群体及榜样示范作用,让幼儿通过观察、模仿、体验掌握社会技能,不断促进良好社会行为的形成和发展。

1. 随机教育,积累社会经验

随机的社会准备教育活动是指那些缘于幼儿即时的行为表现,随机发生于幼儿园一日活动的场景中,教师对之没有事先设计与准备,只是单纯地遵循"根据幼儿的具体情况,发现并及时解决问题"的思路灵活给予指导与帮助的教育活动。[②] 在日常生活活动中,教师要有意识地关注幼儿发展的动态性,及时把握教育契机,有效采取相应措施,进行有针对性的指导,从而促进幼儿社会行为的发展。

(1) 敏锐捕捉教育契机

幼儿园一日生活中蕴藏着丰富的社会准备教育契机,如教师可在自主进餐、饮水、做操等环节中渗透守秩序、讲规则方面的引导;又如,针对日常幼儿争抢图书、板凳等行为,

---

① 中华人民共和国教育部.3—6 岁儿童学习与发展指南[M].北京:首都师范大学出版社,2012.

② 刘晶波,等.幼儿园社会领域教育精要——关键经验与活动指导[M].北京:教育科学出版社,2015.

教师可开展谦让教育；再比如，值日生工作中有合作意识的培养；等等。由此可见，诸多的社会准备教育契机随时随地发生在日常生活各环节中，这些教育契机宝贵又难得。教师要注意在日常生活活动中对幼儿进行倾听与观察，时刻关注和把握幼儿的行为动向，敏锐捕捉富有价值的教育契机。

（2）科学开展随机教育

对于捕捉到的社会准备教育契机，教师应机智地对幼儿的需求做出回应，具体来说，可以有如下策略。

其一，环境熏陶法。幼儿园的环境创设、生活氛围以及教师本身的言行举止对促进幼儿积极的社会态度和行为起着重要作用。良好的教育环境为幼儿社会性发展提供了有利的条件。幼儿园要把建立良好的师幼关系视为教师的首要任务，让幼儿在爱、温暖、尊重与信任中获得安全感，在体验被关爱、被尊重的同时提升自尊感和自信心，并尝试用同样的态度对待他人。① 苏霍姆林斯基认为，要让环境中的一切都是会说话的，潜移默化是环境熏陶法区别于其他方法的独特之处。因此要尽可能让环境说话，避免过多的言语说教。在幼儿园生活活动中，教师可以运用图片、符号，呈现日常应遵守的规则、任务操作步骤、社会交往的礼仪和技巧等，将具体的社会行为规范可视化，便于幼儿观察、模仿和内化。醒目的环境标识如同无声的教师，时刻提醒着幼儿规范自己的社会行为。同时，幼儿园的环境创设也需要幼儿的积极参与，例如，教师要鼓励幼儿动手画一画班级公约，让幼儿参与到和自己息息相关的环境创设之中，留下自己的印记，这不仅能够让幼儿体验到归属感，还增强了幼儿的集体意识，让幼儿感受到自己是团队中的一分子。②

其二，鼓励法。在行为主义心理学家斯金纳提出的强化理论的影响下，鼓励和表扬成为教师规范幼儿行为的一个“简单好用，欲罢不能”的工具。③ 它是教师通过认可幼儿的行为与努力来表达对幼儿的关注及赞扬，从而促进幼儿养成良好社会行为和道德品质的一种重要方法。鼓励体现的是一种更为平等的师幼关系，是教师对幼儿成长的一种关注，是对幼儿兴趣和内驱力的激发，它可以贯穿于幼儿一日生活的各个环节。例如，教师要鼓励幼儿每天自己整理小书包、自己收拾物品等来强化任务意识，并及时肯定幼儿的成就，这会为幼儿的亲社会行为带来积极影响。

其三，问题聚焦法。在日常生活活动中，幼儿经常会出现关于社会交往及社会适应等方面的问题。这些问题往往是教育的契机。教师要针对出现的问题，分析其教育价

① 刘晶波，等.幼儿园社会领域教育精要——关键经验与活动指导[M].北京：教育科学出版社，2015.
② 同①。
③ 同①。

值，在引导幼儿解决问题的过程中顺势开展随机教育。例如，一名幼儿在排队过程中，由于各种原因暂时离开队伍，当回到队伍中的原来位置时，引起了其他排队幼儿的不满，他们要求该幼儿排到后面重新排队，由此引发了双方的争执和肢体冲突。教师此时应及时制止，以防止冲突行为进一步升级，在帮助双方幼儿缓和情绪后，给双方提供合理的表达想法和情感的机会，帮助彼此了解事情的原委，并通过双方协商的方式化解矛盾。教师还可以就“归队后是否应该回到原先位置”这一话题组织全体幼儿进行讨论并形成班级公约，防止以后类似事情的发生。适时、适当的随机教育需要教师有极强的随机应变能力，能够根据具体事件、具体情况进行有针对性的引导。

2. 榜样带动，树立正确导向

榜样带动是指通过模仿优秀人物的优秀事件，来激励幼儿聚焦目标更加努力的一种社会性学习方式，它可以潜移默化地影响幼儿的思想、行为和态度，使其更好地发展和成长。优秀的榜样可以激发幼儿的学习兴趣和动力，通过观察榜样的行为，幼儿能从中学习到积极的社会行为和道德准则。由此可见，要充分发挥同伴群体及教师的榜样示范作用，帮助幼儿树立正确的价值观和社会行为导向。

(1) 从生活中寻找可亲可敬的榜样

幼儿具有爱模仿的特点，但又不能准确判断行为的适宜性，新奇、好玩、刺激都可能成为幼儿模仿的原因。因此教师要为幼儿树立榜样，引导幼儿对社会行为有正确的价值判断，为幼儿的模仿、体验树立优秀的学习典范。例如，具有分享、合作、诚实、助人等行为的幼儿、教师、亲人、英雄等可以作为榜样，让幼儿模仿和学习；班级中有的幼儿很有礼貌，教师就可以将其树立为“礼仪小标兵”，在引发其他幼儿羡慕的同时，激发他们模仿学习的欲望，引发争当“礼仪小标兵”的学习行为。再如，教师在生活活动中引导幼儿完成值日生工作时，总会有幼儿任务完成得又快又好，这时可以将任务完成及时且质量高的幼儿树立为榜样，让他们分享经验，介绍方法，以此调动幼儿模仿榜样、强化良好社会行为的积极性。

(2) 巧妙调动幼儿向榜样学习

日常生活中，教师在引导幼儿学习榜样时，首先应描述榜样的某种行为，如助人、有礼貌等，让幼儿知道榜样的哪些行为值得大家学习；其次，要介绍学习的方法和要点，帮助幼儿分层分步骤掌握学习榜样行为的要点；最后，要建立信任与期待，鼓励幼儿大胆尝试，即便在过程中遇到问题和困难，也应积极予以引导和鼓励。

3. 拓展场域，丰富社会体验

幼儿的成长离不开多元生活环境的影响，除了幼儿园，家庭和社区也是幼儿生活的重要场所，在幼儿的社会化发展过程中有着重要的意义。

（1）通过家庭环境丰富社会认知

家庭是幼儿最初的生活场所，它给幼儿提供了最持久的人际关系纽带，正是因为家庭对幼儿影响的持续性，使得家庭关系成为判断其他关系质量的重要参考。家长可以为幼儿创设交往环境，通过参加家庭聚会和不同的社交场合，引导幼儿主动与亲戚朋友进行交流。在交流过程中，家长可以鼓励幼儿根据自己的喜好展示自己，塑造自信勇敢、大胆表现、主动积极的性格特质。同时，家长还可以定期带孩子参加一些文艺活动，例如音乐会、童话剧等。这些活动不仅能够陶冶幼儿的情操，还能帮助他们建立广泛而多元的人际关系，促进幼儿社会交往能力的发展。

（2）通过多元体验增强社会能力

除了在幼儿园、家庭开展社会教育，还应拓宽教育场域，让幼儿进到社区、社会不同的环境中，如医院、消防大队、博物馆、农场、菜市场、红色教育基地等。这些与幼儿生活息息相关的生活场所和环境，能帮助幼儿对社会分工、社会机构、社会角色等有充分的体验和感悟，支持幼儿扩展对社会的认知和理解。带领幼儿深入不同场域还可以为幼儿提供观察和了解不同职业、与不同人群交流互动的机会，促进幼儿的社交技能、沟通能力和人际关系发展。例如，带领幼儿到农贸市场进行参观，可以让幼儿对工作人员的辛勤劳动产生深刻体验，由此萌发感恩和节约粮食的意识；带领幼儿品尝家乡美食、游览家乡的风景名胜，可以萌发幼儿热爱家乡的情感；带领幼儿乘坐公交车，可以让幼儿体验排队上车应遵守的秩序和规则，并通过观察陌生乘客之间让座的感人画面，心生关爱他人的积极情感。多元的生活体验能有效促进幼儿遵守基本的社会规则，建立健康积极的社会关系，萌发爱集体、爱祖国的情感，使其亲社会行为不断得以发展和完善。

第三节　社会准备教育的典型案例

幼儿园的一日活动中蕴含着丰富的社会准备教育契机。如果教师能有意识地把握各类教育活动的特点，挖掘各类活动中渗透的社会准备教育价值，不论是生活活动、教学活动还是游戏活动，都能为扩大幼儿的社会认知范围、增进社会情感体验和提高亲社会行为水平带来帮助。

一、大班案例“班级规则我来定”

《纲要》在社会领域的“内容与要求”部分提出，要“在共同的生活和活动中，以多种方式引导幼儿认识、体验并理解基本的社会行为规则”。大班案例“班级规则我来定”旨在通过生动真实的生活情境，展现幼儿在面对规则时可能出现的困惑和冲突，引导幼儿深入理解规则的重要性，提升他们的自我管理意识和能力，从而为他们适应未来的小学生活做好充分的准备。

（一）案例背景

众所周知，幼儿园和小学在自我管理教育方面存在较大的差异，《指导要点》在社会准备的“诚实守规”内容中指出：“具有一定的规则意识、自觉遵守各项活动规则，有利于幼儿入学后积极遵守小学的班规、校规，赢得同伴、老师的接纳和认可，较快融入新集体。”大班幼儿即将步入小学，培养其遵守规则的意识，学会自我管理，对顺利适应小学生活至关重要。本活动的设计与实施旨在通过再现班级生活中的真实情境，支持幼儿在独立思考、同伴交流、合作协商、表征记录中梳理发现造成不良现象的原因，明确班规的重要性，并引导幼儿自主制定合理的班规。班级规则从制定到实施，能充分发挥幼儿的自主性，让幼儿既了解规则制定的原因和意义，又明确规则的内容，从而更加自愿自觉地遵守规则，增强自我管理能力。

（二）案例实录

1. 情境体验导入，感受规则的意义

（1）体验过桥游戏，感受规则的重要性

教师介绍游戏规则：“场地中间有三座拱桥，每个小朋友都要从三座拱桥中钻过。音乐开始游戏即开始，音乐结束则游戏结束；没有完成的小朋友也要回到自己的座位上。”

活动开始，过桥游戏一下吸引了孩子们的兴趣，他们一窝蜂地涌到拱桥旁边，争先恐后地想要通过拱桥，摘取到桥对面树上的“胜利之果”。但刚开始一会儿，“太挤了！”“你别推我”“有人插队了，这不公平！”抱怨声越来越多，第一轮体验在混乱中匆忙结束。

教师带着幼儿一起讨论：大家在刚才的拱桥游戏中遇到了什么问题？为什么会出现这样的问题？怎样解决呢？

通过讨论，孩子们找到了出现问题的原因：追求比赛胜利是没有错误的，但因为人太多，拱桥太窄，就出现了拥堵、人推人等危险现象，反而使大部分人没能顺利过桥。“怎样才能又快又有序地过桥呢?”孩子们通过积极热烈的发言,最终确定了“增加一座拱桥,幼儿分成两组过桥;有序排队,按先后顺序依次通过拱桥;设立监督员,违规者不能摘果实”三条游戏规则。

图 5-1　第二次进行过桥游戏体验

(2) 幼儿根据共同商定的规则进行第二次游戏体验

规则的设立,让第二轮的游戏在快速有序中顺利完成,大家都摘取到了“胜利之果”。孩子们在开心的同时,充分感受到了制定规则和遵守规则的重要性(如图 5-1 所示)。

小结:有规则地玩游戏,能让孩子们非常开心,而且很安全,可见在游戏中、班级中建立规则是非常重要的。

2. 再现生活情境,解决实际问题

(1) 播放日常区域活动时的情景视频片段,发现视频中出现的问题

幼儿通过观看视频和讨论,大胆提出了一系列不适宜的行为及问题,如跑来跑去的幼儿撞倒了同伴搭建的作品;在建构区玩完后没有将材料按标识摆放好,导致橱柜里很乱;图书区里有小朋友大声喧哗影响到别人;植物角里有的植物出现干枯;等等。而当教师提出“为什么会出现这样的问题”时,幼儿迅速迁移拱桥游戏的经验,他们说,就是因为缺少区域活动规则,大家不知道要遵守什么样的规则,所以这些问题才会出现。

(2) 小组讨论,解决区域内出现的问题并形成本区域规则

幼儿自愿分组选择一个区域进行研讨,同组幼儿共同商量区域中存在的问题以及应制定怎样的区域规则,并尝试用自己喜欢的方式记录下来,从而对所有人进行提醒。经过讨论、记录,每个小组都形成了较为实用的区域规则。例如,建构区形成了不能跑来跑去,走路时要慢,防止把搭建作品撞倒,要爱护积木,轻拿轻放,游戏结束要将积木按图片标识放回原处整齐摆放等规则;种植区形成了值日生轮流照顾植物、及时浇水、在记录本上记录植物生长状况的规则(如图 5-2 所示)。

图 5-2　小组讨论,制定区域规则

通过对区域规则的制定，孩子们不仅理解内化了规则内容，增强了区域游戏活动时的规则意识，也更加深刻地认识到遵守规则是每个人的职责，提升了班级责任感。

小结：像区域活动一样，日常生活中很多活动都需要建立规则、遵守规则，规则能让活动更加有序，可见规则在生活中很重要，我们要引导幼儿学习制定并遵守规则。

3. 回顾一日生活，共同制定"班规"

(1) 幼儿回顾并讲述自己在生活中发现的不遵守规则的现象

教师提问：在一日生活中你发现有哪些不遵守规则的现象？怎样做才能让班级一日生活更有秩序？一日生活各个环节需要遵守怎样的规则？

在孩子们的积极参与下，越来越多的班规被一一挖掘和制定出来。如孩子们自发地讨论洗手、取餐时如果拥挤不但会让教室内出现乱糟糟的情况，还会发生不安全的事情，并高度一致地形成了一个规则——有序排队，并把有序排队的约定画了出来，贴在墙上，提醒每个人都要遵守秩序，按照先后顺序排队。

(2) 幼儿设计规则，教师巡回指导，鼓励幼儿大胆进行创意表达

在规则表征中，有的孩子画了一张大大的嘴巴，旁边还画了一个大叉，表示"说话时要轻轻地"，用大大的嘴巴与轻声讲话形成鲜明对比；有的画了一张嘴和一只耳朵，表示"嘴巴靠着耳朵，说话声音就会很轻"。孩子们之间有独特的交流方式，这种生动有趣直抒要义的表征画被张贴在教室的显著位置，对提醒幼儿遵守规则起到了很好的作用。就这样，越来越多的"班级公约"被孩子们提出，比如"排队取餐，吃多少取多少，不能挑食和浪费""按时入园，完成签到后要和老师、小朋友一起进行晨间锻炼"等。

教师要让幼儿发现规则的重要性，在讨论、体验、表征、遵守的过程中自主制定规则，主动参与班级管理，把班级的事情当成自己的事情，从而真正成为班级的主人。自由自主的体验式学习方式，不仅培养了幼儿良好的学习品质，而且有效提升了幼儿的自我管理能力，为其进入小学做好了充足的社会准备。

(三) 案例反思

1. 改变单一说教模式，多元体验让规则深入幼儿心中

"班级规则"这个词对幼儿来说既陌生又熟悉，建立班规是升入大班后班级常规管理的内容之一。一直以来大多数教师都习惯以教师为主导建立班级规则，幼儿只是被动执行，这导致幼儿对规则的理解不深刻，且并不能自觉遵守。本次活动改变传统模式，让幼儿首先通过游戏体验的方式参与其中，了解规则建立的重要性；其次通过生活场景再现，让幼儿通过观察、判断的方式，联系原有生活经验，了解规则建立的策略；最后通过小组讨论表征的形式，将规则以符号、文字的形式进行呈现。整个活动层层递进，以体验、观

察及表征等多元化的形式，让幼儿在玩一玩、说一说、画一画的自主探究过程中，加深对规则的理解，为进入小学奠定了良好的经验基础。

2. 链接真实问题，让建立规则成为幼儿深度学习的契机

问题是引发幼儿思考与主动学习的重要契机，教师通过引导幼儿认识到集体生活中已经存在的真实问题，并通过一系列提问，让幼儿分析问题、解决问题，如教师以“一日生活中你发现有哪些不遵守规则的现象”“怎样做才能让班级一日生活更有秩序”“一日生活各个环节需要遵守怎样的规则”等问题，为幼儿提供了思考和解决问题的空间，并通过讨论充分调动幼儿的已有经验，激发其学习和探究的兴趣，在迁移性的学习中促进新经验的形成，为幼儿的深度学习创造了条件。

（四）案例延伸与迁移

有效的社会准备教育离不开整体性的课程构建和家园的密切配合，本次活动可以从绘制形象的规则图示、开展落实规则的班级活动、引导家庭制定公约等方式进行经验的延伸与迁移，从而更好地巩固社会准备教育成效。

1. 让规则在环境中渗透

教师可以引导幼儿在班级中根据区域特点及活动需求制定规则图示并进行张贴，让规则以幼儿喜闻乐见的方式渗透在环境中。

2. 让规则在行为中巩固

教师可以在班级内开展“送你一朵小红花”评选活动，将班级公约贴在墙上，以班级各个小组为单位，评选最遵守规则的小组，并给予积极的评价和鼓励。

3. 让遵守规则的意识渗透至家庭

教师可以建议家长在家中与幼儿共同制定“家庭公约”，引导家庭成员之间共同遵守“家庭公约”并建立相互监督的评价机制。

（案例来源：潍坊市奎文区樱园幼儿园　李佳丽）

（五）案例评析

班级是幼儿在园的主要生活场域，本案例从与幼儿密切联系的班级生活入手，让幼儿主动思考班级所需要的规则，在协商、合作中制定规则，尊重幼儿的主体地位，让规则的内容从幼儿中来。同时，本案例中教师还以游戏体验的方式帮助幼儿真实体验和感知遵守规则的重要性，让幼儿在切身体验中明确规则的意义和价值，从而发自内心地愿意制定并遵守规则。案例中的教师有效利用多种形式，给予幼儿充分体验与自主讨论、探索的机会，让幼儿在体验、感知和操作中建立起属于自己的班级规则，从而

增强了自我管理能力。

（案例评析人：潍坊市奎文区育才幼儿园园长　王秀霞）

二、中班案例“相亲相爱一家人”

角色游戏支持幼儿通过模仿和想象创造性地反映周围生活，幼儿通过扮演，沉浸式地体验着各式各样的社会角色，建构与之相对应的身份认知和职责认知，也同步在角色的互动中感受着人际交往的策略和方法。中班幼儿想象力旺盛，正处于乐于进行各类角色扮演的游戏阶段。本案例中的幼儿在“相亲相爱一家人”的游戏情境里扮演着家庭中的各个角色，通过具体的象征性游戏行为，体现出了他们对于角色的认知和理解。面对游戏中的冲突，他们各施本领，凸显了他们的交往能力和独特的交往风格。

（一）案例背景

户外活动时，小山坡上的绿草坪和小木屋激发了几个中班孩子开展角色游戏的兴趣。雯雯、小白和壮壮打算在小木屋里构建他们的新家。他们计划修缮房子外观，并利用一些材料作为家具布置房子内部，接着再一起玩“过家家”游戏。

（二）案例实录

1. 修缮新家

游戏一开始，孩子们取来了附近建构区的积木，开始了叮叮当当的房屋修补工作。壮壮把石头当作锤子，在房屋内外敲敲打打，修补着房屋墙壁（如图 5－3 所示）。小白把梯子架到房屋上，然后站在梯子上，用积木当作油漆来回刷着房屋外墙。雯雯则将积木变成了螺丝刀，不断用手拧着螺丝（见表 5－1）。

图 5－3　壮壮在修补房屋

表 5－1　不同幼儿以物代物行为分析

幼儿	材料	用途	动作	方位	已有经验	以物代物水平
壮壮	石头	当作锤子，修补房屋墙壁	敲击	在房屋内外的高处分别敲击	修房子需要敲钉子	用游戏材料代替真实物品，独立给代替物命名
小白	三角形积木	当作油漆刷，为房屋外墙刷漆	手上下来回地刷	在房屋外部高处，上下刷	修房子需要为房子外墙刷油漆	
雯雯	梯形积木	当作油漆刷，为房屋外墙刷漆				
	三角形积木	当作螺丝刀，拧螺丝	手腕旋转拧	在房屋外部高处拧螺丝	修房子需要拧紧螺丝	

在修补的过程中，小白一直占据着梯子，雯雯也想使用梯子，她要求小白下来，结果小白置之不理。雯雯无奈地向壮壮求助，告诉壮壮自己需要用梯子，并且代入了角色："你们又不理我，我当妈妈有什么用!"壮壮听了，立即向小白提要求，小白终于让出了梯子。

修补完房屋后，雯雯迫不及待地装扮新家。她取来了箱子和海洋球等材料，把箱子当作小床，把两件表演服装铺在箱子底部，并不断用手把衣服抚平整，仔细认真地完成了铺床的工作。新家虽还未建成，他们却早已代入角色。小白学着小猫匍匐在地垫上"喵喵"叫，雯雯轻抚着"小猫"的头。

2. 争睡小床

布置好新家后，雯雯扮演妈妈，小白选择扮演妈妈的宠物小猫。"妈妈"要睡觉了，她先在已经铺好垫子的紫色箱子里躺了一下，又出来催促"小猫"，想说服"小猫"在放海洋球的蓝箱里睡觉。但是两人都想在看起来更舒适的小紫床(紫色箱子)上睡觉，于是引发了一段"互不相让"的对话。

雯雯指着海洋球箱说："你在这里睡好吗？这里有粉色的海洋球。"

小白不乐意地摇了摇头，指着紫箱问道："这个谁睡?"

雯雯表示自己要睡小紫床，小白更不高兴了，指着地垫质疑。

小白说："这些都不可以睡。"

"这三个都可以睡的，为你准备了三张床!"雯雯一边说一边指着两块地垫和海洋球箱数道："1，2，3，一共 3 张床。"

小白坚持地指着小紫床："但是我也喜欢这个。"

雯雯没有妥协，她尝试哄小白："小猫，睡觉吧!"

小白一直不高兴地摇着头。

雯雯用力地拍打地垫，语气加重了些："必须得睡！"

看小白没有顺从，她仿佛突然想起了什么："哦，我忘了，你白天睡觉，黑夜不睡觉，是吧，小猫？"

小白顺势拒绝睡觉："猫在夜晚要出去找吃的，不睡觉。"

于是，雯雯又躺回了舒适的小紫床，还把草莓衣服当成被子盖在了身上。但她只躺了几秒钟，就立马起身，对着小白说："小猫，白天到了。"小白不放弃，依然表示自己只想睡小紫床，雯雯反复安慰小白，但始终不同意她的请求。

小白说："那要不白天我睡，晚上你睡？"

雯雯依旧没有立刻妥协。她多次尝试把小白哄开心未果后，最终做出了让步："就让你睡一次啊！"

可这个结果并不能让小白满意，她背着身子不回头。雯雯又威胁道："你再不愿意的话，我就拿着东西走了啊，你想睡也睡不成了！"

小白还是没有转过身来，雯雯只好无奈地说："那我走了啊，这个箱子（小紫床）是我的，那我拿着走了。"说完，雯雯离开了小木屋，小白也郁闷地离开，去往别的游戏区域，两人不欢而散。（如图 5－4 所示）

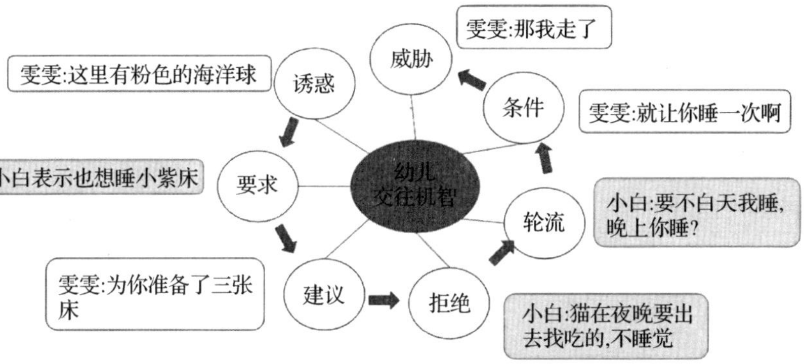

图 5－4　小白和雯雯所用的交涉方式

3. 重归于好

不一会儿，雯雯就又回到了木屋，而小白则一直在木屋周围转悠。两个人互不理睬，却又悄悄地关注对方。教师问雯雯："你的小猫呢？她是不是迷路了？"雯雯听了教师的话，走过去领"小猫"回家，"小猫"也顺从地跟着"妈妈"走了。这时壮壮扮演的哥哥正在用木梯铺在小屋前做小路。雯雯跟壮壮和小白说："我带你们去爬山。"之后，三个人来到了积木柜，搬着圆木回家。当妈妈的雯雯一边抱着两根圆木，一边嘱咐"哥哥"和"小猫"："你俩跟着我走，不要乱跑。"走到半途，雯雯还蹲下来帮助壮壮和小白拍打裤子上的灰尘，就这样，三人有说有笑地回家了（见表 5－2）。

表 5-2　不同幼儿象征性游戏行为分析

幼儿	角色	角色主要行为	具体语言	相关经验	象征性游戏水平
雯雯	妈妈	嘱咐“哥哥”“小猫”跟着自己走，作为妈妈，很照顾他们，主动搬运更多圆木，还替他们拍打裤子上的灰尘	“妈妈带你们去爬山” “你俩跟着我，不要乱跑”	对角色的认知（妈妈的职责：照顾孩子，装饰家庭）； 对角色之间关系的认知（孩子要跟着妈妈，听妈妈的话）	象征性地认同（扮演他人）
壮壮	哥哥	跟着“妈妈”拿圆木，主动帮助“妈妈”搬运圆木，听“妈妈”的安排	“这么沉的（圆木）我可以搬动，我已经是大哥哥了”	对角色的认知（哥哥长大了，可以帮妈妈做事情）； 对角色之间关系的认知（孩子接受妈妈的照顾和爱）	
小白	小猫	“喵喵”叫，顺从地跟着“妈妈”走	—	对角色的认知（小猫的行为）； 对角色之间关系的认知（宠物要听主人的话）	

（三）案例反思

1. 促进幼儿自我意识发展

在游戏中，幼儿通过扮演不同角色，如房屋修理员、妈妈和宠物等，体验角色所带来的责任感和满足感，从而对自己的能力和兴趣有了更深的了解，增强了自我认知。同时，幼儿学会更好地识别和表达自己的情绪，这对自我意识的发展起到积极作用。

2. 提高幼儿社会交往能力

通过游戏，幼儿学会与他人合作、分享和沟通。雯雯和小白在解决问题的过程中多次协商，分别运用了丰富的交往策略，探究用什么办法说服对方，以实现让对方听从自己、维护自己利益的目标，收获了大量的人际交往策略。在解决问题的过程中，幼儿需要站在他人的角度思考，体会他人的情感和需求，这种体验有助于幼儿在现实生活中更好地理解他人，从而引发亲社会行为。此外，幼儿通过协商、轮流、让步或妥协来解决问题，得到了练习解决冲突的机会，这能够帮助他们在未来生活中更有效地处理类似问题。

（四）案例延伸与迁移

1. 熟悉游戏材料，拓展游戏内容

游戏前，教师可以带领幼儿进一步熟悉游戏材料，鼓励幼儿结合材料大胆想象，创造性地使用材料；还可以请幼儿说一说需要什么样的材料，鼓励幼儿自己进行游戏材料的准备和制作。丰富的材料可以拓展幼儿的角色游戏内容，也可以让幼儿在其中收获更多社会性交往和角色模拟的经验。

2. 巧借集体互动，复盘社交经历

游戏后，教师可以利用集体交流的形式复盘幼儿的冲突过程，比如提出问题：游戏中出现了什么问题？你们的解决方法是什么？问题解决了吗？你们还有什么更好的解决办法呢？教师请幼儿反思自己的游戏行为，并在集体讨论中探索还有哪些更好的解决办法，拓展幼儿的社交经验。

3. 增加家庭调查，丰富生活经验

小木屋角色游戏的现实经验来源于家庭，因此拓展游戏离不开幼儿真实的家庭生活经验。教师可以鼓励家长与幼儿一起了解家庭房间内设施设备及其功能，拓展更多家庭布置和家庭成员角色的经验，为后续游戏的深入开展做好铺垫。

（案例来源：潍坊市新华幼儿园　贺润竹　李佳硕　李雯雅）

（五）案例评析

中班幼儿正处于想象力发展的关键期，幼儿在角色游戏中认识世界，了解事物之间的关系，丰富交往经验，促进社会性发展，进而为更高阶段的学习奠定基础。

1. 丰富体验，感受内隐规则

在游戏中，孩子们生发了自己的游戏主题、语言、动作、规则，他们的思维摆脱了具体情境的束缚，建构了一个相互能理解的想象世界，进入了抽象的内隐的语言交际环境，如妈妈和宠物小猫两个角色用语言、动作等进行扮演、模仿，展开互动；为达成睡紫色小床的目的，双方进行多次斡旋，充分体现了孩子们对角色的认知，同时，体验、遵守、调整和内化游戏规则，也反映出孩子们的心理过程不断向新的高级阶段过渡。

2. 儿童本位，发展交往机智

中班幼儿的自我中心感仍然较强，多样的材料常常会引发幼儿之间的比较、争抢。基于材料的使用，游戏中出现了两次幼儿之间的“精彩”冲突，她们在互相交涉中探索着同伴交往的种种策略。游戏中教师相信儿童是有能力的学习者，适时退位，支持幼儿在游戏中体验自己的情绪，感受他人的情绪，学习用正确的方式表达情绪，逐渐成为情绪的主人，提升解决问题的能力，为适应小学生活做准备。

（案例评析人：潍坊市奎文区学前教育研究院教研员　张海豫）

三、小班案例“椅子风波”

小班幼儿第一次离开家庭，进入全新的集体环境，面对众多的同伴，孩子们往往因为缺乏与同龄人交往的经验而感到无所适从。在这样的背景下，同伴间的冲突便成了日常生活中的普遍现象。此案例呈现了两名幼儿因缺乏沟通而出现了争抢椅子的矛盾冲突。教师利用适当的支持和引导，帮助幼儿学会用恰当的方法表达自己的想法，丰富其与同伴交往的策略，逐渐提升幼儿的分析和判断能力，帮助他们逐步掌握处理问题的方法，进而促进其社会交往能力的发展。

（一）案例背景

小班幼儿正处于自我意识萌发时期，大部分幼儿会以自我为中心。有的幼儿较胆怯，不善于表达自己的想法，从而羞于交往，因此，帮助小班幼儿在生活中建立初步的社会交往能力，对其未来进入小学的社会性发展具有深远意义。

（二）案例实录

1. 一把椅子，引发冲突

午餐过后，孩子们坐在小椅子上看书，刚喝完水的玥玥也准备坐下看书。她环顾四座，发现自己刚刚坐的小椅子不见了，于是她在班上大喊了一声：“谁坐了我的椅子？”其他小朋友并没有理睬她。她开始根据她椅子上的“特殊标志”——小红花贴纸寻找椅子。当走到小洁身边时，她二话没说就坐到了小洁的腿上，小洁用小手打了几下玥玥的肩膀，并用力推开玥玥。玥玥被推开后转身使出浑身的力气抽出小洁坐的椅子，使得小洁一屁股坐到了地上。此时小洁不停地说：“这是我搬来的椅子。”玥玥也不断地说：“谁让你先打我的，椅子是我的，是我先搬的。”小洁见状，立马大哭起来，但她发现哭喊并没有起到什么作用，玥玥已经搬着小椅子坐下了。此时，小洁依然不肯放弃，小手不断地想把椅子从玥玥屁股底下抽出来，小洁的哭喊声引得所有的幼儿围观。

2. 故事联动，换位思考

看到你争我夺的两个人，教师过去暂时把她们分开，并把带有“特殊标志”的小椅子拿走，给两个人各找了把椅子让二人坐下。玥玥和小洁发现带有小红花贴纸的椅子被拿走了，两个人都大声哭了。教师用手摸了摸她们的小脑袋说：“心情不好可以哭一哭，发泄一下情绪，但是哭解决不了问题，等你们心情好一点后，我们一起来解决问题，好吗？”过了一会儿，两个人的哭声越来越小，情绪也逐渐平复了。此时教师并没有急着解决问题，而是将刚才发生的矛盾编成了《小动物在森林里争抢椅子》的故事。孩子们聚精会神地听着，教师边讲边提出问题："小山羊和小猴子发生了什么事情？它们应该怎么做？我们帮它们想想办法吧"！孩子们纷纷表达自己的观点。玥玥说："小山羊用羊角顶小猴子是不对的。"小洁也跟着说："对，不能抢东西，打人也是不对的。"

3. 模拟游戏，巩固方法

这时，教师表扬玥玥和小洁说得对极了，并邀请两个人分别扮演小山羊和小猴子，演绎正确解决问题的方法。玥玥说："小山羊，你坐的椅子是我的，你可以坐别的椅子吗？"小洁点点头说："可以，我不应该打你，对不起。"教师表扬玥玥和小洁是懂礼貌的好孩子，并引导她们向全班小朋友说遇到问题时要学会与别人好好沟通，征求别人的意见，不可以伤害别人。随后，老师将刚才贴有小红花标志的小椅子拿过来对玥玥和小洁说："看来你们两个都喜欢这个小标志。我们可以在自己的小椅子上贴一个属于自己的小标志，这样就不会坐错小椅子了。如果发现别人坐了你的小椅子，你可以说'这是我的椅子，请你去找自己的椅子好吗'。"玥玥和小洁相互看了看对方，笑了起来。

（三）案例反思

1. 引发幼儿多元体验，助力增强人际交往能力

小班幼儿刚刚从家庭走入幼儿园，交往圈从家庭扩大到了幼儿园的老师和小伙伴，提升与之相适应的人际交往能力需要一个过程。小班幼儿"以自我为中心"的特点使其尚不能很好地理解"你的""我的"等有关物品的归属权问题。另外，小班幼儿行动快于语言的特点导致他们在交往中遇到问题时，容易用动作代替语言。这种情形下，即使成人与他们讲道理，他们也不能够很好地理解。本案例中，教师摒弃说教的方式，首先通过讲故事引导幼儿知道有问题时可以用语言表达出来，让对方听明白；然后通过游戏扮演，让幼儿亲身感受用语言沟通的好处，学会使用礼貌用语，知道互相谦让才能与小伙伴愉快地玩耍，让幼儿通过解决问题来增强人际交往能力。

2. 利用榜样带动力量，助推提升社交技能

由于认知和思维发展水平有限，家中缺少兄弟姐妹，以及与其他幼儿较少接触等原因，小班幼儿交往技巧较为缺乏。进入幼儿园后，由于与同伴有着相似的年龄和心理发展水平，他们更乐于和易于接受同伴的影响，在和同伴交流、协商、讨论的过程中，他们会观察其他幼儿的反应，并选择那些有效的行为方式作为自己模仿的对象。但也有部分幼儿不能准确判断哪些行为适宜被模仿。根据社会心理学家班杜拉的替代学习理论，教师可以采用观察、模仿、强化的方法帮助幼儿提升社交技能。教师可以先带领幼儿观察受欢迎的幼儿在生活、游戏等活动中的表现，如主动表达、分享、谦让等，然

后引导幼儿模仿受欢迎幼儿的友好行为。教师还要注意创设相应的游戏环境，让幼儿在游戏情境中感受和体验良好社会行为的重要性，对他们正确的行为及时给予强化与鼓励，通过有层次、有步骤的持续跟进，满足幼儿社会交往的需求并提升其社交技能。

(四) 案例延伸与迁移

1. 在日常活动中营造积极的交往氛围

人际交往体现在日常生活的方方面面，一日生活各环节尤其是生活环节中的社会性发展，既是目标也是途径，让幼儿由被动变主动、语言先于动作等目标在润物无声中得以实现。比如早晨入园时，教师主动与每一个熟悉或陌生的小朋友打招呼，同时鼓励幼儿主动与陌生的教师和小朋友打招呼；教师每天主动和班里的每一个幼儿交流谈心，并鼓励幼儿每天和教师分享一件家中的事情，提高语言表达能力等。

2. 在环境创设中让规则可视化

全环境立德树人要让幼儿园的每一处环境会说话。教师营造温馨、宽松、接纳的环境氛围，允许幼儿自由交往，接纳幼儿发生冲突、矛盾的社会性发展过程；和幼儿一起利用图画、符号在班级主题墙、作业栏呈现规范的社会交往行为和技巧，让环境做无声的教师。

3. 在家园携手中实现共育

案例中幼儿发生争抢行为，一方面是幼儿主动表达的能力欠缺，另一方面有可能在家庭中家长越俎代庖，在幼儿还未表达前，凡事就已经被家长提前解决，幼儿因此缺失了语言锻炼的机会。因此，教师与家长应密切配合，交流幼儿在园情况，针对实际情况给出建设性意见，并鼓励父母在家多给幼儿提供解决问题的时间和空间，与幼儿多互动和交流，家园携手帮助幼儿做好社会准备。

（案例来源：潍坊市奎文区直机关幼儿园　梁蕾　陈冬严　杨锦萍　陈泽坤）

(五) 案例评析

幼儿在园的一日生活各环节都蕴藏着丰富的教育契机，尤其是生活活动中，伴随着大量的随机性，需要教师拥有善于发现的眼睛并把握教育的机会。不仅如此，幼儿的人际交往技能是在不断的交往实践中获得提高的，自由而充分的交往机会、具体而丰富的游戏情境，为幼儿的人际交往提供了很好的平台。

1. 捕捉教育契机，引导幼儿发展交往能力

本案例发生在午餐后的自主阅读环节，教师能够抓住教育契机，针对两名幼儿争抢

板凳互不相让的具体情况，运用故事和游戏的方式解决幼儿不善于用语言表达、冲动地争抢椅子的问题，在有针对性的指导中促进幼儿社会交往能力的发展。

2. 延迟干预，帮助幼儿体验问题的结果

在案例中，两名幼儿发生冲突后教师没有立即介入，而是给幼儿足够的时间体验“冲突”。当观察到幼儿的矛盾趋于“白热化”后才适时干预，首先平息幼儿的情绪，然后了解幼儿的想法，最后通过故事和游戏帮助幼儿运用语言表达的方式解决问题，同时感受正确方法的有效性。小班幼儿交往技能较弱，教师化解的成分占比多一些。到了中大班，幼儿间的大部分冲突都可以通过自己的观察体验或互相调节而化解，教师可根据幼儿交往水平把握干预尺度。

（案例评析人：潍坊市奎文区直机关幼儿园园长　王晓红）

第六章 学习准备教育及案例评析

幼儿时期的生活为个体后续学习和终身发展奠定了基础，因此也都属于学习行为的范畴。本章学习准备教育特指在幼儿园尤其是大班这一入学准备教育的关键时期，为幼儿顺利进入小学学习所进行的必要的教育活动。为帮助幼儿园教师科学实施学习准备教育，本章对学习准备的教育目标和相应的教育内容进行了梳理，并提供了有针对性的实施策略，进行了专业的案例评析。

第一节 学习准备教育的目标与内容

为促进儿童身心全面协调发展，尊重幼儿学习和发展的规律，本节将系统梳理学习准备的教育目标，整合各领域的学习准备教育内容，帮助教师和家长了解学习准备教育的基本规律和特点，建立对幼儿学习准备的合理期望。

一、学习准备教育的目标

学习准备教育目标以教育部《指导意见》为依据，参考《指南》和《评估指南》的相关内容，结合当前儿童学习与发展的实际情况，从学习欲望、学习兴趣、学习习惯、学习能力四个维度出发，梳理幼儿的学习准备教育目标，并逐一进行目标分解和解读。

（一）保护幼儿的好奇心和求知欲

好奇心是促使个体对新奇的事物去观察、探索、操作、询问从而获得对环境中诸般事物了解的一种原始性内在冲动，[①]也是创造性人才的品质特征。[②] 因此，我们应重视对幼

① 张春兴.教育心理学[M].杭州：浙江教育出版社，1998.

② 恩田彰，等.创造性心理学：创造的理论和方法[M].陆祖昆，译.石家庄：河北人民出版社，1987.

儿好奇心和求知欲的激发与呵护，让他们的好奇心和求知欲尽可能在积极和正面的维度上得到支持与培养。保护幼儿的好奇心和求知欲具体来说主要包括三个方面的目标：激发幼儿对身边的新事物感兴趣，呵护其好奇心；尊重幼儿好问的天性，鼓励幼儿对感兴趣的事物刨根问底，保护其求知欲；分析幼儿在探究活动中可能获得的发展，接纳幼儿的猜想、验证等多样化的探索行为，鼓励幼儿动手动脑，寻找问题的答案，支持其探究行为。

（二）激发浓厚的学习兴趣

学习兴趣是倾向于认识、研究获得某种知识的心理特征，[①]是可以推动幼儿求知的一种内在力量。浓厚的学习兴趣是幼儿不断探究未知世界的动力源泉，是教育活动的前提和保障，对幼儿的学习有着十分重要的作用。激发幼儿浓厚的学习兴趣具体来说主要包括四个方面的目标：提供广泛接触自然和社会的机会，激发幼儿对周围事物的兴趣；组织多种阅读活动，通过画故事、演故事、讲故事等形式激发幼儿阅读的兴趣；鼓励幼儿用图画、符号等方式记录自己的想法和发现，激发幼儿对生活中的文字符号感兴趣；鼓励幼儿对生活中感兴趣的现象进行探究与操作，激发其对科学的兴趣。

（三）培养良好的学习习惯

良好的学习习惯是指幼儿在学习知识与技能过程中经过练习而固定下来并最终成为需要的自动行为倾向和行为方式。[②] 良好的学习习惯有利于激发幼儿学习的积极性和主动性，帮助幼儿形成有效的学习策略和提高学习效率。[③] 培养良好的学习习惯具体来说主要包括四个方面的目标：培养幼儿专注力和注意力，初步养成专注做事的习惯；鼓励幼儿遇到困难不放弃，初步养成坚持做事的习惯；鼓励幼儿敢于质疑，初步养成乐于思考的习惯；指导幼儿制订计划，初步养成做事有计划性的习惯。

（四）提升学习能力

学习能力是学习者为了适应环境、改变环境、实现自身生存和发展所必须具备的能力，也是学习者在具体学习过程中，在遇到学习问题时，可以进行自我调节的方法和策略，以及与他人进行合作学习的能力。[④] 因此，在幼儿园阶段提升幼儿基础的学习能力是学习准备教育必不可少的目标之一。提升基础的学习能力具体来说主要包括三个方面

① 叶奕乾，祝蓓里.心理学[M].上海：华东师范大学出版社，2010.
② 李喜元.大班幼儿良好学习习惯培养研究[D].西安：陕西师范大学，2019.
③ 赵攀，杜长娥.谈幼儿良好学习习惯的养成[J].山东教育，2000(18)：23-25.
④ 农李巧.提升小学生英语学习能力的人机共生机制研究[D].重庆：西南大学，2022.

的目标:从倾听、理解、表达三个维度提升幼儿的语言能力;发展幼儿手眼协调能力,锻炼精细动作技能,鼓励幼儿用符号、图画表征日常生活,使用规范的姿势书写名字等,提升幼儿的前书写能力;鼓励幼儿解决问题,提升幼儿探究能力,促进幼儿创新能力的发展。

二、学习准备教育的内容

学习准备教育的内容是针对学习准备教育的目标,整合幼儿的一日生活,深入落实立德树人的根本任务,坚持保教并重的原则,在关注幼儿学习与发展的整体性,注重各领域有机整合的基础上,为教师和家长提供的学习准备教育活动内容参考。其重点是就学习准备教育中应该准备哪些教育内容提出合理的建议,列举有效的途径。

(一)好奇好问品质教育

好奇是人的一种本能,是幼儿与生俱来的一种探索周围未知世界的心理和行为活动。好问是人们乐于动脑,对某一活动表现出很大的热情,主动询问,参与其中,力求刨根问底的一种学习品质。幼儿的好奇好问品质教育通常是指幼儿在面对新的人、事、物时,有进一步探索的兴趣,[①]在探索中有发现时感到兴奋、满足,有获得感。好奇好问品质教育,其内容除了可以渗透在一些既定的主题活动,例如科学探究活动和益智类的游戏活动中,还可以从以下四个方面开展。

1. 发现自然

当自然界发生变化,例如出现风、雨、雷、电现象,春、夏、秋、冬的交替等情况时,教师尊重幼儿好问的天性,鼓励幼儿对感兴趣的现象刨根问底。

2. 发现人、事、物

教师鼓励幼儿对身边的人、事、物进行观察,例如幼儿园来了新老师,生活中出现了一种新职业;组织新活动时,支持幼儿自主解决产生的问题。

3. 发现生活

当幼儿在生活中有所发现,教师应鼓励幼儿积极表达,猜想并验证,支持幼儿寻找问题的答案。

4. 发现社会

当幼儿对社会中的现象感兴趣,例如热点事件、传统节日庆典活动等,教师应及时分析幼儿在这些活动中可能获得的发展,鼓励幼儿主动探索。

---

① 李喜元.大班幼儿良好学习习惯培养研究[D].西安:陕西师范大学,2019.

(二) 启思激趣常态教育

启思激趣是立足于幼儿成长的特点,采取各种手段引导幼儿独立思考、积极思维,以获取新知识的有效方法,其实质是调动幼儿学习的主动性、积极性,引发幼儿思维的活跃性和创造性,挖掘幼儿的内在潜能,使外部教育产生一种内化作用,提高教育活动的实效性。启思激趣常态教育指教师在日常活动中经常运用多维语言、环境创设、教具投放、材料调整等形式,激发幼儿对所学知识产生浓厚的兴趣和持续的求知欲。启思激趣常态教育的内容一般包括以下四个方面。

1. 激发幼儿对大自然的兴趣

要为幼儿提供广泛接触自然和社会的机会,如带幼儿去郊游或去动植物园,了解自然界花草树木的种类、小动物的饮食习性等,增加幼儿对大自然的感性认识。充分利用自然和生活中的契机,激发幼儿对观察、记录、操作等学习行为的兴趣。

2. 激发幼儿阅读的兴趣

要根据幼儿的阅读兴趣和活动需要,为幼儿提供不同体裁的儿童文学作品,包括体现中华传统文化和现代生活特色、有教育意义的作品,让幼儿自主选择和阅读;当幼儿发现感兴趣的事物或问题时,成人可以陪同幼儿一起查阅图书资料,感受通过阅读获取信息的乐趣;引导幼儿通过绘画、手工、搭建、表演等方式再现故事情节、人物关系,促进幼儿语言、情感、社会性等多方面的发展。

3. 激发幼儿对生活情景中的文字符号的兴趣

要结合生活实际,引导幼儿知道图书和生活情景中的文字表示一定的意义,体会文字的用途:如买来新玩具时,把说明书上的文字念给幼儿听,让幼儿了解玩具的玩法;向幼儿介绍生活中的常见标识,让幼儿知道标识可以代表具体事物,鼓励幼儿运用喜欢的符号和文字记录自己的生活。

4. 激发幼儿对科学的兴趣

要与幼儿一起发现生活中有趣的现象,真诚地接纳幼儿的猜想,鼓励并支持幼儿对生活中感兴趣的现象进行探究,提供适宜的、丰富的材料供幼儿操作与观察,引导幼儿尝试用数学的方法解决生活中和游戏中的问题。

(三) 学习习惯养成教育

学习习惯是在长期的学习实践中,通过反复练习形成的自主的、相对稳定的、自动化的学习行为倾向及方式。养成教育是以行为引导为切入点,综合多种教育方法,培养幼儿良好的行为习惯。学习习惯养成教育是在长期的行为引导中,发展幼儿自主学习的能力，使幼儿乐于学习、学会学习。学习习惯养成教育更多的是针对幼儿内隐的学习倾向与态度的培养教育，其主要包括以下四个方面的内容。

1. 培养专注完成任务的习惯

培养幼儿的专注力，有意识地增加需要一定专注力才能完成的游戏和活动，如涂色游戏、舒尔特方格游戏、找不同游戏、反指令游戏等，养成专注完成任务的习惯。

2. 培养坚持做事的习惯

培养幼儿的任务意识，当幼儿做事情遇到困难时，鼓励幼儿不轻易放弃，帮幼儿养成坚持做好一件事的习惯。

3. 培养独立思考的习惯

鼓励幼儿独立思考，在自主游戏和科学探究主题活动中，为幼儿提供足够的思考时间，引导幼儿表达自己的观点，鼓励幼儿积极补充同伴的观点，有不同意见时能大胆质疑并陈述，帮助幼儿初步养成独立思考的习惯。

4. 培养做事有计划性的习惯

引导幼儿做事有一定的计划性，如在开展区域游戏时，鼓励幼儿有计划地安排自己的活动，与幼儿一起分析、调整，并按照其计划来实施活动，活动后与幼儿一起回顾计划及其完成情况，在幼儿遇到挫折时用积极的言语与态度鼓励幼儿，初步培养幼儿按照计划坚持做事的习惯。

（四）学习能力提升教育

学习能力是获得和运用知识的能力，是感知、认知、自控力、理解、记忆、操作等诸多能力的综合体现，是幼儿学习准备的核心要素，不仅来源于学习者掌握的知识和技能，更来源于学习者知识和技能掌握的过程及其在实践中的应用。学习能力提升教育更准确地讲是为提升幼儿在学习过程中的学习技能而组织的以幼儿学习能力发展为中心，促进幼儿融入其中，通过针对性的引导和启发，引领幼儿主动实践探究，达到巩固已有经验，获得新经验的目标所组织的一系列有计划、有目的的教育活动。学习能力提升教育的内容主要有以下三个方面。

1. 提升幼儿听、说、读的语言能力

培养幼儿乐意与人交谈，讲话有礼貌；引导幼儿注意倾听对方讲话，能认真听并能听懂他人说话，能理解日常用语，有疑问时能主动提问；鼓励幼儿清楚地说出自己想说的事；引导幼儿喜欢听故事、看图书，能说出图画书的主要情节，并有自己的理解和想法。

2. 提升幼儿涂、写、绘的前书写能力

组织幼儿进行扣扣子、夹豆子等游戏活动，锻炼幼儿的手眼协调能力，为幼儿的前书写做好充分的准备；鼓励幼儿坚持用符号记录自己的活动计划、活动过程和活动体验；鼓励幼儿认识并书写自己的名字，写画时姿势正确。

3. 提升幼儿做、探、思的探究能力

提升幼儿探究能力的教育内容主要从以下四个方面入手：引导幼儿发现生活中的问题，并尝试自主解决问题，能表达、交流探索的过程和结果；引导幼儿从生活和游戏中感受事物的数量关系，能识别上下、左右等方位，培养幼儿用数学方法解决日常生活中的问题的能力，帮助幼儿体验数学的重要和有趣；引导幼儿关注并了解自然环境、科技产品与人们生活的密切关系，懂得爱护动植物，关心周围环境，珍惜自然资源，有初步的环保意识。

第二节　学习准备教育的实施策略

陶行知提出，“生活即教育，一日生活皆课程”。学习准备教育的实施策略是针对学习准备教育目标和内容，从一日活动的主要环节挖掘幼小衔接学习准备的教育价值，从生活活动、教学活动、游戏活动三个方面列举有效途径，为教师提供策略参考。

一、创设适宜情境，在生活活动中丰富幼儿的学习体验

（一）策略解读

适宜情境是以幼儿为本，从幼儿的年龄特点、认知发展与需求出发，在活动中利用具体的场地、景象等因素，将幼儿自发的日常生活转变为更进一步的学习动力，更好地促进幼儿学习的整合性与创造性。创设适宜情境能够激发幼儿对生活的好奇好问，提供主动参与学习的机会，支持幼儿在持续探索、参与操作中积极交流，拓展思维的深度和广度，让幼儿生活经验更丰富，学习体验更深刻。在生活活动中教师有目的、有意识地创设生活、任务、操作三种适宜的情境，并将三种情境策略有机结合，激发幼儿的学习欲望，帮助幼儿提高学习效率、深化学习体验。

（二）策略实施

在生活活动中创设适宜情境，丰富幼儿学习体验，主要通过以下三条途径。

1. 挖掘有价值的生活情境，激发学习欲望

创设生活情境是指以幼儿的生活为素材，创设幼儿喜闻乐见的场景，利用可操作的材料，让幼儿能够观察、实践、应用，从而点燃幼儿学习的热情。由于年龄、心理、认知等方面有所差异，幼儿的学习兴趣往往起伏较大，创设生活情境能够吸引幼儿的注意力，促使幼儿探索并提出感兴趣的问题，激发幼儿学习的兴趣。

源于兴趣，引发好奇心。当幼儿对生活中的事物与现象感兴趣时，他就会产生持续的专注和丰富的想象，萌发出积极参与探究的热情。教师要捕捉幼儿的兴趣点，利用教室、走廊等区域，选取丰富的材料，创设一个可供幼儿随时观察操作的空间。例如，幼儿对大蒜发芽产生了兴趣，想了解大蒜为什么会发芽，发芽的大蒜能不能吃等一系列问题，基于幼儿的兴趣，教师利用教室门口的空地，创设了“大蒜种植基地”，投放了放大镜、尺子、水壶、记录单等材料，为幼儿每日浇水、观察、记录提供了支持，帮助幼儿发现了水分、温度与蒜苗生长的关系。在此情境中，幼儿通过观察、提问、发现，保持着好奇心，从而更加积极主动地学习。

回归生活，保护探究欲。生活蕴含着丰富的教育价值，回归生活的情境能够让幼儿在体验中产生探究的欲望，幼儿习得的能力和经验又能指导生活。教师要充分了解幼儿已有的生活经验，结合社会、家庭中的素材，为幼儿创设探究、记录的空间，投放可操作的材料，营造宽松、自由的氛围，支持幼儿探究行为不断深化。例如，幼儿通过观察发现温度计里红色的线有时高、有时低，对引起温度计“忽高忽低”的原因产生了兴趣，于是教师利用教室门口的空地创设了“气象台”，提供了用于幼儿观察记录的温度计、湿度计、日历、气象符号、记录表等材料，让幼儿根据每天的体感温度观察仪器上的刻度以及天气情况，并利用数字、气象符号记录温度、天气的变化，理解天气变化和温度的关系。经过一段时间的观察操作，个别幼儿对温度和气象有了深入的了解，利用掌握的气象知识，给全班幼儿进行天气播报，指导大家每日的出行方式和衣物增减。在这一过程中，幼儿探究的愿望得到了支持和鼓励，这也促使幼儿产生源源不断的探索动力。

2. 打造有准备的任务情境，提高学习效率

创设任务情境是指教师根据幼儿年龄特点和兴趣，以幼儿乐于参与的场景或者“背景”事件为载体，以幼儿要达成的目标为导向，设置具有挑战性的任务，让幼儿通过达成目标体验成就感。任务本身具有明确的目的性和方向性，在任务情境中，幼儿能够沉浸

其中，排除干扰，充分调动已有经验，并在过程中对完成任务所需的时间进行估算，培养了主动性、计划性，从而提高效率。

设计任务，制定目标。任务的设计要依据目标，结合幼儿的实际需求，贴近幼儿的真实生活体验，保证幼儿能较快、较深入地沉浸其中，让幼儿在体验中获取对新事物的理解，构建新的概念体系。例如，中班幼儿处于对自然环境充满好奇的阶段，散步时经常提出“为什么树叶会变黄”等问题。为了满足幼儿探索自然现象的欲望，教师设计了“多彩的秋天”任务，引导幼儿在户外活动中观察不同树木的叶子变化，并收集各种颜色的树叶。通过这一任务，幼儿不仅学习到关于季节变化的知识，还通过亲手触摸、比较和分类，培养了观察能力和分类能力，从而在体验中形成对自然规律的初步理解，构建对自然界变化的科学认识。在大班幼儿的建构游戏中，也可以培养其任务意识，包括游戏前的材料准备与计划制订，游戏中的协商分工与任务分配，以及游戏后的整理收拾与交流分享等环节。在这些自由、自主、愉悦、创造性的活动过程中，幼儿有机会按照自己的意愿制订计划，探索解决问题的方法，建立完成任务的信心。

完成任务，提供支架。执行任务的主体是幼儿，但不意味着教师可以完全放手，教师要尊重幼儿的主体地位，通过观察、引导、鼓励等方式为幼儿提供有效的支架，帮助幼儿顺利完成任务。例如，当幼儿在执行值日生任务时，教师通过观察发现，有的幼儿扫地总是扫不干净，于是教师在地面中央贴了一个圆形贴纸，引导幼儿先将垃圾扫到圆点位置，再集中收拾垃圾，这样地面就更加整洁了。教师对任务的指导不仅是在能力、经验方面，还应包括对幼儿情绪的调动，当幼儿面对困难感到沮丧时，教师应用正面的情绪感染、用肯定的语言激励，让幼儿的体验更加丰富。

评价任务，提升成就。及时有效的任务评价能够激发幼儿主动学习的意愿。任务完成后，幼儿都期望自己的辛苦劳动可以获得他人的肯定，教师可以通过多种评价方式培养幼儿坚持不懈的动力。任务的评价分为两个部分：一方面是任务完成的效果评价，例如小值日生活动，教师设置了“小鬼当家”的任务情境，幼儿以小组为单位，合作制订一日分工计划表，根据计划完成扫地、擦桌子、给植物浇水等值日任务，当幼儿完成任务后，教师要给予正面的评价，如地面打扫得非常干净、小组成员能够互相帮助等；另一方面是任务完成的过程评价，教师根据幼儿在做任务的过程中遇到问题时是独立思考还是求助同伴，是坚持不懈还是知难而退做出点评，比如幼儿擦桌子时容易把食物残渣弄到地面上，于是幼儿拿来盘子在桌子边缘接残渣，教师对幼儿遇到问题努力解决的积极态度进行表扬，激励幼儿的同时也能让其他幼儿学习到好的方法。与此同时，引导幼儿进行自我评价以及同伴间开展互相评价，比如请幼儿自己说一说完成任务时有哪些做得好的地方或者有困难的地方，也请其他幼儿说一说在完成值日的过程中同伴之间互相帮助的事情或者存在不足的地方，这样能培养幼儿持之以恒、克服困难的品质，帮助其提升自信心，获得成就感。

3. 设置有效的操作情境，促进学习进阶

创设操作情境是教师创设能激发幼儿积极参与、亲身体验的氛围，幼儿通过讨论、动脑思考、动手操作，运用多种感官参与操作材料，不仅能促进思维的发展，而且能运用思维优化操作过程。5—6 岁幼儿的认知正处于由直观形象思维向抽象逻辑思维过渡的阶段，在很大程度上是依靠动作进行思维，靠直观感知获取经验。动手操作可以使幼儿获得多感官参与体验，为思维发展提供支柱。幼儿在动手操作时不仅能够带着问题去思考，而且能在做中学，学中做，始终处于积极的思维状态。教师要在生活活动中创设操作情境，为幼儿提供实践操作的机会，重视幼儿操作，真正地放手让幼儿探索，将操作与思维联系起来，让幼儿在操作中思维，继而促进下一步操作，促使操作成为培养幼儿创造思维的源泉。

动手操作，促进思维发展。操作理论认为，智慧从动作开始，儿童参与认知体验，可以使信息不断地刺激细胞，促使思维活跃，便于储存和提取信息，同时易于激发幼儿主动参与，发展创新思维，产生学习的内驱力。幼儿的思维是在生活活动中不断地去探索，不断地去发现的。动手操作的过程是手脑并用的过程，幼儿通过语言、动作将操作过程内化为思维，探究事物的本质特征和诸多因素相互作用的联系，使抽象的问题转化为看得见、摸得着且容易理解的学习经验。例如，在购物活动过程中，教师创设超市购物的生活情境，两名幼儿分别扮演收银员和顾客，顾客自主设计购买清单，购买 2 支铅笔、1 本本子、1 块橡皮等商品。接着幼儿按照商品的价格，挑选对应的商品。收银员计算顾客购买商品的总价，如 2 支铅笔 2 元钱，1 本本子 1 元钱，1 块橡皮 2 元钱，通过计算算出顾客购买物品一共需要 5 元钱。在逛超市的情境中，幼儿通过在买卖操作中产生了有关数量关系的思维，加深了统计的核心经验，也学会了如何在购物中运用数量关系。

思维启迪，指导操作过程。思维启迪是促进幼儿学习体验进阶的有效途径。学习体验进阶的过程需经历两次飞跃，操作到思维是第一次飞跃，思维回到操作是第二次飞跃。幼儿在操作中萌发思维后，将头脑中的抽象思维高效地运用到操作中，既能指导操作的新过程，又能丰富学习体验。例如在生活中，一盒牛奶、一块面包、一个文具等生活用品都需要用到人民币，幼儿收集生活中常用的不同面值的纸币（1 元、2 元、5 元、10 元等），走进班级创设的生活购物区。幼儿运用生活中的购物经验，进行生活用品的大采购，尝试利用已有的数学思维，在购物中进一步探索不同面值人民币的换算方法。在购物中，用 10 元买了 6 元的商品后，需要找零钱 4 元（钱币换算包括 4 张 1 元或者 2 张 2 元等）。

第二次学习体验的飞跃，促使幼儿运用生活中事物的数量关系理解人民币换算的抽象概念，从而感受到数学在生活中的有趣和有用。因此，教师应当引导幼儿将思维和操作有机结合，主动寻找有效的学习途径解决问题，进而分析、理解抽象的概念，让学习体验更深刻，学习经验更丰富。

二、聚焦互动过程，在教学活动中培养幼儿良好的学习品质

（一）策略解读

将“互动”分解来看，“互”是交替、相互，“动”是起作用或变化，强调在教学活动中真正地“动”起来。这个“动”不是教师或幼儿单方面的“动”，而是一种复杂的“联动”，既包括教师的“动”，更多的指幼儿的“动”，即幼儿与环境、教师、同伴等所有教育资源之间的多对象、多维度、多频次的交互联动。学习品质是幼儿在学习中形成并在学习活动中表现出来的、影响学习效果的、稳定的心理倾向或个人特征。在幼儿学习品质的培养过程中，有效的互动不仅能调动幼儿参与活动的积极性和主动性，还能提升幼儿思维的深度、广度。聚焦互动过程，就是让教师通过教学活动中的多维互动，实现幼儿在获得新经验的同时，时时闪现生命的灵性和活力，学会学习，初步形成良好的学习态度、学习行为和学习能力，进而得到全面发展。

（二）策略实施

在教学活动中，聚焦互动过程，培养幼儿良好的学习品质，主要通过以下三条途径。

1. 情境互动，自主学习

情境是对某一特定的时间和空间中许多具体情形的概括，不仅讲究形真、情切，而且理寓其中。情境能作用于幼儿，为其提供一定的环境氛围，同时幼儿也能反作用于情境，实现互动，这种互动能使幼儿在情境中获得主动发展。

情境互动主要是指幼儿与环境、材料、资源等多种因素互动，能够主动地动起来、学起来，通过特定的互动情境，在主动探究的过程中，体验认知结构经历的变化，自主建构知识，实现自主学习。在具体的实施中，主要从以下两个方面入手。

其一，与真实情境互动。幼儿学习准备中的一个重要依据是幼儿思维的发展，思维是人脑对客观现实间接的、概括的反映。但是幼儿最易接受的是直接感知，因此教师要为幼儿学习活动创设具体化的真实情境。在教学活动中，教师要充分利用幼儿的直接生活经验、生活场域创设真实情境。例如呈现水果、榨汁机、饮品店，水盆、乒乓

球、泡沫板的浮力实验材料等，给幼儿提供一个自由探索的操作空间，让幼儿身临其境，亲身体验，主动探究。如科学活动“小动物睡觉”中，教师将周围环境布置成森林的样子，将有代表性的小动物从它们“家”中请出来，展示它们奇特的睡觉方式，吸引幼儿的注意力，让幼儿在森林情境中认知已知动物的睡觉姿势，探究未知动物的睡觉方式，然后又在森林中模仿喜欢的动物的睡觉方式，而他们也自然而然地成了森林情境的一部分。真实情境来源于幼儿的真实生活，具有亲切感。幼儿与真实情境的互动，就是在自己已有的生活经验的基础上“跳起来摘果子”，带来的不仅是情感的愉悦，更是学习的自然发生。

其二，与虚拟情境互动。虚拟情境是教师为了让幼儿的思维能对感官所不能直接感知的事物，借助某些媒介物与头脑加工来进行反映而创设的。在教学活动中，教师要善于使用声、光、电、影等多种元素来营造有声有色的多维空间。例如通过一段契合的音乐、一个画展课件、一段精彩的短片等多媒体手段，让幼儿如临其境，主动将展现在自己眼前的和在脑海里浮现的内容互动起来。如在陶艺制作“各种各样的汽车”活动中，教师采用数字手段，展示各种汽车的模型、照片、视频，创设虚拟的车展情境，幼儿在这个虚拟的情境中对汽车的外部形态、内部结构自主交流探索，结合自己的知识经验进行想象、创作，完成自己的汽车创意作品。在这个过程中，幼儿的学习是多元的，他们首先会根据教师提供的信息，在大脑中进行个体独特的加工，建构出一个虚拟的情境，然后与虚拟情境不断互动，获得自己需要的信息，进一步展开想象和创作，最终完成作品。同时幼儿的作品也成了这个虚拟情境的一部分。因此，幼儿与虚拟情境互动的过程，不但培养了幼儿的想象力和创造力，而且有效地打破现实的局限，突破难点，提高了幼儿主动学习的参与度。

2. 师幼互动，探究学习

师幼是教学活动的两个主体，两者之间关系紧密而复杂，主客体会随着教育过程中双方所处的地位、作用和相互对待的态度变化而发生转变。

师幼互动是指由师幼一方主动发起的有价值的活动，而被发起的一方有主动回应。互动的主题、时机、内容、行为、方式、形式都直接影响互动的效果。师幼互动不是单向的，而是双向的，甚至是多向的，可以一对一，可以一对一组，一组对一，也可以一对全体，全体对一。在教学活动中，师幼互动的质量将直接影响幼儿探究学习的深度。在具体的实施过程中，教师应做到以下三点。

其一，不干扰，做组织者。在教育教学活动中，教师首先要学会的就是适时放手，守好做一个组织者的本分，尊重幼儿的主体地位，营造民主、宽容、支持的心理氛围，给予幼儿足够的时间和空间。教师应做到管住嘴、睁大眼，观察幼儿的学习活动，调整教学进度；管住手，迈开腿，了解幼儿的学习需求，分析教学效果；让幼儿在安全、愉快的心理环境中主动探究，并与他人积极互动，在自由的氛围中动手、动脑、动嘴，实现个体的探究学习。

其二，不包办，做参与者。在教育教学活动中，当幼儿遇到困难时，教师应以参与者的身份鼓励幼儿自己想办法解决问题，而不是简单包办，直接给予幼儿答案。要做到不包办，教师要在参与方式上下功夫：一是充分利用语言给予幼儿积极正向的引导，包括眼神、手势等肢体语言，以及表示鼓励、表扬、建议等的直接语言和“如果、可能、想象一下”等间接语言；二是进行必要的跟踪，跟踪某一个个体、某一个空间或某一个时间段，利用语言追问、行为跟踪、结果跟踪等手段，在追踪中把问题由浅入深地层层抛给幼儿，激发幼儿始终坚持探究学习。

其三，不越位，做引导者。当幼儿在探究中遇到自身或同伴确实难以解决的问题（例如某幼儿对投掷的动作通过自己探究、同伴帮助都不能正确实施，如果任由幼儿自主发展会造成身体的损伤或其他问题），这时教师则要果断介入，提供支持和引导（同伴示范、揉一揉幼儿使用不当部位的肌肉、指导他试试用正确部位发力等），但是这种引导应该以科学、智慧的教育策略为基础，避免直接说教（例如指导幼儿用正确部位发力时，不能主观地要求幼儿用上臂发力，而要引导幼儿自己去比较是用上臂发力投得远，还是用前臂发力投得远）。提供支持的方式也应灵活多样，可以是提出关键问题，提供工具材料，引导尝试多种探究方式，出示演示方案等，同时，在此过程中，教师还应注意采取递进的方式，让幼儿参与整个探究过程，进一步激发幼儿探索新知的兴趣，提升幼儿发现问题、解决问题的能力。

3. 同伴互动，合作学习

《纲要》中明确指出：“幼儿同伴群体及幼儿园教师集体是宝贵的教育资源，应充分发挥这一资源的作用。”同伴互动是指同伴间进行交流和合作的过程，可以通过分享、交流、展示、评价等方式进行，该互动形式有利于幼儿发展自我认知、社会交往、情感表达和合作能力等技能。教师应让幼儿在与同伴互动的过程中获得真实感受和体验，更好地理解行为的意义，并通过同伴的反馈初步学会反思。同伴互动一般采用以下形式。

其一，交流分享为基础。交流和分享是幼儿之间最常见的互动形式，需要幼儿将对事物的理解进行梳理、分享，确保自己的想法、做法、活动结果得到别人的理解。例如在大班音乐教学活动“雪花飞”中，学唱歌曲后，教师组织幼儿进行试唱并交流：唱歌时，你想到了什么？你用了什么样的声音？别的小朋友唱歌时，你觉得好听吗？哪里好听？然后唱的小朋友和听的小朋友一起你一言我一语地交流起来，雪花飘飘的意境美，声音柔柔的和谐美，都在幼儿轻松的互动之间静静流淌。在同伴互动的过程中，交流分享的幼儿会因表达、交流这一行为而对自己的活动过程、活动体验更深刻，而其他幼儿也需要在对方交流分享的过程中尝试倾听、理解，进而产生更深层次的互动和交往。

其二，合作探究助发展。分工合作探究解决问题是幼儿互动常见的方式。幼儿需要在主动与伙伴交往中，通过分工合作、磋商探究解决问题。教师应充分利用同伴作为学习资源的优势，坚持在教学活动中引导幼儿开展深度探究，这样不但可以让幼儿在合作中解决问题，更有利于幼儿建立良好的同伴关系。如在美术教学活动“画风筝”中，幼儿分组合作画风筝。在完成任务的过程中，每组幼儿都需要经历互相协商、分工合作、动手操作、沟通欣赏的互动过程。如果在这个过程中，小组成员对涂什么颜色、画什么图案、用什么装饰存在异议，有效互动就正式拉开了序幕：怎样让同伴接受自己的意见？怎样实现大家的创意？作品出现问题如何解决？这才是培养幼儿合作探究能力的关键环节。在通过合作探究解决这些冲突的过程中，幼儿彼此相互尊重、相互配合，通过协商合作获取信息，逐步使学习超越个体的直接感知，在协商交流中增强合作意识，感受合作的快乐，更重要的是实现了群体深度学习。

其三，互评反思促提升。同伴互评是幼儿作为评价主体，对活动过程、活动效果以及参与活动的人、事、物的总体评价，是站在幼儿的视角来反馈活动效果的一种方式，评价内容可能更注重幼儿个体的感觉。教师在教学活动中要善于引导幼儿开展同伴互评，帮助幼儿加强自身的认知，提高观察、分析、归因等能力，加深与同伴间的交往，萌发客观看待事件的意识。例如，在“布谷鸟”音乐欣赏活动中，幼儿在进行了自主表达之后，教师组织幼儿谈话：“你觉得刚才这组小朋友表现得棒不棒？”“哪里棒？”有的幼儿说：“我觉得他们能合着音乐的节奏敲木鱼，很好。”还有的幼儿说：“我觉得他们的音乐节奏也很好，动作有的时候快，有的时候慢，和音乐一样。”当幼儿经过一轮互评再次表演时，被幼儿提到的有节奏、声音有大有小，都成了幼儿注意的点，每个人都在原来表演的基础上更熟练、更自然，加进了更多的表现元素。在同伴互评的过程中，幼儿用自己的眼睛去观察别人，用自己的大脑去分析优劣，用自己的嘴巴来表达观点，最后将自己获得的综合信息反馈到自己的行动中，实现了在互动评价中客观地认识自我，并吸取、借鉴他人之长，实现了自我的提升。

综上，教师在教学活动中聚焦互动过程的核心是让幼儿在学习中围绕兴趣、目的、计划性、坚持性、注意力、自信心、成就感等多方面养成良好的学习品质，为幼儿顺利进入小学做好充分的学习准备。

三、提供有效支持，在游戏活动中促进幼儿的深度学习

（一）策略解读

游戏活动是幼儿学习的重要场域，蕴含着丰富的探究机会、解决问题的机会，以及深度学习的机会。教师若能在游戏活动中为幼儿提供有效支持，则可以最大限度地助力幼儿的学习准备，支持幼儿在游戏活动中进行深度学习。深度学习是学习者积极主动地、批判地学习新知识和思想，并将其融入原有的认知结构，且将知识迁移运用到新情境中的一种学习，其指向幼儿高阶思维的发展和实际问题的解决。为了实现幼儿的深度学习，教师必须转变教育观念，从幼儿视角出发，为幼儿的游戏活动提供有效支持。教师的支持应结合游戏活动组织实施的要求以及幼儿在游戏活动中的特点，具体来说，包括三种策略，即关注幼儿的需求、投放适宜材料、注重观察指导。在游戏活动中，教师通过这三种策略的应用，可以最大化地支持幼儿主动探究、支持幼儿专注投入、支持幼儿解决问题，让幼儿真正成为学习的主人，最终有效地帮助他们在游戏活动中获得深度发展。

（二）策略实施

1. 关注幼儿需求，支持主动探究

关注幼儿需求是深度学习的前提。幼儿在深度学习中呈现的持久的好奇心和积极性，均来自其内在发展需求，而幼儿兴趣与需求是激发其内驱力的主要因素。教师应明确自身在幼儿游戏中的角色定位，确立幼儿的主体地位，尊重幼儿的游戏意愿，给予幼儿更大的发挥空间；同时，认识游戏的生成性特点，根据游戏发展情况，满足幼儿的游戏需求，帮助幼儿实现深度学习。

以幼儿为主体，发挥主动性。教师应树立以幼儿为本的游戏理念，相信幼儿是有能力的学习者，将游戏的选择权交给幼儿。例如在主题背景下的区域活动“我要上小学了”中，教师打破常规，在集体讨论环节先倾听幼儿想要设计哪些区域、需要哪些材料，然后请幼儿以小组为单位去绘制自己的区域规划图纸，请小组代表做介绍，最后请幼儿根据投票结果规划区域空间、设计区域内容，师幼共同投放材料。这体现了教师充分尊重和信任幼儿，以幼儿的爱好和兴趣为主导，提高了幼儿动手、动脑的能力。

顺应幼儿兴趣，调动积极性。游戏活动是动态发展的过程，幼儿在游戏活动中会生成动态信息，教师通过对动态信息的有效判断，并对幼儿进行适时、适度的回应，能够凸显教育活动的教育机制。例如在“植物喝水”科学游戏中，幼儿将用咖啡滤纸剪出的大树

的树干部分涂满颜色，浸泡在黏土杯中，很快颜色就顺着纹路蔓延至整棵大树，当幼儿产生“其他纸做的大树也能喝饱水吗”的疑问时，教师没有直接告诉幼儿答案，而是引导幼儿进一步比较牛皮纸、卡纸、皱纹纸等的纹路、质地，从而发现纸吸水的秘密。幼儿对身边的事物与现象产生浓厚的兴趣时，就会萌发持续探究的热情与积极性，主动参与，获取知识。

2. 投放适宜材料，支持专注投入

投放探究式的材料是开展深度学习的基本条件。探究式材料与适宜的任务能提高幼儿在活动中的主动性及探究的价值。探究式材料具有低结构、高开放、可创造等特点，幼儿通过与材料互动，在对材料操作、摆弄的过程中积累知识，在与材料的“对话”中不断探索获得发展，建构新经验，使学习逐步走向深入。投放材料要找准与幼儿学习准备的契合点，预设幼儿通过材料达到的目标，按照由浅入深、由易到难的要求，适时、适宜地调整材料，即把握有目的、有层次、动态化投放材料的三个策略。

有目的地投放材料，使材料能够完成既定的教育目标。在幼儿园阶段，幼儿前书写的目标以掌握正确的执笔姿势为主，所以发展幼儿的手腕力量、手眼协调能力、精细动作是首要前提。例如，教师根据大班幼儿的年龄特点在区域中投放毛线、裁剪过的锯齿状鞋盒、编织围巾的步骤图及成品围巾，幼儿便对怎样用鞋盒编织围巾产生了好奇心，开始对照图纸主动尝试。在教师的指导下，幼儿一步步掌握了编织的技巧，各种各样围巾作品的完成帮幼儿保持着浓厚的编织兴趣。

有层次地投放材料，用难易程度不同的材料实现因材施教。为了帮幼儿做前书写准备，我们根据大中小班幼儿不同的年龄特点进行材料的投放。例如，根据小班幼儿的年龄特点，我们在美工区投放直线剪、波浪剪、螺旋剪等，幼儿在操作剪刀剪裁线条的过程中五指配合，手腕转动，小臂用力，使小肌肉群得到发展，提高专注力；对于中班幼儿，我们投放不同的线、绳、木棒等，鼓励他们进行十字编织的活动，通过手的精细动作发展，实现整体到分化、不随意到随意、由不准确到准确的一个连续发展过程，这对幼儿提高想象力、注意力有着重要的作用，同时也为大班幼儿的前书写做足了准备。

动态化地投放材料，推动幼儿产生持续性的探究行为。例如，在语言区投放树枝和沙盘，幼儿可以在沙盘上随意画出各种各样的线条，随着游戏的开展，幼儿不再满足于简单的线条创作，随后又投入金属嵌板和各种颜色的彩铅，在纸上重叠描绘不同的几何图形，融入各种颜色的线条和图案，使得原有图形变化无穷；大小不一样的名字贴让幼儿可以自主选择，刚学会写名字的幼儿可以写在大大的名字贴上，然后慢慢过渡到写在小的名字贴上。由此可见，幼儿游戏的材料并不是一成不变的，教师应根据幼儿的年龄特点、游戏进程，适时、适度地调整材料以促使幼儿深度学习的发生。

3. 注重观察指导，支持问题解决

幼儿所面对的问题的复杂程度，在一定意义上反映了学习的深度，可以激发幼儿进一步思考和创造。教师应在适当的时机介入幼儿的游戏，引导幼儿顺利地完成游戏、体验乐趣、学习知识和发展能力。幼儿在游戏的过程中和结束后，都有一种表达的欲望，通过思考和适当的表达形成自己的想法，梳理头脑中的信息，明确所发现事物的特征和关系，以及自己的游戏过程，实现游戏的深入开展。教师应基于观察，适时把握介入契机，注重分享，助推游戏深入开展。

基于观察，适时把握介入契机。观察帮助教师发现游戏中的问题，而每一个问题的提出，都源自幼儿自身经验与游戏情境的冲突。教师在适当的时机加以介入，引导幼儿运用已有经验去观察、比较、推理和探究解决问题的过程，也是高级思维不断运用、知识结构不断扩大，不断实现知识和技能在游戏与现实生活中双向迁移应用的过程，能够促进幼儿学习水平的提升，从而提高游戏的质量。例如在“小银行”游戏中，扮演银行工作人员的幼儿发现来取钱的幼儿都挤在“窗口”，便喊了一句“都站在一米线后”。一米是多长？幼儿产生了疑问，教师就在区域里投放了直尺、卷尺、软尺及自然测量材料，如绳子、小木棍、条形木块等，了解了一米的距离后，幼儿开始测量小伙伴的身高以及床、桌子、柜子等的长度，在不断探索中获得了量的比较、测量等经验。

注重分享，助推游戏深入开展。游戏分享能够为幼儿丰富游戏经验奠定良好的基础，因此教师要对幼儿游戏分享内容进行深入挖掘，并在分享讨论的过程中实现幼儿学习体验的有效强化。在交流和讨论环节，教师要深入追问，注重幼儿游戏体验的有效性，帮助幼儿不断归纳和总结游戏行为，从而有效深化幼儿原有的游戏经验。例如，在“交警与车夫”游戏的分享环节，“车夫”提出：“马路上怎么没有红绿灯？”教师追问：“教室里有什么材料可以用来表示红绿灯？”有的幼儿说：“可以用红、黄、蓝三色圈代表红绿灯。”当“车夫”把车停在路边，遭遇“交警”贴出罚单时，“车夫”提出没有停车位的问题，幼儿通过交流探讨决定用毛线测量出车子的大小，用粉笔描绘出停车位。可见，分享的内容可以是游戏的过程、结果，还可以是后续的问题、下一步的计划等。

第三节　学习准备教育的典型案例

幼儿学习准备教育不是小学知识教育的提前，幼儿的学习方式依然要以直接经验获得为基础，以游戏为基本活动，以融入一日生活的体验学习为基本形式。本节选取一日生活中的游戏活动、生活活动和集体教学三种活动中的典型案例，主要涵盖幼儿的情感态度、学习习惯、学习兴趣和学习能力四个维度的学习准备教育案例，以期为教师的实践操作提供指导和参考。

一、大班案例“立起来的纸”

（一）案例背景

纸作为一种低结构的材料在生活中随处可见，幼儿自小班起就开展过对纸的探究，到了大班，幼儿不仅有剪、撕、粘、贴、折、画等用纸的经验，而且对纸的新旧、颜色、材质、用途等也都有了一定了解。因此，教师就要依据幼儿发展的规律，拓展他们对纸的认识的最近发展区。根据《指南》的精神，结合 5—6 岁幼儿喜欢探究各种事物、敢于挑战、愿意动手操作的特点以及幼儿的兴趣和发展需求，我们在科学区投放了不同材质的纸，开展了“立起来的纸”科学探索活动。

（二）案例实录

1. 如何让纸“立”起来?

游戏活动前，教师在区域中投放了瓦楞纸、牛皮纸、卡纸、皱纹纸、双胶纸等不同材质的纸张以及水彩笔、透明胶带、固体胶棒、剪刀、回形针、夹子、积木、记录表等辅助材料。

孩子们来到科学区，游戏一开始，阿铮和小博把柜子里所有的纸都搬出来铺在了桌子上。牧牧首先拿出一张黄色瓦楞纸，将其平铺在桌子上，摸了摸瓦楞纸上的凸起与凹陷，接着他又拿出一张蓝色卡纸，手持卡纸两条短边同时向下弯曲，插入了黄色瓦楞纸的凹陷内，卡纸就立在了瓦楞纸上。

铭涵选了一张橙色长方形卡纸，他将卡纸的两条短边对齐后对折一次，再打开，将两条短边分别对齐中线折痕对折一次，然后跑到区域柜找来两个数字积木块，他将刚刚折好的纸倒扣在桌子上，把两个积木块分别放在两条短边内侧靠前的位置，纸立起来了。铭涵笑着朝教师挥手：“老师你看!”教师微笑着向他竖起了大拇指。

阿铮选了一张白色 A4 双胶纸，他用短边对折的方法将白纸折了五次后立在了桌子上，接着用嘴吹了吹立起来的纸。教师问：“为什么要吹呀?”他说：“试试它立得稳不稳。”

雨桐拿起一张粉色瓦楞纸，将它卷成了一个圆柱立了起来。

一博选了一张长方形牛皮纸，他将两条长边对齐后对折了两次，又把纸转过来，对齐短边对折了一次，然后将纸打开，恢复成长边对折一次的样子，之后两手分别握住短边对折后出现的折痕，以短边与长边对折后的交点为中心向内挤压，纸立起来了。一博一边侧头看着自己的作品一边对教师说："老师你看，纸站起来了！"教师笑着点点头。"我爸爸教我叠手枪就是这样折的。"一博继续说。

禹城选了一张蓝色长方形瓦楞纸，他将纸的两条短边对齐后对折一次，然后把纸竖起来，纸立在了桌子上；小洁用同样的方法将一张蓝色卡纸立了起来；小博选了一张橙色长方形卡纸，将其折了三下，变成了一个北斗七星的形状，将纸立在了桌子上。

2. 纸的形态与其承重能力的关系

经过第一阶段的尝试，孩子们探索出了多种让纸立起来的方法。究竟哪种方法立起来的纸最结实呢？孩子们带着自己的猜测投入了第二阶段的探究活动。考虑到纸的柔软性和易操作性，他们决定用废旧的 A4 打印纸来尝试。教师提供了记录表。

下午的区域游戏一开始，阿铮和雨桐就从建构区搬来了两筐积木。阿铮将 A4 纸的短边对折三次后，换方向对折，折出了一个三棱柱。他开始往上摞积木，摞到第 11 块时，积木倒了。阿铮拿出记录表，开始在纸上做记录，做完记录的他扭头看向一旁的雨桐，只见雨桐拿着 A4 纸的一条短边，用一前一后正反折的方法把纸折成了扇形。阿铮也学着雨桐的样子开始折，不过总是折不平整，雨桐也发现了，于是转过身拿着阿铮的纸帮他折，边折边说："就这样，一前一后压平，像折小扇子一样。"折了几下后，雨桐把纸交给阿铮，看着阿铮继续折了几下，便回过了身。

阿铮折完后，把纸竖着立在桌子上，开始向上摞积木，他拿了两块薄积木，结果发现根本摞不住，他一边记录一边嘟囔："这个折得太轻了……"雨桐听到后，对自己的折叠方式进行了调整，她以 A4 纸短边为高卷出了一个圆柱体，基于这样的折叠方式，雨桐成功摞了 13 块积木。

维倩将 A4 纸长边对齐对折两次后，再换短边对折，折出了一个四棱柱，用这样的折叠方式，维倩摞了 24 块积木，积木倒塌后，维倩一边数一边将积木摆放整齐。

小博用和维倩一样的方式将 A4 纸折成一个重心较低的圆柱形，基于这样的折叠方式，小博摞了 28 块积木。

3. 活动延伸——亲子探索"纸桥"

活动结束后，教师将活动的精彩照片分享到班级群，并给予家长一定的指导建议，将园内的活动延续到了家庭中。

悦悦的妈妈将亲子探索"纸桥"的过程用视频的方式记录了下来，并上传到班级群。视频中，悦悦妈妈将 A4 白纸短边对折两次后，裁剪出了四张小长方形，悦悦妈妈用这样的方法裁剪出了很多张小长方形。然后，悦悦和妈妈共同把一张张小长方形的短边向内卷成一个个矮纸卷，并用固体胶封边，之后妈妈把热熔胶挤到每个纸卷上，悦悦将一个个纸卷紧紧粘贴在一起,最后在爸爸的搀扶下,悦悦站在了纸卷做成的“桥”上,露出了笑容。

(三) 案例反思

面对即将进入一年级的大班孩子,教师应在活动中渗透、引导幼儿的深度学习,帮助幼儿做好学习准备。这个案例有以下几个亮点。

1. 幼儿主动探究,从学习兴趣出发

该游戏案例中幼儿一共进行了三次探索:如何让纸“立”起来、纸的形态与其承重能力的关系以及亲子活动延伸。在此过程中我们可以发现,大班幼儿已经可以不借助任何辅助材料,单靠改变纸的形态(折叠、卷曲)让纸站立起来,这说明大班幼儿已经掌握了“改变纸的形态可以让纸站立起来”这一关键经验,并能结合生活经验,用吹气的方法检验立起来的纸是否稳固。幼儿从学习兴趣出发,结合自己的已有经验,实现了认知和探究水平的提升。

2. 教师有效支持,让深度学习自然发生

在这个案例中,教师的有效支持有很多,例如在游戏结束后,面向全体幼儿,采用情境重现、问题诊断的方式,进行全员分享,之后抛出问题请幼儿猜测究竟使用哪种折叠方式立起来的纸最稳;提供了游戏记录表,用于幼儿记录猜想与验证探究结果;根据当时实际情况对幼儿使用支持性和鼓励性的动作或开放性和启发性的语言等。在这些过程中,幼儿不断地回忆、反思、调整、再探究,让深度学习自然而然地发生,并初步具备了一定的反思应用的能力,这些对于幼儿进入小学乃至终身学习都具有非常重要的意义。

3. 家长积极助力,让学习品质提升

在第三次探索中,悦悦愿意在家庭中进行探究,可见同伴们的经验铺垫引发了她的探究兴趣。搭建纸桥需要非常多的纸卷,并且纸桥的承重力与纸卷的紧密程度成正比。从整个搭建过程和最终的结果我们可以看出,悦悦手部精细动作灵活,有较强的专注力。同时,家长的参与也让幼儿产生了积极的获得感和成就感,这种成功的体验是幼儿持续学习的动力,长此以往,家园协同,幼儿会将自己在课内、园内、校内的学习内容联系应用到课外、园外、校外乃至生活中,进而形成良好的学习品质。

(四) 案例延伸与迁移

基于该案例,教师可以继续在区域中投放卫生纸、报纸、宣纸、铝箔纸、塑料纸等材料,让幼儿进一步探索如何让这些独特的纸立起来,也可以和幼儿一同开展“‘纸’因有你”“走进纸的世界”“探索纸的奥秘”“了解纸的由来”“感受纸的妙用”等与纸相关的主题活动。

与此同时，幼儿的兴趣点可能会由纸的承重拓展到其他材料的承重；活动区域也可能由科学区拓展到建构区、美工区；探究内容也可能由纸延伸到其他材料。

（案例来源：威海经济技术开发区凤鸣幼儿园　苗诗伟）

（五）案例评析

1. 从幼儿的发展角度分析

第一，帮助幼儿养成了良好的学习习惯。实验后的表征记录、积木倒塌后的整齐摆放、游戏结束后的材料收纳等无一不体现了幼儿良好的学习习惯。

第二，幼儿前书写能力得到锻炼。幼儿运用图形、数字、符号等适合自己的表征方式进行记录，为进入小学后的书写打下基础。

第三，提升了幼儿语言表达能力。幼儿在与同伴交流、讨论中梳理自己的思路，了解所发现事物之间的关系，在交流中根据自己的记录解释“他是怎样做的”“为什么有这样的结果”，使得语言表达能力得到提升。

第四，发展了幼儿的逻辑思维能力。游戏中，幼儿发现积木与纸的接触面大小会影响实验结果，因此在实验时，会将大积木第一个放在纸上，这样积木与纸的接触面积变大，纸上便能够摞更多的积木。

2. 从教师的支持行为分析

第一，教师为幼儿提供了丰富的操作材料，创设了宽松和谐的探究环境。

第二，教师为幼儿提供分享、交流的机会，并对幼儿的成功给予肯定，帮助幼儿归纳和提升经验。

第三，教师在活动中，观察幼儿的活动表现和实验方式，用相机记录下幼儿的探究方式，支持幼儿的探究。在活动小结时，用照片回放的方式呈现幼儿在活动中的实验方法，帮助幼儿回忆，有助于幼儿梳理经验。

第四，将游戏活动延伸至家庭中，指导家长进行亲子探索，促进家园共育。

（案例评析人：威海市教育教学研究院　陈红梅）

二、大班案例“原来数学可以这样玩”

（一）案例背景

教育部下发的《指导要点》指出：“引导幼儿尝试用数学的方法解决日常生活中的问

题。”我们结合3—6岁幼儿年龄特点和发展规律，将数学融入幼儿的一日生活环节，进行了一日生活教育理念下幼儿数学教育的新探索，重视引导幼儿通过直接感知、实际操作和亲身体验获取直接的、感性的经验，逐步发展数学逻辑思维能力，以培养幼儿的数学兴趣，引导幼儿用数学的方法解决日常生活中的问题，减缓幼小衔接坡度。

（二）案例实录

1. 自主签到，智慧成长

一日之计在于晨，美好的一天从晨间签到开始，孩子们在晨检环节是这样做的。

姿怡说：“我是今天的晨检小值日生，负责为入园小朋友测量体温。李悦昕，36.4℃，体温正常；王奕筱36.6℃，体温正常……”测完的小朋友在签到表上认真地记录自己的体温。云夕说：“今天是2023年2月6日星期一，这是我们班的入园签到表，上面有日期和我的签名……”

2. “食”光美好，快乐进餐

美味的早餐时间开始了。梓琪说：“大家好，我是今天的小小报餐员，今天我们吃的是面包、鹌鹑蛋、牛奶，请每个小朋友取1块面包、3个鹌鹑蛋、1包牛奶。”孩子们有序地拿着对应数量的食物。这时，威航喊道：“老师，浩浩拿错了。”其实，每次值日生报完餐，总是避免不了有些孩子忘记或者当时没有听清楚。

今天，餐车前有了新的“环境”，教师提前准备好了图片，并告诉孩子们，请他们仔细观察图片，并按图片上提示的数字来拿取相应数量的早点。孩子们对此活动特别感兴趣，威航看着浩浩的盘子对他说：“浩浩，你取错了，是3个鹌鹑蛋，你取了4个。”经过威航的提醒，浩浩拿出来1个鹌鹑蛋。威航高兴地对着浩浩说：“这下就对了。”

早饭时间即将结束，孩子们陆续将吃完饭的餐盘随意堆放在餐车上。当钰程走来放餐盘时，只听“哐啷”一声，餐盘落地，很多吃完饭的小朋友闻声而来，纷纷抢着捡餐盘。可没多久又是“哐啷”一声，餐盘再次散落在地上。这下孩子们开始相互指责：“都怪你，你推我。”

看到这种情况，教师询问：“餐盘为什么会散落在地？”

姿怡说：“因为我们放得乱七八糟。”

教师追问：“怎样才能将餐盘摆放整齐而且不容易倒？你们观察一下，餐盘上有什么？”

艺铭说：“有吃完的蛋壳、奶袋……”

家禾说：“还有一些剩饭渣渣……”

教师问：“你们有什么办法吗？”

会鹏回答道:“可以将奶袋放到盆里,将蛋壳放进筐子里,将剩饭渣渣放进一个空盘子里……”

最终,小朋友们按照物品分类进行摆放,找到了合适的方法。

3. 花式点名,玩转课堂

吃完早饭,孩子们都陆续搬着小椅子整齐地坐在 3 米线上。

心悦说:“老师,东昀把路口堵住了。”

这时,教师发现一排坐了 6 个小朋友,便问孩子们:“之前咱们约定一排坐几个小朋友呢?”

思怡说:“5 个小朋友。”

“那东昀现在坐在第几个座位上呢?”老师继续问。

孩子们点数后发现东昀坐在了第一排的第 6 个座位上。

心悦说:“东昀,你坐错了! 一排坐 5 个人,你是多出来的,应该坐到第四排去!”

东昀重新找到了位置,孩子们一排一排坐得特别整齐,还减少了一些不必要的安全隐患。

教师说:“小朋友们都坐好了,现在请小值日生点名,并用‘数得快’的方式来数一数今天的出勤人数吧。”

“5,10,15……”很快,值日生统计出了今天的出勤人数。

4. 你追我赶,趣味饮水

考虑到量的比较具有相对性,我们在喝水环节借助实际情境,让幼儿通过操作理解“加”和“减”的实际意义。今天,梓煊兴奋地告诉教师:“我已经喝 6 杯水了,要是我再喝 2 杯水,我就喝到 8 杯水啦。”教师问道:“你喝水的数量是最多的吗?”梓煊回答说:“是的! 是的! 我的是最多的! 我是第一,敏君第二!”教师继续问道:“你比敏君多喝了几杯水呢?”梓煊说:“我的喝水标志在第二排第 5 个,你看,我有 6 根小木棒,敏君的在第三排第 2 个,有 5 根木棒,我比她多 1 根。”教师竖起大拇指:“哇,你好厉害! 那敏君还差几根就凑够 8 根木棒了呢?”“敏君还差 3 根,因为 8 减 5 等于 3。”梓煊骄傲地说。

5. 餐后散步,巧妙过渡

散步环节又有哪些生活中的数学呢? 我们一起看看孩子们是怎么玩的。

在散步环节,教师和幼儿正在玩“老狼老狼几点了”的游戏,教师组织小朋友们分 5 人一组玩,并提醒他们当听到 12 点钟时,5 个小朋友要分到同样颜色的两个呼啦圈里站好。

孩子们开始按 5 人一组的要求进行分组。

子墨喊道:“荣祖,快来我们组吧。”

荣祖问:“你们组几个人了?”

子墨开始点数:“1,2,……5,已经 5 个人了,要不然咱俩去浩文那组吧?”

这时,珉珉说道:“子墨,你走了我们组的人数就不够了。”

…………

孩子们在交流和反复验证后终于组队成功了。

游戏开始了,当说到 12 点钟时,同一组的孩子们开始找相同颜色的呼啦圈。有时一个圈里站 3 个人,另一个圈里站 2 个人;有时一个圈里站 4 个人,另一个圈里站 1 个人……

教师带领孩子们互相观察,并引导孩子们进行思考:“每组是否有 5 个人? 5 个人分到两个圈里可以怎么分?”孩子们边思考边相互交流。

6. 户外活动,创意无限

又到了户外活动的跑酷时间。“哇,这么多的器材! 今天我们要搭建‘翻山越岭’的障碍物,该怎么摆呢?”依泽说。“随便放。”臣臣话音刚落,依泽和程程异口同声地说:“不行!”“那这样摆吧,1 个绿色标志桶、一个红色标志桶,再来 1 个绿色标志桶、一个红色标志桶……就这样一直排列,怎么样?”依泽说。

程程和臣臣一致赞同。

程程提议:“还可以 1 个高的标志桶、2 个矮的标志桶;1 个高的、2 个矮的……”依泽和臣臣又点点头。看来大家都有自己的想法啊,怎么统一呢? 大家意见各不相同。这时,臣臣说:“我们三个人,分别用不同的材料摆,怎么样?”

“好呀。”依泽和程程同意了。

于是,三个小朋友开始忙活起来。依泽说:“我是根据平衡球的颜色,按一个粉、一个绿、一个粉、一个绿的规律摆放的。”程程说:“我是按照跳圈的大小,按两小一大、两小一大的规律摆放的。”臣臣说:“我是根据平衡木的高矮,按一高一矮、一高一矮的规律摆放的。”孩子们为三个小朋友鼓起了掌。依泽说:“我宣布,我们的‘翻山越岭’活动正式开始啦!”

7. 以“动”制动,有序离园

放学时间到了,“挑战一分钟”的游戏闪亮登场:看看谁能够在一分钟内完成穿衣、背包、排队的任务。“18,19,老师,我先整理完,我最快,我只用了 19 个数。”道炫兴奋地喊道。“老师,我也整理完了,我第二,我用了 23 个数”“我第三……”孩子们依次完成了挑战,美好的一天在孩子们忙碌的身影中落下了帷幕。

（三）案例反思

1. 源于生活，注重幼儿的直接经验

幼儿园的生活教育注重随机性和自然性，《指南》指出幼儿的学习是以直接经验为基础，在游戏和生活中进行的。案例中幼儿在早餐结束送盘子环节出现了盘子散落在地的情况，我们没有急于纠错，而是基于幼儿现有的生活知识经验，引发幼儿思考"餐盘为什么会散落在地"，最大限度地支持幼儿自主、自发、全身心地去发现问题、解决问题，引导幼儿在一次次解决问题的过程中，成为积极主动的"自我指导的学习者"。

2. 融入生活，促进幼儿的全面发展

幼儿园生活教育的场景，需聚焦于"真实、身边、日常"，我们将周边有教育价值的"日常"因素，如时钟、日历、计数棒等融汇到活动中，引领幼儿融入生活、回归自然，用自己的身体感官与真实的、富有生活气息的自然环境进行对话，在生活中习得，在操作中积累经验，帮助幼儿培养积极主动、不怕困难、认真专注、勇于探究、团结合作的良好学习品质和能力。

数学来源于生活，生活是数学的宝库。在幼儿数学学习"生活化"的实践中，我们鼓励幼儿主动探索，基于幼儿的数学经验，将数数、计数、统计、分类及加减运算等数学知识渗透于幼儿的一日生活环节，综合运用数学小游戏，让幼儿在生活小游戏中感受数学、运用数学。

（四）案例延伸与迁移

以"生活中的数学"为基点，依据《指南》数学认知目标下"幼儿典型性表现与要求"，将数学认知目标与数学核心经验一一对应，帮助教师了解每个数学活动所蕴含的核心经验，并将其迁移到集体活动、区域活动、家园活动中，构建完整的数学学习体系。

其一，根据幼儿的年龄特点及数学核心经验，精选学习内容，创设情境丰富、趣味横生的游戏化数学活动，使幼儿轻松、愉快地获得数学知识和经验。

其二，在区域游戏中，我们通过激发幼儿的游戏兴趣、科学投放材料以及教师观察解读来提升幼儿的游戏水平与发展水平。

其三，制作"生活与数学"家庭版指导表格，方便家长和幼儿利用家庭中的活动进行数学学习，形成家园合力。

（案例来源：威海经济技术开发区九龙湾幼儿园　刘晓华　侯小丽）

（五）案例评析

1. 基于《指南》，引发学习

《指南》明确指出：要合理安排一日生活，要最大限度地支持和满足幼儿通过直接感知、实际操作和亲身体验获取经验的需要。“一日生活中的数学”活动正是在《指南》精神的指引下，建立在幼儿身心发展特点基础之上，引导幼儿在与“有准备的环境”对话的过程中观察、发现、探究、创造，获得快乐、启迪智慧，促进幼儿身心和谐发展。

2. 搭建“鹰架”，支持探究

鹰架只有发生在学习者的最近发展区之内才真正有效，当幼儿在活动中遇到了比较棘手的问题而无法推进的时候，教师能通过敏锐、深入地观察，理解幼儿的想法和现有经验水平，适时介入，充当幼儿的“脚手架”，鼓励幼儿大胆猜测与假设，支持幼儿观察与验证，引导幼儿记录和整理信息，帮助幼儿形成经验，提供机会让幼儿充分交流，促成幼儿经验的迁移，或者对幼儿当前的思考予以点拨，助推幼儿体验探究的过程，帮助幼儿保持探究兴趣、提升探究能力。

3. 幼儿自主，贯穿始终

我们从“幼儿的生活要有节律感、呼吸感、生长感”的理念出发，基于“问题解决”“高阶思维”“自主学习”“知识创新”等目标引导幼儿深度探索。在整个活动过程中，幼儿表现出强烈的“好奇”“好问”“好探究”，通过提出问题、观察探索、思考猜测、尝试验证、合作交流等方法寻求解决策略，最终合力解决问题，这正是一个高质量学习探究过程的展现。该活动充分体现出幼儿高度自主的深度学习过程，他们在获得多领域知识经验的同时认识了自己的力量并进行有意义的自我建构。

（案例评析人：威海市教育教学研究院　陈红梅）

三、大班案例“我的一天”

（一）案例背景

《指南》在科学领域提出：初步感知生活中数学的有用和有趣。认识时间是大班下学期数学活动中的重要的一环，时间观念的培养对幼儿顺利适应小学生活起着至关重要的作用，而幼儿又常常对抽象的时间概念很难理解，缺乏有效的认知途径。为此，教师精心设计了以图画书《时钟国王》为核心的教学活动，通过故事帮助幼儿了解钟表的基本结构，发现整点秘密，应用整点秘密，同时延伸至生活中的时间应用，从而实现活动目标：一是了解钟表的基本结构，能正确认读整点（重点）；二是建立时间观念，感受时间与生活的关系（难点）。

（二）案例实录

1. 趣味声音导入，开启时钟王国之旅

（1）声音导入，引发兴趣

师：小朋友们，听，这是什么发出的声音呢？

幼：时钟。

师：没错，就是充满魔力的时钟发出的声音。今天，就让我们一同踏入神秘奇幻的时钟王国，去探寻时间的奥秘吧！瞧，热情的欢迎使者来啦！

（2）时钟鸽子出现，幼儿交流钟表结构

时钟鸽子：小朋友们，欢迎来到奇妙无比的时钟王国！在这个神奇的王国里呀，每个人都拥有属于自己的独一无二的钟表。快找找你的钟表藏在哪里吧！它长什么模样？钟表盘上有哪些奇妙的东西呢？赶紧拿出来和小伙伴们分享一下！

幼儿相互交流自己带来的钟表。

师：小朋友们，你们有没有发现，虽然我们的时钟样子各不相同，但表盘上的东西似乎是一样的。那么，表盘上都有什么呢？

嘟嘟：大家好，我的是足球钟表，是绿色的，上面有时针、分针和秒针，还有 12 个数字，每个数字之间有 5 根小线，1 根小线代表一分钟，从数字 1 到 2 代表 5 分钟。

师：嘟嘟小朋友就好像是一个时钟小达人，把他的钟表讲得仔仔细细、明明白白。

左左：大家好，我的钟表是一个小兔子，里面有三根针，还有 12 个数字。

师：可爱的左左有一个可爱的小钟表，左左也为我们介绍了钟表上有三根指针和 12 个数字。

小艾：我的巧虎钟表上有两根指针，分别是时针和分针，还有 12 个数字，我每天都用它定闹钟。

师：小艾有一个可爱的巧虎钟表，而且他每天都用它定闹钟，小艾一定是一个守时的孩子。

（3）时钟鸽子小结，了解钟表基本结构

师：小朋友们有没有发现，咱们大家有这么多种钟表，虽然它们的样子长得不一样，但是钟表盘上的内容好像都一样，都有什么呢？

二宝：钟表上都有三根指针，还有 12 个数字。

栾馨：有的钟表只有两根指针。细细长长的是分针，短短粗粗的是时针。

师:我们的发现对吗?让我们听听时钟鸽子怎么说吧!

时钟鸽子小结:我们用只有两根指针的钟表举例。钟表上这两根极为重要的指针,一根是长针(分针),另一根是短针(时针)。钟表上还有12个数字,它们有规律地排列在钟表四周。最上面是12,最下面是6。小朋友们,我来考考你们,你们知道长针和短针谁跑得快,谁跑得慢吗?(在幼儿回答时演示拨动钟表)长针跑得快,短针则跑得缓慢。长针跑一圈,短针才跑一个格。小朋友们,在时钟王国里还有很多很多的秘密,接下来我们一起去探秘吧。

【设计意图】在导入环节,以时钟的声音吸引幼儿的注意力,自然地引入图画书《时钟国王》,让幼儿置身于图画书情境之中。接着,时钟鸽子出现,邀请幼儿自由交流钟表结构,最后进行小结,帮助幼儿梳理对钟表基本结构的认知。

2. 图画书初读探秘,解锁整点的秘密

(1) 教师读图画书,幼儿探究整点的秘密

教师讲述图画书至6点一起做早操、7点吃早饭、8点一起干活等处,及时提问,如"小朋友们,我来考考你们,时钟王国里的人们是几点做早操的呢?"

小艺:6点。

师:听得真仔细。

教师出示6、7、8点的图片:哪个是6点呢?你是怎么知道的?

暖暖:第一个,因为长针指向12,短针指向哪个数字就是几点。

师:暖暖说得真不错,她好像已经发现了这个秘密,那第二个是几点呢?

幼儿:7点。

师:第三个呢?

幼儿:8点。

师:它们三个有什么相同点?

跃跃:长针都指向12。

师:那6点的短针指向几呢?

妹妹:指向6,7点指向7,8点指向8。

师:哇!真不错!孩子们,那你们能尝试说说你们发现的整点的秘密吗?

佳禾:整点的秘密就是当长针指向12的时候,短针指向几就是几点。

师:大家同意佳禾的说法吗?咱们一起来说一次吧。

(2) 幼儿读图画书,巩固对整点的认识

师:既然大家都发现了整点的秘密,接下来我们来看看,时钟王国的人们都在做什么呢?我们请小朋友来试着讲讲。

教师出示图画书上午 10 点到下午 5 点的图片，请幼儿讲述故事。

山禾：10 点出去遛狗。

馨馨：12 点吃午饭。

小艺：下午 1 点睡觉。

鹏博：下午 2 点起床做运动。

蓝儿：下午 3 点摘果子吃。

跃跃：下午 4 点玩游戏。

美雪：下午 5 点看书。

(3) 操作钟表，加深对整点的认知

教师出示图画书下午 6 点到晚上 9 点的图片，请幼儿操作钟表。

师：时钟王国里人们的一天还没结束呢。接下来，时钟王国的人们又会做什么呢？我来讲故事，小朋友们来帮他们拨动钟表，好吗？

教师讲述故事，幼儿拨动钟表，教师巡视。

师：看来咱们大班的小朋友都是时钟小达人，不仅能发现时间的秘密，还会在钟表上拨出相应的时间。

【设计意图】本环节是整个活动的重点部分，对应活动重点目标的实现。在本环节中，教师巧妙地利用《时钟国王》故事内容(从早上 6 点到晚上 9 点的故事)，将其分为三段时间，层层递进，达成活动目标。首先，教师利用 6、7、8 点的图画书内容带领幼儿探究发现整点的秘密；在知道整点秘密的基础上，让幼儿讲述从上午 10 点至下午 5 点的内容，巩固幼儿对整点的认识；而后出示图画书从下午 6 点到晚上 9 点的图片，请幼儿实际操作钟表，加深对整点的感知。就这样，幼儿从探究、了解整点的秘密，到应用整点的秘密，再到实际拨动钟表，逐步掌握整点知识。

3. 回顾我的一天，初建时间观念

师：小朋友们，这是时钟王国里人们的一天，和我们的一天一样吗？(有的一样，有的不一样)我们在幼儿园的一天是什么样的呢？我们都在几点做什么事呢？(请幼儿简单交流)

小艺：我早上 8 点到幼儿园，8:30 吃早点，下午 4 点放学。

糖包：我们 10 点出去玩。

山禾：我们 12 点睡午觉，下午 2 点起床。

苗苗：我们 12 点睡午觉，12:30 还在听故事。

师：小朋友们，看来大家都很了解我们在幼儿园的一天生活了，今天老师准备了笔和纸，请大家一起去画一画我们的一天吧。

幼儿交流分享自己的一天。

教师小结：小朋友们，无论是时钟王国里人们的一天，还是我们的一天，是谁在告诉我们到了几点该去做什么事情呢？是时间。假如有一天，我们的生活中没有了时间，那会怎么样呢？我们继续来听故事。

【设计意图】本环节旨在带领幼儿从图画书情境中跳出，回归生活。幼儿交流并画出自己的一天中各项活动及对应时间，这样既能帮助幼儿再次巩固对整点的认知，同时也能带领幼儿感受自己生活中的时间，初步建立时间观念。

4. 再读故事，感悟时间与生活

教师继续分享图画书——时针丢失。

师：小朋友们，时钟王国里发生了什么事情呢？王国里的人们没有了时间，他们的生活变成什么样了呢？

仁鹤：时钟国王把他的指针藏了起来，导致王国里的人们没有了时间，乱成了一锅粥。

师：如果我们的生活中没有时间会怎么样呢？

小黄：如果我们的生活中没有时间，我们的厨房叔叔就不知道几点做饭，那我们就会饿肚子。

薯条：我们的生活中没有了时间就不知道几点上学、几点放学，我们就没办法回家了。

师小结：时间在我们的生活中非常重要。如果没有时间，我们的生活就会陷入一团混乱，不知道什么时候该做什么事情。时间就像一位小小的指挥家，指挥着我们的生活，让我们的每一天都过得很有规律、很充实。小朋友们也要慢慢地学会认读时间，这样才能真正成为自己生活的指挥家！

师：小朋友们，现在几点了呢？

幼儿：9 点。

师：9 点我们该做什么事啦？

幼儿：我们要去户外运动啦。

师：那我们一起先喝水、小便，然后去户外运动吧。

【设计意图】“感受时间与生活的关系”是本次活动的难点。幼儿虽然在前面环节初步感受到了时间与生活的关系，但真正理解二者之间的关系并非易事。因此，本环节教师继续利用图画书后续内容——时针丢失的故事内容，帮助幼儿感受时间与生活的关系，并延伸至自己的生活，从而实现活动的难点目标。

（三）案例反思

1. 活动价值

活动以图画书为载体，引导幼儿探究时钟结构和整点的秘密，探究式的学习方式有助于激发幼儿的学习兴趣和主动性，培养幼儿的观察力、思维能力和解决问题的能力。幼儿从探究整点秘密到应用整点秘密，再到实际操作，逐步深入地学习时间的知识。这一过程符合幼儿的认知发展规律，为幼儿进入小学后的学习奠定了基础。同时，活动中幼儿了解时钟的结构和整点的认读方法，认识到时间在生活中的重要性，初步建立了时间观念，为适应小学的生活节奏打下基础。最后，活动中幼儿之间进行交流分享，如交流自己的钟表结构、讲述故事等，提升了幼儿的合作交流能力和表达能力，为适应小学的社交环境做好准备。幼儿在操作钟表和分享自己一天的活动中，逐渐学会遵守时间规则，这有助于培养幼儿的社会责任感和规则意识。

2. 反思不足

活动中教师对个别参与度低或理解有困难的幼儿关注不足，未及时给予针对性指导；部分环节中时间安排不合理，影响活动效果；与生活的联系待加强，虽活动末尾引导幼儿感受时间与生活关系，但过程可以再优化。

(四) 案例延伸与迁移

我们基于本次集体教学活动，在班级的区域中投放了多个不同类型的钟表，如电子钟、闹钟等，也在图书区投放《时钟的书》《鸭子叔叔的时钟》《分针大冒险》等图书，让幼儿在自由活动时间继续探索钟表的奥秘，巩固对时间的认识，也帮助幼儿适应小学阶段时钟相应内容的学习。

在班级中绘制日常作息时间表，并张贴在显眼的位置，帮助幼儿了解每天各个活动的时间安排，培养他们遵守时间的习惯。教师可以组织幼儿开展“按时完成任务”的小活动，给幼儿布置一些小任务，如在规定时间内整理好自己的书包、完成一幅绘画作品等，增强他们的时间管理意识。

家园合作方面，鼓励家长在家中与幼儿一起绘制家庭作息时间表，共同遵守时间安排，如每天晚上几点洗漱、几点睡觉等，让幼儿在家庭环境中也能养成良好的时间观念；家长可以在日常生活中引导幼儿关注时间，如在做饭时让幼儿看时钟，了解做饭需要多长时间，出门前提醒幼儿注意时间，避免迟到等。

主题活动拓展，可在班级中开展“时间的奥秘”主题活动，深入探索时间的概念，如了解不同的计时方法（日晷、沙漏等）、时间的单位（秒、分、时、天、周、月、年等）以及时间的流逝对自然和人类生活的影响等。

以绘本教学方式拓展，基于幼儿在绘本教学中学数学的兴趣，教师可以拓展更多数学或其他领域绘本，帮助幼儿在绘本阅读中培养阅读兴趣和能力，培养其倾听与表达的能力，引导幼儿在绘本中学习数学的知识，并用来解决日常生活中的问题等，做到各项能力方面的衔接。

以上延伸与迁移活动可以进一步巩固幼儿在本次活动中所学到的时间知识，培养他们的时间观念和时间管理能力，同时也可以促进幼儿在多个领域的发展和成长。

（案例来源：威海经济技术开发区皇冠幼儿园　车晓红）

（五）案例评析

以图画书《时钟国王》为依托的集体教学活动设计精巧，目标明确且在活动中得到了较好的达成，并设计了丰富的延伸活动。活动中教师采用了多样化的教学方法，极大地提高了幼儿的参与度和学习效果，使幼儿多项能力得到发展。一是自主性发展。在整个活动中，教师多次为幼儿提供了自主探索的机会，鼓励幼儿大胆表达自己的观点和想法，如在交流钟表结构、认读整点、讲述绘本故事以及分享自己的一天等环节中，幼儿有充分的机会用语言表达自己的认知和感受。二是观察力的发展。在观察钟表结构和认读整点的过程中，幼儿的观察力得到锻炼，能够注意到钟表上的指针、数字等细节。三是语言表达能力的发展。幼儿在交流分享自己的时钟、讲述故事和交流自己的一天等环节中，有机会表达自己的想法和观点，语言表达能力得到提升。四是时间观念的建立。通过这个活动，幼儿初步建立了时间观念，了解到时间在生活中的重要性，为适应小学的作息时间和学习生活做好了准备。

总体而言，这个活动是一个较为成功的幼儿教育活动，非常具有参考价值和借鉴意义。希望教师在今后的教学实践中，不断总结经验，进一步优化活动设计，为幼儿的成长和发展提供更加优质的教育服务。

（案例评析人：威海市教育教学研究院　陈红梅）

第七章　入学准备的教研支持

教研制度是中国特色教育制度体系的重要组成部分，是我国基础教育的优良传统。当前，教研已成为幼儿园保育教育工作的重要组成部分，是幼儿园质量保障体系中不可或缺的重要机制，是研究解决保育教育实践中的实际问题，为广大一线教师提供专业服务与指导的基础性工作。而幼小衔接历来是幼儿园教育工作中的一项重要任务，长期以来，受传统文化和学制影响，幼儿园和小学分属于不同的学段，在课程内容、教学方式、教师专业素养要求上存在较大差异，两个学段相互分离、互不衔接，很多儿童在入学时面临不同程度的困难，这成为基础教育的痛点难点问题。深化和加强教研工作，通过共同研究和实践，努力探寻解决问题的方法和策略，成为提升幼儿入学准备教育质量的重要路径。

第一节　入学准备教研中存在的问题分析

强化教研对入学准备教育的专业支持作用，首先需要明确当前在开展入学准备教研中存在的突出问题。只有明确问题，才能有效确定、创新和拓展入学准备教研工作的思路及方式方法，找到教研支持的行动起点。

一、教研工作机制不"通"

(一) 教研指导机制不健全

教研员是教研工作的主要承担者，"指导"是教研员的重要工作职责。教育部印发的《关于大力推进幼儿园与小学科学衔接的指导意见》对教研员的"指导"职能做出了明确的要求："教研人员要深入幼儿园和小学，根据实践需要确定研究专题，指导区域教研和园（校）本教研活动，总结推广好做法好经验。”教研员指导职能是否有效发挥，从某种程度上决定了有关入学准备区域教研、联合教研及园本教研的质量。从当前来看，入学准备教研指导机制仍不健全。

1. 专职教研员配备不足

教研指导职能的发挥需要数量充足、专业发展水平较高的教研员，特别是具有相对稳定性的学前教育专职教研人员。但当前许多地区尚未配备一定数量的、专业素养水平较高的专职教研员，这不仅严重影响了入学准备区域教研工作开展的频次及水平，而且制约着幼小联合教研以及园本教研的质量。教研员的配备不充足主要体现在两个方面。一是绝对数量不足，2018 年高丙成对“全国学前教育教研员满意度”进行了调查，结果显示，学前教研员配备的满意度得分最低，当年全国尚有一半左右的区县没有配备学前教研员。按照国家《“十四五”学前教育发展提升行动计划》等文件要求，每个区县应至少配备一名专职学前教育教研员。二是相对数量不足，一些地区虽然配备了一名或多名专职教研员，但区域内幼儿园数量较多，受时间和精力限制，教研员无法有效发挥研究、指导、服务作用。同时，教研队伍结构不合理，缺少有工作经验、学历高以及水平高的教研员也是教研员相对数量不足的重要表现。

2. 教研指导责任区制度不完善

早在第一期和第二期学前教育三年行动计划中，国家就对教研指导责任区制度进行了设计，明确提出了“划分责任区，具体落实到人”“健全各级网络，全面覆盖到园”“优质园传帮带，薄弱园重点扶”“完善区域教研，解决实践问题”的具体要求。[①] 目前虽然各地通过建立幼小衔接教研共同体、组建教研联盟、配备教研指导专家等方式不断提升教研指导的质量，但整体来看，仍存在指导主体不明确、指导缺少计划性和连续性、指导不精准、缺少针对性和实效性、指导覆盖面不全等问题。

3. 教研指导的反馈机制不健全

实现教研指导的精准化和实效性，需要建立灵活有效的反馈机制，反馈在指导目标和指导结果之间架起了不断调整和改进的桥梁。随着国家对幼小衔接工作的不断重视，各地围绕入学准备、入学适应等内容开展的教研指导越来越多，但指导是否有效促进了教师入学准备教育实践，是否促进了教师专业素养提升却未可知，这主要缘于教研指导中尚未建立起合理、有效的反馈机制。一方面，教师缺少向上反馈的渠道，不能将自身在入学准备教育工作开展及教研中存在的问题，定期向教研指导人员反馈；另一方面，一些教研员也缺少听取一线教师困惑、问题和心声的主动性和积极性，调查研究工作开展不

① 刘占兰.加速提质，建好教研指导责任区[N].中国教育报，2021－04－11(3).

足。反馈机制的不健全使教研员无法有效确定教师的实践和专业发展需要，致使教研指导的效果大打折扣。

(二) 联合教研机制建设不完善

开展跨学段的教学与研究通常需要用到联合教研的方式。联合教研是联结幼儿园与小学的重要桥梁，有利于幼儿园和小学双方主动创新教研方式，捕捉幼小衔接教育的真实问题，通过共同的研究和探索找到相应的解决措施。[①] 当前，入学准备联合教研机制建设还存在一些问题，主要表现在以下两个方面。

1. 双向衔接机制不完善

入学准备的联合教研应是幼儿园与小学的双向奔赴，是双方基于更高质量落实立德树人根本任务而开展共同研究和探索的过程，但在幼小联合教研中，幼儿园“一头热”“一头沉”的情况还较为普遍，常常是幼儿园向小学邀约教研，小学被动受邀，主动性欠缺，特别是在 1 所小学对口多所幼儿园的情况下，小学主动发起教研的热情更加不足。在教研行动方面，基本上也是幼儿园单向向小学靠拢，小学对幼儿园提出要求，幼儿园落实。

2. 常态化联合教研机制不完善

联合教研作为解决幼儿园入学准备教育问题的一种重要教研形式，需要不断趋于规范和常态，只有建立常态化的联合教研机制才能有效和深入解决入学准备教育中存在的问题。当前的联合教研仍呈现出偶发性、随意性强等问题，缺少对教研目标、频次、内容、流程、评价等方面的系统规划和设计，仍或多或少存在教研目标层次性和递进性不强、教研主题间缺少联系性、教研流程设计不科学、教研评价缺少实践性等问题。

二、教研活动质效不“高”

(一) 教研问题价值不高

教研问题不一定是现成的、既定的问题，而是幼儿园教师关注到的某种实然状态与设想中或清晰或朦胧的状态不一致而产生的差异，它能引发幼儿园教师对这种差异做进一步的探究，以验证怀疑或困惑的真实性和合理性。[②] 提炼和研究真实的、有价值的问题，是有效开展入学准备教育区域教研、联合教研以及园本教研的关键所在。当前，入学

① 陈秋梅.联合教研：促进幼小衔接课程的构建[J].基础教育课程，2023(11)：20－25.
② 顾荣芳，虞永平，於金滟.幼儿园教研基本问题的思考[J].早期教育，2022(44)：24－27.

准备教育教研中确立的诸多"问题"质量还不高,缺少研究的价值和意义。

1. 教研问题泛化

问题泛化主要表现在研究的问题过大、过空、针对性不强,研究时泛泛而谈、浮于表面,缺少对问题价值导向和目标导向的深入剖析和细化。比如,研究如何帮助幼儿养成良好的学习习惯、如何帮助幼儿做好身心准备等问题,这些问题过于泛化,针对性不强,未聚焦于教师在培养幼儿学习习惯或帮助幼儿做好身心准备中遇到的具体问题和关键问题。问题的泛化有可能导致教研过程缺少深度、教研结论空洞等问题,不利于幼儿园保育教育实践的改进。

2. 教研问题忽视儿童视角

有些关于入学准备教育的教研虽然找到了关键问题,但是确定教研问题时却忽视了儿童视角。比如,在大班阶段,幼儿园和小学会共同关注激发幼儿的入学愿望,并以参观小学的方式来达成这一育人目标。但在选择教研问题时,教师们常将问题聚焦在如何参观以及参观路线的设计等方面,却较少研究在参观小学活动中如何追寻幼儿的兴趣和需要,如何激发幼儿主动参观的兴趣等问题。

3. 教研问题研究缺少持续性

教研活动问题设计不具有持续性、跟进性、螺旋上升性也是教研问题价值不高的表现。在许多入学准备教研中,常常是一次教研一个问题,无论此次研究的问题是否真正被解决,都会在此画上句号,缺少对问题持续、深入的研究,特别是在开展频次较少的区域教研或联合教研中,问题研究持续性不强的现象更加凸显。

(二) 教研主体参与度不高

教研主体积极参与教研,并主动将教研内容与自身实践相联系,是保证教研活动质效的关键所在。在有关入学准备的教研活动中,幼儿园的园长、教师,小学的校长、教师,教育行政人员、教研员、高校专家、家长、社区工作者等都会成为教研活动的主体。教研主体性"在场"缺失是幼小衔接教研中存在的突出问题。这种缺失主要包括"主体性不'在场'""主体性'伪在场'""主体性超常'在场'"等情形,且各有不同的表现和原因。[①] 主体性不"在场"主要指在入学准备的各类教研活动中,幼儿园大部分教师以及家长、社区工作人员等参与的机会较少,且参与热情不高。他们常将教研活动当作领导安排的工作任务,是不得已参与的活动,缺少参与教研的内在动力。特别是社区人员和家长,他们会主动将自身角色定义为"配合者""旁观者",在教研中的"发言"也多是对教师观点的进一

① 李晶晶.校本研修教师主体性"在场"的缺失与唤醒[J].继续教育研究,2015(6):59－61.

步论证和举例，对相应问题缺少深度的思考和理解。主体性“伪在场”则主要表现在教研中的“研究性”不足。一些教研看似每位参与者都能够畅所欲言，充分表达，但我们仔细分析会发现，参与者之间并没有形成一种有效的交流和互动，还停留在知识分享、经验交流的层面，缺少对问题的深度分析和思考，形成的问题解决策略也与平常所用方法没有太大差别，未研究出具有可操作性、针对性的策略和方法。主体性超常“在场”主要指教研中的“专家”过度指导，一些高校专家或教研员在教研中过度引领，喜欢将自己的观点直接抛给教师，缺少对教师思维的启发，不注重教师反思能力的培养，剥夺了教师在教研中的主体地位，导致教师在面对各种问题时存在依赖心理，不愿积极主动思考。

（三）教研形式适宜性不强

教研形式具有多样性，研究课、教学案例、跟岗研修、现场考察、互动讨论、头脑风暴、观点交锋、讲座、论文、专家答疑、同课异构、团队磨课、跟踪指导等都是重要的教研形式。[①] 根据不同的教研目的，选择的教研形式也会存在差异。幼小衔接教研形式存在较为传统和单一，创新性不强，选择缺少层次性、递进性和针对性等问题，不能有效推进教研目的的实现。讲座、同课异构、现场考察是当前入学准备教研中较为常用的几种形式，这些形式对澄清入学准备中涉及的理论问题，推进幼儿园教师和小学教师进一步理解幼儿园和小学在课程内容选择、课程组织实施中的差异等方面具有重要的价值和意义。但这种“一人讲、多人听”“听一听、看一看”的模式，使许多教师成为教研的“旁观者”，不利于调动他们参与的积极性，难以引发他们对问题进行深度思考。此外，教研形式不能有效推进教研目的的实现，也是当前教研中存在的突出问题。许多教研活动不能根据教研的目标、内容、参与主体等来灵活选择教研形式，教研形式单一、缺少变化性和针对性；或者为了创新而创新，多种形式堆积，不考虑不同教研形式在推进问题解决、促进教师专业发展中的独特价值和意义，不考虑问题解决和教师专业发展本身所应遵循的逻辑性和次序性。

（四）教研结果理解有偏差

每一次教研活动都是为了解决教学工作中的实际问题，既有“研”，必有“论”。有效的教研活动应当有一个明确的结论，并由此推进和完善教学工作。否则，教研活动就失去了它的实际意义。[②] 当前入学准备教研中，对结果的评价方面仍存在一些问题。一是

---

① 陈晓葵.创新教研形式引领教师课改实践[J].中国教育学刊，2014(7)：104.

② 李亚蓉.对园本教研的思考[J].教育导刊，2015(4)：54－56.

对教研结果的认识较为窄化。教研结果是通过教研而形成的结论，这个结论既可以是针对教研问题形成的解决策略，也可以是一项方案，或者是教师们对某种理念或观点的澄清和再认识。因教研目的和教研问题的不同，教研结果呈现出多种形式和样态。而在实践中，教师们对教研结果的认识还较为狭隘，常将教研结果理解为解决问题的策略、方法、路径等"可视"的结果样态，忽视对教师教育理念、反思能力、幼儿学习特点和方式等科学理念、专业能力及专业知识的获得和关注。二是缺少对教研结果应用的追踪、调查及复盘反思。开展教研活动后，一些教师常处于"听明白了，似乎又没真正明白""好像会做了，但第二天又糊涂了"的困境。这缘于许多入学准备教研虽然总结梳理出了教研结果，但教研参与人员没有跟进结果在实践中的应用，缺少针对性的实操练习，未真正形成教研的评价和反思机制，导致教研结果对指导和改进教师的教育教学实践大打折扣。

（五）教研活动评价意识不强

精心策划的教研活动完成以后效果如何，是否达到预期的目的，还应做哪些必要的改进等，这些问题都很重要。因此，有必要对教研活动的质量进行评价，以促进教研水平不断提升。① 当前围绕入学准备开展的各类教研活动，活动评价的效果和质量仍有较大提升空间。

1. 评价意识淡薄，不进行评价或随意评价

我们通过实地观察和调研，发现教研活动评价成为入学准备各类教研活动中"缺失的一环"。许多教研活动都在形成教研结果后便宣布结束，缺少对活动目标、环节、过程、效果等方面的回顾和反思，有时即便设计了评价环节，也主要是简单总结或教研主持人的个人评价。特别是在区域教研或联合教研中，由于参加主体更加多元，相互之间不熟悉，信任感不强，评价环节更容易成为浮于形式的活动流程。同时，教研评价随意性较强，缺少合适的工具和框架，也是评价意识淡薄的重要表现。

2. 评价以外部评价为主，缺少自我评价

入学准备教研活动是教研主体围绕相关教研问题开展研究的过程，活动成效如何，参与的教研主体最具发言权，但往往在对教研活动进行评价时，教研主体缺少话语权。特别是在一些行政人员、教研员、高校教师参与的教研活动中，普通教师更是缺少参与评价的机会。自我评价的缺失使教师丧失了对教研活动的质量和效果进行深度思考的契机，不利于教研活动的持续改进。

---

① 陈坚.教研活动的策划、流程与评价[J].教学与管理，2012(11)：33－35.

三、教研成果推广不“力”

入学准备教研是学前教研中一种具有鲜明特点的专题性教研，它跨越两个学段，关涉幼儿园教师、小学教师、家长、社区人员等多个群体，相比于其他教研内容，入学准备教研在教研目标、教研主体、教研问题等方面都呈现出一些独有的特点和规律。在这样一个相对较复杂的领域，由于研究水平和能力的不同，各级各类教研活动质量呈现出参差不齐的样态。一些高质量的入学准备教研活动不仅有效反映了教育教学规律，而且教研结果也呈现出独创性、新颖性和实用性，有效提升了幼儿园、小学的教育教学水平和质量，对实现培养目标产生了明显的效果。但也有一些教研活动浮于表面、缺少研究的深度，未能有效解决幼儿园在入学准备教育中遇到的问题，成为一种“行政命令式”的或“赶时髦”的教研。面对这种现实困境，通过凝练、推广优秀教研成果，以优秀成果引领和带动入学准备教育工作改革创新，是一种行之有效的方式方法。但当前不论是教研机构，还是幼儿园和小学，在成果的培育和推广方面都还存在一些问题，需要进一步得到解决。

1. 教研成果推广意识不强

一是对成果推广缺少组织性和计划性，没有把教研成果的推广与幼儿园日常入学准备教育工作紧密结合。二是推广的内容缺少针对性和创新性，教研成果的推广主要是为了解决和解释入学准备教育工作开展中存在的重点、难点问题，不断提升幼小衔接的质量，但从实际来看，当前推广的一些成果实践基础还不强，创新性和深度不足，无助于从整体上促进区域内幼儿园入学准备教育工作的改革提升。

2. 教研成果推广的覆盖面小

当前对入学准备教育教研成果的推广，大多是通过教育行政部门、教研部门组织的现场研讨和专题交流活动，以及教育部门官方微信公众号、网站，这种推广形式的受众多限于教研人员和教师群体，家长及社区人员等群体往往不易接触到，这就造成成果推广很难产生较强的辐射效应。同时，在成果实践检验方面，多数教研成果的检验都是由一线教师自己进行的，缺少教研员、高校专家等力量的参与和帮助，这导致推广成果的科学性、适用性、实用性无法得到有效检验，教研成果推广的价值有限。

第二节　入学准备教研支持的有效路径

明确入学准备教研支持中存在的问题后，需要探寻有效的路径来解决这些问题，以有效发挥教研在提升幼儿园入学准备教育质量中的作用。本节主要从畅通教研工作机制、提高教研活动质效、加强教研成果的推广和转化三条路径进行详细阐述。

一、畅通教研工作机制

（一）健全教研指导机制

1. 配齐配足学前教育专、兼职教研员

配齐配足专、兼职教研员特别是专职学前教育教研员是健全入学准备教育教研指导机制的重要前提。数量充足、专业素养水平较高的专职教研员，可以更加有效指导或参与有关入学准备教育的区域教研、联合教研和园本教研。每个区县都要按照国家要求，至少配备一名学前教育专职教研员，所辖镇街和幼儿园较多的区县可以根据实际需要增配专职教研员。存在行政、教研混编混岗，教研员编制与岗位不一致等问题的，需进一步厘清具体分工，明确专职教研员负责教研工作。同时，要建立多种形式的教研员培训制度，根据不同专业发展阶段教研员的需求，开展具有针对性的培训和研修，促进教研员理念更新、能力提升。

2. 健全和完善教研指导责任区制度

教研指导责任区制度的健全和完善，能够及时解决教师在入学准备教育实践中的问题，不仅对提升入学准备教育质量、促进幼儿园教师专业发展具有重要意义，而且对缩小县域内城乡幼儿园差距、全域推进幼小科学衔接具有重要价值。完善入学准备教育教研指导责任区，首先要建立符合区域现实情况和需要的教研指导责任区工作框架，科学划分责任区，确保教研活动覆盖到每所幼儿园和每位教师。其次，要探索多种形式的责任区组建模式。根据幼儿园性质、种类、办园质量等方面的差异，坚持共建、共享、共赢的原则，充分发挥城区优质幼儿园、公办乡镇中心幼儿园的辐射带动作用。最后，要健全和完善入学准备教育教研责任区质量监测和评价机制。定时对责任区开展相关教研的频次、内容、效果等进行评价，确保教研活动的实效。

3. 健全完善教研指导反馈机制

有生命力的入学准备教研活动应该是一个动态生成、螺旋上升的循环系统。根据系统科学的反馈原理，“系统必须通过信息反馈，才能实现有效地控制，达到预期的目的”①。针对教师反馈渠道不畅通，教研指导人员跟进缺少主动性的问题，可以从以下两个方面着手。一是畅通教研指导信息反馈渠道。通过问卷、访谈等多种方式定期对教师、家长、社区人员等参与教研活动的主体开展调研，收集、了解教研指导中存在的问题，并将调研结果与教研指导改进紧密结合，以客观调研和科学反馈为抓手改进指导质量。同时，积极探索建立行政部门、教研部门、幼儿园、小学及高等学校等相关单位共同评估教研指导质量的评估体系，将过程性评估和诊断性评估有机结合，有效提升教研活动指导质量。二是通过多种方式调动教研指导人员的积极性和主动性。建立科学的考核评价机制，将入学准备教育教研指导工作作为专职教研员工作考核的重要内容，纳入兼职教研员的工作总量。建立激励机制以及优秀专、兼职教研员培养管理机制，定期开展优秀专、兼职教研员评选活动，加大表扬力度，评选并宣传教研员队伍中的榜样典型。

（二）贯通联合教研机制

1. 完善幼小双向联动教研机制

入学准备教育主体虽然是幼儿园，但幼儿高质量的入学准备一定是幼儿园和小学共同努力、双向衔接的结果。有学者认为，有效开展幼小双向衔接的首要任务是完善体制机制建设，加强顶层设计，由地方教育行政部门牵头，建立由多部门共同参与的双向衔接协同保障机制，强化双向衔接的行政约束力和执行力。② 要想建立双向衔接协同保障机制，多部门应协同发力，如县级教育行政部门应明确辖区内幼小园与小学的结对情况，推进幼儿园和小学组建双向衔接教研共同体。教研部门要围绕幼小衔接主题，定期组织区域教研活动，定期调查幼小衔接联合教研情况。小学学段的教研员要主动和学前段的教研员联系和沟通，并督促小学主动与幼儿园对接。幼儿园和小学要克服联合教研中存在的形式主义倾向，明确各自学段幼小衔接教研的重点、难点，以及幼小联合教研的重点、难点，有计划、有步骤地开展园（校）本教研和联合教研，切实将联合教研作为促进幼小科学衔接的有效途径和方法。

2. 构建常态化联合教研机制

开展常态化联合教研，是提升幼儿园和小学联合教研成效、促进幼儿园做好入学准

---

① 朱鋐雄.物理教育展望[M].上海：华东师范大学出版社，2002.

② 黄茜.幼小双向衔接的视角转换与实践策略[J].学前教育研究，2023(8)：91－94.

备教育工作的重要保障。幼儿园和小学作为联合教研最重要的发起单位，要强化合作，做好系统设计和规划，形成完善的联合教研制度，对联合教研的总体目标、要求、频次、内容、流程、效果等做出规定，并做好制度的落实。同时，幼儿园和小学要积极探索和构建联合教研的模式。幼小衔接联合教研不同于一般意义上的联合教研，它有着跨学段、目标广、主体多、内容庞杂、实施困难等特征。面对这些复杂的情况，探索和构建幼小联合教研模式具有重要的价值和意义，模式的构建不仅能够优化联合教研的流程，提升教研成效，而且能够减轻教师设计和开展教研活动的负担，这对于推动常态化联合教研的开展具有重要作用。

二、提高教研活动质效

（一）有效选择和确定教研问题

确定教研问题，是教研活动开展的第一步。选择的教研问题是真问题、值得研究的问题，是有效开展入学准备各类教研活动的关键所在。若想解决教研问题泛化、教研问题缺少儿童视角、缺少持续性等问题，需要立足教育现场、加强理论学习、做好问题分解。立足教育现场，需要教师们增强对教育实践研究的敏感性，及时发现和反思入学准备教育实践中存在的问题，随时将问题记录下来，并通过多种方式对问题加以聚焦，透过现象看到问题的本质所在。加强理论学习同样是提高问题质量的有效途径。实践中，有些教研问题虽然是真实存在的问题，但这些问题已经被其他研究者研究并得到了有效解决，在某种程度上，它们便不再具有研究的价值和意义。因此，在选择教研问题之前要进行大量的文献查阅和梳理，查阅和梳理文献不仅有助于筛选出真实、有效的问题，而且能够帮助教研人员明确哪些问题是当前入学准备教育中需要研究和探索的重点、难点问题。做好问题分解既是深入做好入学准备教育研究的重要方法，也是保证教研问题连续性和螺旋上升性的有效途径。教研主体要根据问题解决的逻辑，通过集体审议等方式将教研问题细化为若干个具体的问题，并根据问题的性质，确定教研目标和教研形式，逐个击破和解决。

（二）积极调动教师参与教研的主动性

教师是推进幼小衔接工作最重要的主体，教育行政部门、教研部门、幼儿园和小学要采取有效措施调动教师参与有关幼小衔接的区域教研、联合教研以及园本教研的主动性和积极性。一是教研部门、幼儿园要根据区域和园所幼小衔接工作推进情况，健全和完善各项教研活动制度，如《教研管理制度》《教研组活动制度》《教师业务学习研讨制度》《管理人员跟进指导教研活动制度》《教研质量评价制度》等，以制度保障教师的参与权、选择权，给予教师自主策划、组织、改进教研活动的空间和时间。二是教研员、园长等要高度重视幼小衔接教研活动的价值，帮助教师制订科学合理的教研计划，并积极参与到教研活动中。教研员和园长要努力突破单一“指导者”的身份，真正作为教研活动的一员参与到教研活动中，与教师们一起研究、共同成长。三是积极营造民主、平等、和谐的教研氛围。教研部门和幼儿园要强化教研共同体建设，尊重教师在教研中的主体地位，构建以人为本的教研文化，探索使用世界咖啡、六顶思考帽、思维导图等方式，让教师在宽松、安全、人性化的环境中针对问题各抒己见，促使教师在思维碰撞中产生思想的火花，在有效互动中获得新的认知、理解和成长。

(三) 创新实施多元有效的教研形式

教研问题和教研目的确定后，选择适宜、有效的教研形式便成为重要的一步。幼小衔接的教研形式是多种多样的，选择怎样的教研形式由教研目标决定。一般来说，教研活动就其内容和形式而言通常包括学习、实践、研究三个维度，[①]聚焦到幼小衔接教研活动，学习研讨型教研主要是组织学习研讨幼小衔接的新政策、新理念、新理论、新成果。相对来说，这类教研采用专题讲座、互动讨论、专家答疑、头脑风暴等形式较为适宜。实践反思型教研则主要研究教师在幼小衔接实践中遇的现实问题，这类教研采用活动案例、研究课、现场观摩、观点交锋、跟踪指导等形式较为适宜。专项研究型教研通常是一些专题项目、有特殊需求或特别方式的研究。比如四个准备的研究、家园校社协同共育的研究、幼小联合教研的研究等，这类研究通常需要经过长时间、多次的教研才能完成，需要根据每次教研目标的不同，综合采用专题讲座、课例研讨、专题讨论、网上论坛等多种教研形式。

(四) 科学认识和运用教研结果

优质的教研结果是综合性的，不仅包括问题的解决，还包含教师的专业成长。解决入学准备教育中存在的问题是开展教研的根本目的。教研参与人员要通过优化教研流程等方式，确保教研结果的有效性；要在教研结果形成后，将教研结果与教研目标进行对照，看教研是否真正解决了教研问题；也要进行自我反思和评价，看教研是否有效促进了自身研究意识的提升、研究能力的增强，以及研究行为的增进；还要有效发挥教研结果对实践的改进

---

① 倪志刚.区域教研活动课程化的架构与实施[J].教育科学论坛，2015(20)：42－45.

作用，通过追踪、调查、及时复盘、实操练习等多种方式，跟进结果在实践中的应用。

（五）增强教研活动评价意识

教研评价是对教研活动全方位的认定和衡量，更是引领教研活动向着科学、优质方向迈进的关键一环。衡量教研有效性的标准大致包括是否有规范的教研制度、是否有明确的教研目标、是否聚焦了真问题、是否有合作的教研共同体、是否解决了真问题、是否促进了教研参与者的专业成长等方面。[①] 教研参与者要增强教研活动的评价意识，结合幼小衔接区域教研、联合教研、园本教研的特点，围绕教研评价的六个方面研究制定科学的评价标准，以规范、科学、全面的评价助推教研活动质量提升；同时，要根据教研评价的结果，分阶段做好总结，积累教研经验，并针对当下教研工作的不足提出改进策略。

三、加强教研成果的推广和转化

教育行政部门、教研部门、幼儿园和小学要制定幼小衔接教研成果推广工作方案，聚焦儿童发展、课程、教学、管理等方面，定期发现和总结幼小衔接教研实践的成果。一方面可以通过开展现场观摩、交流会、专题研讨会等方式，推进教师之间进行深入交流，及时解决入学准备教育实践中的突出问题。另一方面则可以通过公众号发文、网站发布、媒体宣传报道等方式，加大社会宣传力度，树立科学导向，引导家长自觉抵制违背儿童身心发展规律的行为，支持和参与幼小衔接工作，形成良好的社会氛围。此外，还可以通过强化成果数字资源库建设，汇编幼小衔接优秀教研案例等方式推动优秀成果惠及更多的教师和家长。

第三节　入学准备教研活动案例

幼小科学衔接不只是幼儿园和小学的事情，更需要多部门协同，多方联动。为更好地体现这一特点，本节选取的三个案例中有两个为联合教研案例，一个为区域教研案例。三个案例分别聚焦“幼儿握笔姿势”“幼小数学教育衔接”“参观小学”三个主题，较为全面、详细地介绍了他们开展教研的思路与过程。三个案例虽然主题不同，教研环节设计

① 顾荣芳，虞永平，於金滟.幼儿园教研基本问题的思考[J].早期教育，2022(44)：24－27.

不同，但在教研中均展现出了“注重幼儿发展”“注重教研实效”“注重全环境育人”的价值追求。这些价值追求既体现了教研本身的意义，也彰显了幼小衔接主题的特点。我们希望这些案例能给读者们一些借鉴和启示，当然，这些案例并不是完美的，在设计和组织上都还存在一些问题，我们还需要通过不断的思考和实践去探索和解决这些问题。

一、联合教研案例：前书写习惯养成之握笔姿势

（一）活动价值

《纲要》指出，要“引发幼儿对书籍、阅读和书写的兴趣，培养前阅读和前书写技能”。《指导要点》也明确提出“保护幼儿的前书写兴趣，做好必要的前书写准备”的指导要求。幼儿进入大班以后，他们开始学习书写自己的名字以及 10 以内的阿拉伯数字，但是很多大班幼儿未掌握正确的握笔姿势，小学教师也普遍反映一年级新生握笔姿势不正确的情况较为多见。这不仅影响了幼儿书写的速度和质量，甚至有可能导致幼儿对写字和学习产生反感。如果幼儿上小学后再矫正握笔姿势，将非常困难。因此，在幼儿园阶段，帮助幼儿掌握正确的握笔姿势，是培养幼儿前书写技能和良好前书写习惯的关键，是入学准备教育中的重要任务。

（二）活动目标

以“前书写习惯养成之握笔姿势”为主题展开家、园、校三方联合教研活动，期望通过联合教研达成以下目标：

其一，理解掌握正确握笔姿势对幼儿的发展价值。

其二，梳理正确握笔姿势的策略及具体措施。

其三，助力幼儿养成良好的学习习惯，做好入学准备。

（三）活动过程

1. 研前“真”准备

（1）健全共育机制

我园以自身为支点，组建了园、家、校幼小衔接共同体，建立幼小联合教研互访制度，旨在加强双方的互动了解，合力为幼儿顺利进入小学提供帮助与支持。

（2）厘清焦点问题

幼儿园层面：通过观察统计、谈话讨论等方式，如围绕“你知道正确的握笔姿势吗”

"谁教过你正确拿笔的姿势？还记得他是怎么说的吗"等问题，调动幼儿关于握笔姿势的原有经验与认识。

家长层面：借助调查问卷、现场采访的方式，收集家长对幼儿在前书写活动方面存在的困惑和问题。

小学层面：对班级幼儿握笔姿势的情况进行统计，调查发现，目前仍有65%的学生未掌握正确握笔姿势，有23%的学生需要在提醒下才能正确握笔。

根据调查结果，园、家、校三方联合教研共同研讨教育策略。

(3) 设计教研活动

第一步，确定教研主题：前书写习惯养成之握笔姿势。

第二步，梳理教研流程：案例分析，聚集话题；问题切入，深度剖析；三方研讨，共话策略。

第三步，邀请联合教研人员：小学教师、幼儿园大班教师、幼儿园大班家长代表。

第四步，布置教研场地：家、园、校三方自由组合，分成教研小组。

2. 研中"真"对话

(1) 分析案例，聚焦话题

分享幼儿进行前书写活动的视频(视频涵盖不正确握笔姿势、数量统计、不良影响等相关内容)

主持人：请大家结合自己工作(生活)的实际，对看到的视频进行分析，说一说你在幼儿书写活动中的发现。

幼儿园教师：大班幼儿在前书写活动中能正确握笔的只占小部分，一个错误的握笔姿势，可能会产生蝴蝶效应，对孩子的学习产生长期的不良影响。

小学教师：即使到了小学，依旧有非常大比例的孩子像视频中的孩子一样不能掌握正确的握笔姿势，一旦养成了错误的握笔姿势就很难纠正。如果等上了小学后再矫正握笔姿势，则在一定程度上会影响孩子们学习的兴趣和效率。

幼儿家长：幼小衔接是热门话题，许多家长已经认识到帮助幼儿做好入学准备的重要性，就书写而言，在实践中，家长更多的是关注书写结果而忽视幼儿的握笔姿势正确与否。我也是通过这个视频才知道要重视。

在主持人的引导下，幼儿园教师、小学教师、幼儿家长展开了充分的讨论，他们发现幼儿在前书写活动中的握笔能力相当弱，但这是幼儿顺利适应小学学习生活的关键能力之一。

(2) 切入问题，深度剖析

主持人引导参加教研的人员对问题进行了梳理，并从"是什么""为什么"两个方面出发进行深度剖析。

教研问题一：正确的握笔姿势是什么样的？（是什么）

① 游戏自查：写写我的名字

主持人组织游戏，给现场参与人员每人发一支铅笔，请他们在白纸上写下自己的名字，书写过程中对标八大常见错误握笔姿势，重点关注自己的握笔姿势。

② 现场教学：你会握笔吗？

小学教师从握笔力度、书写时的发力点等方面进行现场示范，深入浅出地讲解正确握笔姿势应保持“一寸距、二指圆、三指齐”。大家在轻松活跃的氛围中快速牢记握笔姿势口诀。

教研问题二：为什么有的大班幼儿未能正确握笔？（为什么）

幼儿家长1：成人自身对正确握笔姿势不清楚，也未曾注意幼儿书写姿势。

幼儿园教师1：幼儿园基本上是在大班上学期开始组织幼儿使用铅笔书写简单的数字和姓名。但是一些家长过于心急，早早地就让幼儿在家开始练习写字，拿笔年龄偏小会对幼儿握笔产生不良影响。

小学教师1：有些幼儿因为小肌肉发育比较迟，手指协调性不高，所以掌握正确的握笔姿势比较困难。

幼儿家长2：在培养幼儿某种能力方面，成人容易有“结果”倾向，重视书写结果，忽视书写过程。

幼儿园教师2：书写工具也在变化。小、中班的书写活动多是通过蜡笔、彩笔等进行，主要是大面积涂色。到了大班后使用铅笔，一些幼儿难以区分不同笔的握笔差异，依旧沿用画笔的握笔姿势。

小学教师2：幼儿学习习惯的养成是持续的，需要成人给予适时的指导，单靠幼儿自学会很难。

主持人：探寻问题的过程也伴随着我们成人对自身教育行为的反省。我们发现了造成幼儿握笔姿势不正确的诸多因素，我认为最关键的是成人忽视了掌握正确握笔姿势对幼儿发展具有重要的价值。

（3）三方研讨，共话策略

主持人：正确握笔姿势的掌握是一个渐进的过程，除了需要具备一定的生理基础，还受后天环境和教育的影响。在刚才的研讨中，我们主要探讨了幼儿错误握笔姿势的表现、原因，在知其然且知其所以然后我们更要知其所以必然。接下来，我们重点研讨如何指导幼儿掌握正确的握笔姿势，以帮助他们养成良好的前书写习惯，尽快适应小学的学习生活。

教研问题三：培养正确握笔姿势的实施要点和策略有哪些？

主持人：教研前我们家、园、校三方已经自由组合，分成了联合教研小组，接下来我们的教研分三步。

第一步，围绕“应该如何帮助幼儿养成正确握笔姿势，做好书写准备”的核心点，每个联合教研小组确定一个重点问题，寻找出三方具体可行的路径，并以思维导图或者网格图的形式呈现。

第二步，每个小组选派一名代表，带着自己组研讨的成果依次到其他教研小组进行讲解，观点被认同的在成果图上做标注，其他组有不同意见的可以进行补充完善。

第三步，所有联合教研小组的代表巡回讲解一遍后，进行成果展示分享，最后以“合作共绘思维导图”的方式呈现解决的策略，让三方协同的幼小衔接工作更有针对性。

表 7-1　第一联合教研小组对根据不同握笔工具调整握笔姿势的研讨

目标	① 了解不同笔的握笔方式不同。 ② 能根据不同的笔尝试使用不同的姿势进行前书写。	
策略	幼儿园	① 主题活动：准备各种各样的笔，帮助幼儿了解笔的结构与特性，区分不同笔的握笔姿势。 ② 根据年龄段投放不同的前书写工具，小、中班以油画棒、水彩笔、记号笔为主，大班增加铅笔。
	小学	针对一年级新生，依据学生的握笔发展水平，阶段性地使用不同的铅笔，如：由粗到普通，由洞洞铅笔到三角铅笔，再到普通铅笔。
	家庭	① 不超前提供不适宜的握笔工具。 ② 善于观察，了解自己孩子目前的发展水平，有针对性地提供相应的笔。

表 7-2　第二联合教研小组对如何掌握正确握笔姿势的研讨

目标	掌握正确的握笔姿势。	
策略	幼儿园	① 邀请小学教师录制正确握笔姿势的讲解视频，邀请家长共同观看学习。 ② 投放正确握笔姿势的示意图，为幼儿进行前书写活动提供经验支持。 ③ 把正确握笔姿势编成韵律性儿歌，辅助幼儿掌握握笔姿势。
	小学	① 定期开展幼小衔接课堂，小学教师走进幼儿园指导幼儿掌握规范的握笔姿势。 ② 针对一年级新生学习《握笔歌》《写姿歌》，录制学生规范握笔和写姿的视频，也可录制学生观察同桌的握笔姿势，与同桌互动交流，明确正确握笔方法的视频。 ③ 教师加强巡视指导，强调学生依据视频自答自查。
	家庭	① 家长拍幼儿在家用笔时的握笔姿势照片，引导幼儿先进行自我评价，再将照片分享到班级群，请他人评价正确与否，共同探讨需要改进的地方。 ② 家长在家庭中张贴与园、校要求一致的握笔姿势示意图，同步运用趣味儿歌引导幼儿边说边做，帮助他们加深记忆，快速掌握正确的动作要领。

表 7－3　第三联合教研小组对如何促进精细动作发展的研讨

<table>
<tr><td>目标</td><td colspan="2">① 练习拇指、食指与中指配合和手腕动作的协调性。
② 幼儿能灵活地控制并运用手指。</td></tr>
<tr><td rowspan="3">策略</td><td>幼儿园</td><td>① 发展手部小肌肉协调性：做手指律动操，开展相关活动，如剪纸、捏橡皮泥等。
② 发展手腕动作：玩轻器械，锻炼大肌肉；也可使用筷子进餐，发展手腕动作。
③ 发展手眼协调的能力：区域活动或日常生活中渗透，如穿珠子、系鞋带等。</td></tr>
<tr><td>小学</td><td>① “双减”政策下，除了要减少作业量，还要关注过量书写易造成学生手部发育不良等问题。
② 鼓励学生踊跃参加社会实践、校本课程等活动，如剪纸、垃圾分类、创意布艺等。
③ 利用阳光房种植活动，让学生在动手参与种植的过程中促进手部的动作发展。
④ 加强课间体育活动，如跳绳、拍球等活动。</td></tr>
<tr><td>家庭</td><td>① 家长要学会放手，鼓励孩子自己的事情自己做，如扣扣子、拉拉链、系鞋带、洗袜子等，让他们在自我服务的过程中锻炼精细动作。
② 鼓励幼儿参与家务劳动，如扫地、擦桌子、洗碗、择菜等，在服务家庭的过程中练习手部动作灵活性。
③ 可以通过多种形式的亲子活动，如手工、游戏等，有针对性地进行训练。</td></tr>
</table>

表 7－4　第四联合教研小组对如何转变重技能过早写字观念的研讨

目标	理解正确握笔姿势对幼儿的发展价值，完成教育观念上的转变。
策略	① 以家长座谈会、家长讲座、发放宣传单等多种形式，对家长进行宣传教育，在思想上达成共识，家、园、校合作助推幼儿良好学习习惯的养成。 ② 三方提供充足的、形式多样的练习机会并进行适度的指导纠正，共同帮助幼儿掌握正确的握笔姿势。 ③ 部分教师、家长等成人自身加强训练，起到模范带头作用。 ④ 利用同伴榜样的力量，班级握笔姿势正确的幼儿提醒握笔姿势不正确的幼儿，尤其是小学生之间的交流和沟通，对于学生纠正错误姿势、养成好习惯更为有效。 ⑤ 关注结果更注重过程，将学生的日常学习习惯培养作为关注重点，深刻理解正确的握笔姿势和坐姿对学生的重要性，并付诸行动。 ⑥ 对于握笔姿势不正确的幼儿，成人态度上要接纳和理解，多用言语、行动鼓励幼儿进行纠正。

教研问题四：培养幼儿正确握笔姿势过程中需要遵循的原则有哪些？

主持人：大家通过思维碰撞，相互研讨，追根溯源，一步步解锁出了相应的教育策略。我们还要思考在策略实施的过程中，需要注意些什么？

幼儿园教师：5 岁左右是幼儿接触铅笔的最佳时期，我们要抓住关键期。幼儿之间是存在个体差异的，对于练习握笔姿势的要求、进度、方法等方面，我们应充分尊重他们所表现出的不同，使每个幼儿都能在原有水平上获得发展。

幼儿家长：把精细动作的发展和游戏结合，尽可能地提供两种以上的书写工具，满足幼儿精细动作发展的需求。

小学教师：对幼儿的指导一定要适度，最好以游戏的形式将其融入一日生活，简单粗暴的强化训练可能导致幼儿对书写产生排斥感。

主持人：幼小衔接是一场三向奔赴的旅行，幼儿园、家庭、学校三方只有同心同向，才能产生“1+1+1>3”的教育合力。经过大家的研讨，我们初步认为在培养幼儿正确握笔姿势过程中需遵循因人而异、适时适度、鼓励肯定、日常练习、工具多样等五项原则。

（四）活动反思

1. 以调查研究生成教研主题

教研的前提是存在问题，教研过程就是研究解决问题、寻找策略的过程。本次联合教研以幼儿入学准备中“握笔姿势不正确”这个真实问题为切入点，以调查研究为起点，通过现场访谈、调查问卷等方式锁定核心问题，体现了教研的问题导向性，以发现问题、研究问题、解决问题的思路进行持续性的研讨，真正站在幼儿发展的立场上来研讨如何支持和帮助幼儿做好入学准备。

2. 以三方联动搭建协同平台

入学准备教育的核心在于真正落实《指南》精神，切实促进幼儿的全面和谐发展，这需要家、园、校三方形成真正共识并积极作为。本次联合教研活动坚持开放、合作、共享的原则，为三方提供了畅所欲言的平台，架起了“纵深式”学习和交流的桥梁。

3. 以教研结果指导教育实践

教研是一个不断发现问题—研究问题—形成结论—验证结论—再研究的螺旋上升过程。本次三方联合教研探讨出的具体策略，教师和家长要在实践中验证反馈、修正完善，以真正帮助幼儿掌握正确的握笔姿势，养成良好的书写习惯。

4. 以反思助力科学衔接

《指导意见》要求幼儿园在大班下学期有针对性地帮助幼儿做好生活、社会、学习等多方面的准备。但同时，《指导意见》也明确指出，3—6 岁是为幼儿后继学习和终身发展奠基的重要阶段，也是为幼儿做好入学准备的关键阶段。幼小衔接应该贯穿幼儿园的三年，尤其学习习惯的养成是一个循序渐进的过程。我们反思了本次联合教研的不足之处：在人员安排上只是请大班教师及家长参与，而忽视了让各年龄段的家长都参与进来。后续我园将把入学准备教育有机渗透于幼儿园三年保育教育工作的全过程，帮助幼儿做好各方面的准备。

（案例来源：威海市环翠区望府实验幼儿园　刘琳　郭莹莹　张佳佳　柳鑫）

(五) 案例评析

这篇联合教研案例围绕幼儿握笔姿势展开,亮点颇多,为幼儿前书写习惯培养提供了有益探索,对促进幼小科学衔接有重要借鉴价值。

教研主题精准聚焦大班幼儿握笔姿势这一实际问题,抓住了入学准备教育的关键环节,具有很强的针对性和现实意义。

教研流程清晰且科学。研前准备充分,通过调查不同层面情况,全面了解问题现状,为后续研讨奠定坚实基础;研中“真”对话环节,案例分析、问题剖析、三方研讨层层递进,多方深入交流,从现象挖掘原因,再共商策略,充分体现了家园校协同合作的力量。

从成果应用角度,研讨得出的实施要点、策略以及遵循原则,具有很强的可操作性,能切实指导教育实践。例如各小组针对不同目标提出的具体措施,为家园校三方提供了明确的行动指南。

(案例评析人:山东省学前教育中心教研员　程风玉)

二、区域教研案例:聚焦幼小数学教育衔接的深度对话

(一) 活动背景

青岛市市南区作为幼小科学衔接示范区,始终高度重视幼小衔接工作,为充分发挥教研员专业引领作用,促进小学、幼儿园两个学段深度衔接,成立了以市南区教育研究中心领导为责任人、以小学教研员和学前教研员为主要成员的区域幼小衔接项目指导团队,定期深入幼儿园、小学,了解幼小衔接研究的实际情况。通过前期调研发现,幼儿园和小学在数学教育衔接方面还存在诸多困惑和问题。小学教师比较关注的问题:幼儿在幼儿园阶段怎么学数学?幼儿园的数学学习内容有哪些?幼儿园教师是如何在一日活动中渗透数学教育的?幼儿园的一日活动中学数学与集体上课有什么不同?幼儿园教师比较关注的问题:小学数学第一课学习什么内容?入学初的第一个月学什么内容?在入学初期孩子们在数学学习中存在的主要困难是什么?这些问题主要集中在数学教育理念、数学教育内容、数学学习方式等方面。基于此,我们确定了“数学教育衔接实施有效路径研究”的教研主题,开展了“聚焦幼小数学教育衔接的深度对话”系列区域联合教研活动。

（二）活动目标

其一，通过两个学段教师自主进行《义务教育数学课程标准》（以下简称《课标》）、《指南》的对标学习，初步了解数学教育的基本理念与要求。

其二，通过对比幼儿园与小学一年级数学教育内容，观摩现场两个学段的数学教育活动，分析孩子在活动中的行为表现，深刻理解不同年龄段儿童在数学学习中的差异，找到在常态数学教育活动组织过程中自然衔接的有效策略。

（三）活动过程

1. 做好前期准备，为高质量集中研讨提供保障

第一，学前教研员与小学低年级学段的数学教研员一起研究教研主题与具体内容，制定教研活动方案。

第二，两个学段的教研员指导参与研讨的教师从基本理念、教育目标、教育内容三个方面对《课标》《指南》进行比较，汇总形成对比表，并进行各自学段内容的梳理，汇总形成"幼儿园与小学数学教育内容与要求对比一览表"，让各学段教师在理清本学段数学教育内容与要求的同时，也对其他学段的数学教育有初步的了解。

第三，幼小双方教师准备现场对话的问题，在集中研讨中进行有针对性的交流。

第四，教研员指导本学段教师设计关于"数"的一节优质集体教育活动。

2. 采用"P-S-A-R"四环螺旋式教研进行集中研讨

"P-S-A-R"四环螺旋式教研是市南区多年探索形成的"问题前置—现场观摩—专业对话—活动复盘"教研模式。

（1）问题前置（Problem）——呈现准备期间两个学段教师梳理的问题，引出教研主题

幼儿园教师的主要问题：一年级小学生是怎样学数学的？课堂上教师与学生的互动方式有哪些？

小学教师的主要问题：幼儿园是如何通过游戏化的方式进行数学教学的？幼儿园是如何在一日活动中渗透数学教育的？

（2）现场观摩（Scene）——小学教师为即将升入小学的大班幼儿组织数学准备课"海底世界"，幼儿园教师组织中班数学活动"10 以内的序数"

小学数学课的展示特点：以"海底世界"为教学情境，点数不同种类鱼的数量，并说出鱼的总数。巧妙地将数学逻辑与思维渗透其中，让幼儿感受数学的别样魅力。

幼儿园数学活动的展示特点：借助绘本《月亮的味道》，利用讲故事、动手操作、情境

游戏三个环节，帮助幼儿循序渐进地理解序数的含义，学习用序数描述事物位置次序，感知方向改变后事物次序随之改变的现象。同时学习依据事物变化判断其发展次序，并与序数准确匹配，将序数的学习回归生活中的问题解决。

(3) 专业对话(Action)——两个学段教师畅谈观摩活动后的所思所想，并针对前面的问题进行互动对话

幼儿园教师：小学老师组织的数学活动以“海底世界”为教学情境，通过简单的数数，全面了解学生计数、方位、分类、比较、图形及观察、动手、表达等多方面的情况，为后面的系统学习做准备。这体现了小学数学教学的直观性与大单元教学理念，动静结合、寓教于乐。在小学数学课堂教学中教师也使用了游戏的方式，并且注重让学生主动梳理数学知识，启发学生主动学习。同时，教师在课堂上要求学生运用数进行表达和交流，让学生借助语言，把思维过程明确、清晰地表达出来，这些需要学生在幼儿园阶段做好相应的准备。

小学教师：幼儿园的数学活动是让幼儿真正在游戏中感知序数。幼儿在参与活动的过程中了解数的意义，并体验、感知和运用数，活动性、参与性更强。小学的数学课堂让学生在自然有趣的看图数数的活动过程中，初步学习按照一定的顺序观看情景图；同时，要求学生在点数的基础上掌握边数边标记的数数方法。幼儿园绘本辅助的教学形式可以被小学借鉴，此外，幼儿园数学活动中不仅有数学的内容，还渗透了爱祖国、同伴交往等品德教育，这也是小学教育需要学习的地方。

学前教研员：在两个学段的活动中，教师都运用了情景性的组织方式，注重儿童在真实的问题情境中自主发现问题、探究问题、合作解决问题，关注儿童良好品质和习惯的养成。通过前期对《课标》的学习，老师们知道数学课程要“培养学生用数学的眼光观察现实世界”，以获得适应未来生活所必需的数学基本活动经验，让学生逐步形成适应终身发展需要的核心素养，这也是两个学段数学教育的衔接重点。

小学教研员：两个学段的教师对对方的数学教育内容不熟悉，对对方的数学课堂感到陌生，是数学教育科学衔接中存在的现实问题，因此如何更好地衔接成为教师日常教学反思的重要组成部分。大家要不断重新审视双方的培养目标、课程设置和课程内容，把入学准备教育目标和内容要求融入幼儿园的一日生活。小学一年级要在国家课程实施中强调零起点教学，零起点不是零准备，两个学段的教师要在常态的教育教学过程中，有意识地关注幼儿学习品质的培养。

幼儿园教师主要提问：在入学初期，孩子数学学习中存在的主要问题是什么？作为小学数学教师，您觉得孩子在上学之前对于数学学习应该做哪些准备？

小学教师回应：大多数孩子基本能够很好地适应教学的进度，适应有困难的孩子主

要问题在于习惯不好，听讲不够专注，听不明白老师的要求，语言表达没有条理，少数孩子计算速度非常缓慢。建议幼儿园的教师引导孩子们多读书，采用多种形式提高孩子的阅读理解能力。

小学教师主要提问：请问幼儿园在一日活动中渗透数学教育，具体是怎么做的？

幼儿园教师回应：幼儿园一日生活皆课程，我们会在组织一日活动的过程中自然渗透数学教育。比如在加餐环节，请值日生清点每组幼儿的人数，根据人数为小伙伴分餐具；在拍球、跳绳或投沙包时，引导幼儿通过数数、测量的方法确定名次等。

(4) 活动复盘(Result)——梳理教研活动的研究观点和结论

结论 1：入学初期数学学习困难，一部分原因是数学知识点准备不足，更多则是语言理解能力相对弱。

结论 2：小学数学教育零起点，并不意味着幼儿园的数学教育可以零准备。幼儿园教师应激发幼儿对数学的求知欲，引导他们对学习数学感兴趣、建立数感、用数学的方式解决问题，并帮他们养成良好的倾听习惯、专注的学习习惯等。

结论 3：做好幼小衔接要成为两个学段教师一种有意识的行为，把衔接教育自然融入日常的教育教学活动，融入与孩子的互动。

结论 4：衔接教育不是单元剧，应该是精彩的连续剧，要树立全面发展的理念，在开展数学教育的同时，促进幼儿身心、生活、社会等各方面共同发展。

结论 5：关注孩子的学习兴趣，尊重孩子的成长规律，将游戏体验、情景教学作为幼儿园与小学低年级教师共同运用的教学方式。

(四) 活动反思

自 2021 年教育部颁布《指导意见》后，幼儿园与小学双向教研活动逐渐走向常态。在前期小学与幼儿园两个学段教师互相学习对方数学教育目标，梳理各自教学内容等几次教研的基础上，本次教研活动通过课例观摩的方式，组织教师对幼儿园、小学在数学课程内容、课程组织形式等方面的问题进行集中讨论与分享，使双方教师将理论与实践结合起来，不断加深对理论的理解和应用能力。

在本次教研活动的准备阶段，每位教师都进行了自主学习与反思，确保都能带着问题参与观摩活动，并积极主动地在现场观摩中寻找答案。因为有前期的反思，所以在专业对话环节，每位教师都能积极发表自己的见解。大家不仅有话可说，而且产生了共鸣。教研的过程成为教师自主学习、自主反思、互动分享的专业成长过程。

幼儿园和小学教师对对方数学教育的认知与了解，不是一次研讨或一次对话就能实现的。教研活动要注重教师自主学习和反思能力的培养。本次教研活动中，在观摩幼儿园和小学课例后，教师、教研员之间的对话交流主要聚焦在课例的优点方面，没有谈及课例的不足，主持人也未加以引导，这使得本次教研活动缺少一些“研究”的意味。教师们的思维碰撞还不足。同时，教师们前期已经对《课标》和《指南》进行了学习和研讨，对不同年龄段幼儿的数学学习方式和特点有了一定的了解，在环节的设置上，如果能把“问题讨论”放在第一个环节，再让教师们进行课例观摩，可能更利于教师们发现自身对理念的理解存在的问题。

（案例来源：青岛市市南区教育研究中心　张会英　李艳）

（五）案例评析

“幼小数学教育衔接”是幼儿园教师亟待破解的难题。该案例呈现的系列区域教研活动思路与策略，为同类教研提供了优质参考。活动中，幼小教研员引领教师从理念、目标、内容三方面对比学习《义务教育数学课程标准》与《3—6 岁儿童学习与发展指南》，这种“知己知彼”的认知方式极具推广价值。

案例展示的“P-S-A-R”四环螺旋式教研（问题前置—现场观摩—专业对话—活动复盘），既深化了对幼小数学教育衔接问题的认知，又直观呈现了模式运作逻辑，实现了活动目标与模式理解的双重提升。最后的反思精准深刻，为后续教研明确了方向。教学研究本就应该以改善实践、提升质量为核心。强化问题意识，通过多维度分析与实证探究寻求策略，方能夯实保教质量基础。该案例从活动设计到模式呈现，再到反思总结，皆体现出较强的专业性与实用性，为幼小数学教育衔接教研树立了典范。

（案例评析人：山东省学前教育专家指导委员会副主任　方明）

三、联合教研案例：聚焦“萌娃进校园”，联合教研探策略

（一）活动背景

《指导要点》明确指出：“大班下学期，通过参观小学，与小学生面对面交流、体验小学课堂等方式，帮助幼儿初步了解小学的学习生活。”根据幼小衔接的四个准备，幼儿园开展了针对性的主题课程，在此基础上，幼儿对小学有了初步的认知和了解，对小学的生活充满了好奇和向往。为了避免参观活动流于形式，幼儿园对参观小学活动进行了深入思考与探索，并组织了家、园、校三方参与的幼小衔接专题教研活动。

(二) 活动目标

其一,进一步明确参观小学的目标及价值,了解幼儿的需求和问题,拓展活动思路。

其二,梳理幼儿园、家长、小学三方问题,探索真实有效的幼小衔接教研路径。

其三,加强幼儿园与小学、家庭的有效互动,实现幼小衔接的三方合力。

(三) 活动内容

以“聚焦‘萌娃进校园’,联合教研探策略”为主题,组织幼儿园大班教师、小学教师和家长代表开展联合教研,通过案例研讨、头脑风暴等形式梳理出参观小学活动的形式和策略。

(四) 活动准备

1. 活动时间

每周四上午,幼儿园和小学、家长代表三方进行联合教研,时长 3 小时,为期两周。

2. 地点安排

幼儿园教研室、小学教研室。

3. 基础准备

主持人用具:电脑和投影设备,制作好的演示文稿。

教师用具:每人一张 A4 记录纸、海报纸、水彩笔、展布。

经验准备:幼儿园教师,梳理针对幼小衔接前期开展的各项工作,从幼儿园教师的视角思考参观小学的目的、内容、形式;小学教师,从小学教师的视角思考参观小学的目的、内容、形式;家长,明确自身需求,梳理在帮助幼儿做好幼小衔接中遇到的问题与困惑。

(五) 活动过程

1. 案例导入

主持人介绍流程,以往届大班幼儿参观小学活动的案例导入。

2. 集体讨论

分析以往参观小学活动的案例,明确优点和不足,从家、园、校三方不同的视角讨论如何避免以往活动中出现的问题,并进一步明晰参观小学的目的。

3. 分组讨论

幼儿园、家庭、小学三方参会人员分成三组,围绕三个问题讨论如何做好“萌娃进校园”活动的设计和规划(如图 7－1 所示)。

图 7－1　联合教研讨论现场

问题一:参观前应做哪些准备工作?如参观小学的时间、参观的具体内容、所需物品以及如何有效调查幼儿的需要和困惑等。

问题二:参观中可以设置哪些环节以最大限度地帮助幼儿解决困惑?

问题三:活动后应如何对活动进行有效延伸,以支持幼儿做好全面准备?

主持人引领大家深度思考这三个问题,在关注幼儿兴趣和需要的基础上,对参观小学前、中、后的各项活动进行设计。

4. 头脑风暴

各组对讨论的结果进行梳理,并用思维导图的形式呈现参观小学的方法、形式、策略。

5. 交流汇总

每组选取一名代表,展示各组形成的思维导图,并进行简短、清晰的介绍。

6. 策略梳理

通过案例分享、课程介绍、对话交流等方式,各组分享了活动设计的具体思路和策略。其中,幼儿园以发现幼儿参观小学的兴趣和需要,以及和幼儿共同确定参观内容等为重点;家庭以帮助幼儿做好参观小学前的心理准备为重点;小学以和幼儿园共同优化参观路线、内容及做好参观中的观察记录为重点。形成的具体分工和策略如下。

(1) 参观前

确定参观方案:在参观小学之前,幼儿园通过谈话、发放调查表、引导幼儿进行表征等方式,支持和帮助幼儿做好参观计划。家庭方面,以家庭为单位和幼儿进行深入交流讨论,分析幼儿的困惑和问题,帮助幼儿做好心理准备。小学方面,和幼儿园共同确定参观时间,并与幼儿园沟通协商,共同制订和优化“萌娃进校园”活动方案。

做好物质准备:在家长和幼儿园的协助下,幼儿准备好太阳帽、水杯、本子和铅笔、相机、礼物等,小学根据活动方案提供相应的场地。

明确参观重点:教师引导幼儿寻找和记录自己的需求,如有的幼儿想看学校的厕所,有的幼儿想看学校的科学实验室,还有的幼儿想记录小学课程表,确保问题来源于幼儿真实的想法,并支持幼儿自主寻找答案。家长和小学教师做好参观活动中的观察记录,汇总梳理问题，以在下一步教研中讨论解决。

（2）参观中

小学调整参观当天一年级的课程安排，使幼儿有充足的时间与小学校园、小学老师及小学的哥哥姐姐们进行互动。

在参观小学时进行地标打卡，引导幼儿在参观的过程中对照自己的问题，找出答案，并仔细观察厕所、饮水间等满足基本需求的场所位置。在参观小学操场、教室、社团、特色功能室时，引导幼儿实际感知小学和幼儿园环境的区别。

在观摩课堂时，为幼儿与小学生留出充足的互动时间，并请幼儿坐在哥哥姐姐的座位上听老师讲课。幼儿观察教室的布置，观看哥哥姐姐的书包，体验课间活动，把疑惑告诉哥哥姐姐，寻找问题的答案，充分感受探寻答案以及交往的乐趣。

在此过程中，家长详细了解学校上课的要求和课程安排等相关内容，明确幼儿应做的各项准备，区分幼儿园和小学一日活动的不同。小学教师结合幼儿的身心发展特点，用游戏化的方式组织一节小学的课，让幼儿体验小学课堂和幼儿园的不同，并感受不同的课堂规则。

（3）参观后

在参观小学后，幼儿园教师引导幼儿把自己的所见所感和小伙伴分享，并留充足的时间让小朋友交流、记录和操作。可以生成“时间小主人”“我会整理书包”“我好奇 我探索”等相关幼小衔接课程。教师可通过重新布置课桌椅、适当延长集体活动时间、向小学的作息安排靠拢等方式，让幼儿更好地感受小学生的生活，为成为小学生做好准备。

作为参观活动的家长代表，可将整个活动的进程和有效经验分享给班级的其他家长，让家长明白幼儿进入小学只是幼儿成长中的一种身份转变，是童年生活的自然延伸和过渡，只有家、园、校协同，同心同向，才能帮助幼儿做好各项准备，使幼儿积极愉快地融入小学生活。

7. 总结提炼

根据教研结果，形成可实施的参观小学的活动方案。

（六）活动反思

1. 活动特点和价值

本次活动坚持儿童立场，小学教师、幼儿园大班教师和家长从不同视角共同商议参观小学的内容、形式及需要解决的问题，厘清了三方在教育过程中不同的角色职责，体现了三方在助力幼儿做好幼小衔接中的不同作用，充分展现了家、园、校协同共育的价值和思考。

活动以分析以往实际案例为具体抓手，以小组研讨的形式调动教师、家长参与教研的积极性，以头脑风暴的形式激发创新力，以智慧众筹汇聚经验，以总结提炼形成教研结果。各个环节环环相扣，层层递进，形成的教研结果具有较强的可操作性和科学性。

联合教研将参观小学活动落到实处，增加了幼儿园教师和小学教师之间的接触和沟通，使幼儿园教师更加明确小学对幼儿生活和学习要求，使小学教师进一步了解大班幼儿的发展水平和学习特点，也让家长更全面细致地认识了小学的课程设置和一日作息安排，从而缓解了焦虑。

2. 反思及改进

教研活动后，幼儿园开展了为期三周的“萌娃进校园”活动。教师积极参与教研实践活动，并通过多次的经验分享、活动反思和教育理念的剖析，不断对教研活动中的体验和想法进行总结、凝练，有效提升了教育能力和活动组织水平。

此次教研活动基本达成了活动目标，但是个别教师没有根据幼儿活动的需要去引导幼儿思考、探索和发现，没有把幼儿的需求放在第一位，仍存在将参观小学形式化、任务化的现象。在参观小学后，个别教师对延伸活动的重视不足，没有深入探究幼儿参观小学后的想法。在教研过程中，家长参与研讨的深度不够，有待于从教育配合者转变为教育合作者。在以后的教研活动中，我们将更加关注教师进行真实的参与和体验，引导教师及时发现问题，帮助他们养成勤于思考、不断反思和复盘的良好习惯。

（案例来源：济南市历下区育德幼儿园　李健　张晓星　张利）

（七）案例评析

该案例以“萌娃进校园”为切入点，开展幼儿园、小学、家长三方联合教研，破解了传统幼小衔接中教育主体单一、沟通不畅的难题。幼儿园发挥专业引领作用，通过谈话、表征等方式把握幼儿需求，规划参观活动，活动后生成衔接园本课程；小学优化参观路线，安排幼儿与小学生互动，让幼儿获取直接经验；家长深度参与教研对话，实现角色转变，重塑教育理念。

这种模式让幼儿发展从“被动适应”转向“主动向往”，使幼儿对小学的认知由“模糊听说”变为“清晰体验”。教育生态上，打破“各自为战”的局面，构建起“幼儿园、小学、家庭”三位一体的教育共同体，三方协同共生。幼儿园统筹规划，小学开放互动，家长深度参与，切实推动幼小衔接从形式走向实质，为幼儿顺利过渡到小学生活奠定坚实基础，展现了联合教研在幼小衔接中的独特价值与实效。

（案例评析人：济南市教育教学研究院教研员　亓艳芳）

第八章　入学准备的园校家社共育

幼儿园、小学、家庭、社区合作共育是我国当前推进幼小衔接工作的一项重要举措，也是贯彻落实我国一系列教育法规政策的需要。《指导意见》要求“坚持系统推进。整合多方教育资源，行政、教科研、幼儿园和小学统筹联动，家园校共育，形成合力”。2022 年 1 月 1 日起施行的《中华人民共和国家庭教育促进法》要求“各级人民政府指导家庭教育工作，建立健全家庭学校社会协同育人机制”。2023 年 1 月，教育部等 13 个部门联合印发《关于健全学校家庭社会协同育人机制的意见》，提出“健全学校家庭社会协同育人机制是党中央、国务院作出的重要决策部署，事关学生全面发展健康成长，事关国家发展和民族未来”，并要求“增强协同育人共识，积极构建学校家庭社会协同育人新格局，着力培养德智体美劳全面发展的社会主义建设者和接班人”。同时，科学入学准备指向幼儿的全面发展。我们应该为幼儿的成长营造积极、有准备的整体环境，根据入学准备过程中幼儿的发展特点和需要，综合考虑幼儿园、小学、家庭和社区四者的实际情况与需求，协同合作，共同帮助幼儿从幼儿园生活顺利过渡到小学生活。

第一节　入学准备的园校家社共育的内涵与意义

各方达成共识和拥有共同的价值取向是开展共育工作的前提与基础，本节从内涵与意义两个方面展开论述，以为幼儿园、小学、家庭、社区的合作找准定位与方向。

一、入学准备的园校家社共育的内涵

不论是美国心理学家布朗芬布伦纳的生态系统理论、社会学家詹姆斯·S.科尔曼的社会资本理论，以及爱普斯坦基于前两者提出的交叠影响域理论，还是我国现代幼儿教育奠基人陈鹤琴先生的“活教育”理论，皆指出幼儿发展深受其所处环境的影响。

这一环境既包含与幼儿有关的各种元素，如社会文化、家庭、幼儿园（学校）、社区、邻居、同伴等，也包括各环境元素之间纵横交错的关系。作为与幼儿成长最直接相关的元素，家庭、幼儿园（学校）、社区及其之间的关系为幼儿发展提供了最为核心的教育资源和力量。

入学准备中的园校家社共育是指幼儿园、小学、家庭、社区四个主体以促进幼儿身心全面准备为共同目标，围绕幼儿入学所需的关键素质，各展优势，各尽其责，协同合作，互相支持，帮助幼儿具备适应正规学校教育的身心发展水平与状态。

二、入学准备园校家社共育的意义

（一）有利于各方达成共同愿景，明晰科学准备目标

科学做好入学准备和入学适应对幼儿身心发展具有不可言喻的重要价值，但是作为幼小衔接的主要利益相关主体，各方协同往往存在一定的问题：家庭、幼儿园、小学、社区之间理念不明晰，准备目标不一致，甚至对幼小衔接的理解存有误区；家长存在不正确的幼小衔接观，将幼小衔接准备窄化为学科知识的学习准备，在“不能让孩子输在起跑线”的口号下，一味追求知识方面的准备；尽管国家大力推进幼小双向衔接，但幼儿园和小学之间仍未建立起有效的连接路径；社区教育资源未被充分利用，缺乏协同育人的意识等。

促进幼儿发展是一项复杂的综合工程，各主体在实践中存在的认知偏颇和不平衡的相互关系阻碍了对幼儿发展的支持，园校家社共育能够进一步突破主体间的隐形围墙，增进彼此间的理念互通与行为互动，从而达成一致的理念认知与目标愿景，共同围绕四个准备和十六个发展点，帮助幼儿做好入学准备。

（二）有利于激发各方主体意识，凝聚幼小衔接合力

《关于健全学校家庭社会协同育人机制的意见》中强调：“明确学校家庭社会协同育人责任，完善工作机制，促进各展优势、密切配合、相互支持，切实增强育人合力，共同担负起学生成长成才的重要责任。”随着国家政策的推进及教育改革的发展，学前教育并非幼儿园一方之事已逐渐成为共识，但在入学准备实践中，家庭、小学、社区的主体责任作用并未得到充分发挥，多呈现以幼儿园为主导、其他三方被动参与的消极局面。

幼儿园、小学、家庭、社区拥有着各自的独特功能与优势力量，它们既相对独立，又脉脉相通，皆与幼儿成长紧密相关。这种独立性与联系性使得它们具有不可替代的教育功能，同时又处在以幼儿为中心的共育网络中。园校家社共育强调在尊重各主体异质性的

基础上平等沟通，相互支持，彼此配合，这种平等、包容的共育关系既以实现幼儿顺利发展为共同目标，又能有效实现各自独立的需求，为各方主体意识的激发提供了可持续发展的动力，进而形成一股内在的凝聚力，实现高质量的幼小衔接。

（三）有利于实现四方场域联通，构筑衔接生态系统

从个体发展的生态学视角出发，家庭、幼儿园、社区是对幼儿影响最为直接、深远的环境，共同构成对幼儿发展产生作用的微观系统，这三者之间的相互关系即家园关系、家社关系、园社关系构成了幼儿成长的中间系统。对幼儿来说，各个微观系统的互动质量越好，其对幼儿产生的积极影响就会越大，进而越有可能促进幼儿的发展。同时，个体发展的生态学理论还指出，当幼儿的生活环境或自身角色发生变化时，其所处的生态系统也会随之发生变迁，如幼儿升入小学后，其所处的微观系统由家庭、幼儿园、社区三个对象演变为家庭、小学和社区。这时不仅需要幼儿通过调整自身以适应新的环境，如通过调整自身学习方式、作息规律、身体素质等来适应小学生活，更需要与幼儿成长密切相关的家庭、幼儿园、小学及社区协同合作，共同帮助幼儿做好入学准备与适应。由此可见，入学准备中的园校家社共育是促进幼儿全面、和谐、健康发展的必要路径，能够将教育的场域扩展到与幼儿有关的不同时空，实现场域间的联动互通，构筑有利于幼儿发展的幼小衔接生态系统。

（四）有利于整合开发各类资源，赋能四个准备达成

园校家社共育不仅在理论意义上具有合理性和必要性，实践层面也需要各方通过协同合作来整合开发各类资源，以最大限度地发挥资源的教育功用。《指导要点》指出："幼儿入学准备教育要以促进幼儿身心全面和谐发展为目标，注重身心准备、生活准备、社会准备和学习准备四方面的有机融合和渗透。"强调关注幼儿发展的全面性与整体性，这离不开教育资源的有力保障。幼儿园、家庭、社区、小学作为独立存在的主体，具有各自不同的教育资源与功能。作为专门的教育机构，幼儿园在教育理念、方法、资源等方面都更具有专业性、科学性和系统性，却无法代替家庭成员的情感支持与紧密联系，其资源也难以比拟社区资源的开放性、多样性与现实性，更不能比小学更了解儿童的入学适应过程与特征。因此，只有彼此间协同合作，根据幼儿的发展需求共同开发资源，优势互补，各尽其能，方能实现四方教育资源的最大功用，为幼儿发展提供更丰富、多元的可能与途径。

第二节 入学准备的园校家社共育的实施策略

如前文所述，入学准备的园校家社共育指向平等、包容的协同育人关系，在幼儿入学准备的整个过程中，四方主体缺一不可且互为支撑，因此，在幼儿入学准备的环境构建、资源开发、组织实施等过程中，四方应融合共通、充分协同，为幼儿提供最大的助力。但作为幼儿入学准备整体环境中具有专业学前教育背景和职能，同时也是幼儿主要学习场所的主体教育机构，幼儿园应该主动走在小学、家庭和社区的前面，在树立科学的儿童观、教育观和入学准备观等方面发挥引领作用，主动带动各方主体形成合力。因此，本节主要从园家、园校、园社三个角度提出入学准备的共育实施策略。

一、园家共育的实施策略

（一）同向而行，锚定科学入学准备的目标任务

随着时代的发展，家园共育不再是传统意义上的家长工作，如幼儿园对家长的教育支持和家长对幼儿园教育教学工作的支持与配合，而是幼儿个体成长初期两个重要的主体通过沟通、协作来消除彼此之间的分歧，并共同制订和绘制幼儿全面发展的目标，努力为幼儿提供有准备的成长环境。①

在国家大力推进科学幼小衔接的背景下，以儿童为中心、指向个体可持续发展的科学幼小衔接观已渐入人心，许多家长已经转变了“知识技能至上”的观念，然而在实践中不少教师发现：明明在调查中理性作答的家长却仍将孩子的时间以写字、拼音、口算课填满，明明认可“游戏是幼儿的基本活动”的理念却亲手剥夺了孩子的自主权和游戏时间。种种迹象表明，幼儿园和家长之间仍存在认知偏差，这降低了入学准备过程中对幼儿发展的支持水平。认知决定行为，行为决定结果，构建取向一致的儿童发展观、幼小衔接观是建立协同共育关系的前提与关键，影响着入学准备的实施，同向而行方能行稳致远。因此，想要通过家园共育来改善幼儿的成长环境、做好入学准备，就必须加强幼儿园、家庭间的沟通，来消除彼此间的分歧。

① 孙芳龄，雷雪梅，张官学，等.家园共育的实践意义与开展策略[J].学前教育研究，2018(7)：70－72.

作为专业的教育工作者，教师首先应主动树立家园共育的意识，具有高度的专业自觉，不断学习必要的家庭教育知识与技能；其次应关注入学准备中的家长视角，通过多种方式厘清家长的认知与需求，如通长访谈、专题沙龙、问卷调查等，了解家长入学准备相关的真正疑虑，通过角色对换、六顶思考帽等形式和家长展开深度对话，冲破角色重围，理解彼此的教育立场。与此同时，入学准备作为一项复杂的综合工程，家园共育往往需要更多助力，教师可以向其他相关主体（如小学教师、往届毕业生家长）寻求合作来提升家园沟通实效及话语信服力，从而达成教育共识，锚定科学入学准备的目标任务，同向而行，同心发力。

（二）同心发力，推动家庭履行主体责任，构建科学入学准备共同体

1. 赋权赋能，家庭准备更自主

家庭是幼儿成长的第一环境，父母是幼儿的第一任老师。与家庭有关的一切因素例如父母性格特征、家庭教养方式、经济水平、所处环境等皆与幼儿发展息息相关。虽然大部分家长不具备专业的教育背景，但家庭教育和幼儿园教育在本质上具有同一性，即都要全面开启幼儿的心智，让幼儿获得终身发展所需要的各项品质和能力。① 传统家园共育实践中，教师易将家长视为被动的幼儿园教育的配合者，成为发号施令的一方，这种主体地位和话语权力的不对等往往令两者难以达成良好的合作关系，阻碍家庭教育能效的发挥。幼儿园应认识到家长是参与幼儿入学准备过程的重要力量，重视家庭教育的价值，将家长视为有能力的教育实践者。

一方面，幼儿园尊重家长平等的主体地位，这是家园合作的根本。幼儿园应倾听、理解家长的教育需求，在平等、尊重的氛围中与家长互动，激发家长参与幼儿园教育的热情，双方朝着共同的目标迈进。另一方面，幼儿园要发挥专业及资源优势为家庭教育赋能。通过多种形式向家长传播科学的教育理念，及时展示幼儿园教育状况及幼儿发展现状，有效挖掘家长教育诉求，精准施策，帮助家长找到正确的入学准备方向，共同为幼儿发展创设良好的环境。

2. 创新形式，激发家长参与热情

首先，优化传统家园合作形式。创新不是对传统家园合作形式的摒弃，而是发挥教育智慧将新时期科学家园关系的内涵与特征注入，使其真正成为贯通家园的桥梁，保证家园之间的沟通能够全面、及时和有效，保证二者的需求与实践得到彼此及时的关切与回应。以家长会为例，家长会作为最常见的家园合作形式，因其集中性、全面性和直接性等特点具有不可替代的价值，然而在具体实践中，传统家长会往往是教师单方面地传输

---

① 侯丽.幼儿园与家庭合作关系的重构[J].学前教育研究，2020(10)：89－92.

信息与要求，难以取得实际的成效。教师可以通过优化家长会的前、中、后三个环节，将平等积极的合作理念融入其中，激发家长的参与热情。开家长会前的准备工作中，可利用线上邀请函及问卷收集，共商家长会的时间、地点和内容，了解家长在入学准备方面的困惑与担忧，以此作为家长会的依据；开家长会过程中，通过改变座位排列方式、开展互动游戏、增加讨论交流的环节等来拉近家园“距离”，通过“与小学家长面对面”“模拟小学课堂”等活动来增进家长体验；在家长会结束后，通过个别交流、家委会征集等形式及时展开回访，并进行复盘与总结，作为后续入学准备工作的参考。

其次，强化信息技术手段应用。现代信息技术的发展为突破家园合作的时空限制提供了有利条件，为入学准备中的家园合作搭建了新场域，能够为提升入学准备过程中的家园合作效果与质量助益。信息技术手段的应用不在于使用种类的繁多，而在于使用的适切性以及是否能够挖掘每种手段的全部价值，在于线上、线下两种方式的科学结合和高效利用，这需要家园双方在实践中不断地思考与创新。以微信平台的使用为例，当前微信平台多应用于以下两个场景。

深化互动，提升沟通时效。幼儿园与家庭双方通过微信就与幼儿有关的某一教育问题展开针对性的交流与协商，沟通幼儿在两个场域中的学习与发展状态，例如在帮助幼儿提升分类整理能力的生活准备过程中，家园双方通过微信随时沟通幼儿在家、在园的表现，全面了解幼儿的真实状态，从而使准备过程更加高效。

共享资源，分享经验。如幼儿园通过微信群、微信公众号等形式向家长宣传幼儿园教育理念，普及专业知识，家园之间、家家之间通过微信互通幼儿信息，分享育儿经验等。

此外，在入学准备过程中，我们还可以利用微信平台进行更多的入学准备共育尝试。比如幼儿的发展具有明显的个体差异，这一特点也体现在幼儿的入学准备水平之中，有的幼儿社会适应能力较弱，有的幼儿则学习品质水平偏弱，我们可以基于不同领域利用微信群功能设置能力提升兴趣小组，鼓励家长根据幼儿情况自愿报名参与，例如开设“专注力提升兴趣小组”，定期发布针对幼儿专注力培养的活动、游戏和小知识等，引导家长线下指导幼儿，同时结合线上任务打卡，多措并举，以此提升幼儿专注力。但在此过程中应注意避免直接根据幼儿发展水平划分小组，既有为幼儿“贴标签”之感，同时易让家长感到焦虑。

3. 规范制度，长效推进家园共育

家园合作的动力来源于幼儿园政策的有力保证，来源于幼儿园对家园合作的重视和支持。[①] 建立健全规范的家园共育机制是形成家园合力的必要保障。《指导意见》明确

① 王丽娜.基于“心形齿轮模式”的家园合作探析[J].江苏师范大学学报(哲学社会科学版)，2013(4)：69－72.

指出，“完善家园校共育机制”是做好衔接工作的主要举措。首先，幼儿园应健全家园共育相关制度，如家长工作制度、家长委员会制度、家长学校工作章程、家园合作档案管理制度、家园合作监督与评价制度等。制度的建立与规范有利于厘清幼儿园与家长双方的责任与义务，有助于家园间各项工作的有序开展，有利于实现双方合作优质长效推进，为幼儿的入学准备提供有益支持。其次，幼儿园管理者应深入参与，同时创造安全可靠的支持氛围。例如管理者可通过定期召开家长会、组织开展相关专题沙龙等形式，了解家长和教师在入学准备合作进程中的意见、反馈和需求，及时为双方提供支持。

（三）共建共研，创生科学入学准备的具体策略

邀请家长参与入学准备的园本教研，是建构平等、互助合作关系的必要途径。在双向互动的教研活动中，家长的主体地位得到尊重，有能力的教育实践者身份得到认可，能够有效激发家长的参与热情。与此同时，作为不同场域的主要教育者，幼儿园教师和家长能够通过教研交流观念、信息、资源与问题，能够朝着同一个目标共同努力，有利于弥合两者间的分歧，凝聚双方力量。

1. 共创任务清单，共育行动有抓手

不同于幼儿园教师，大部分家长不具备系统的幼儿教育知识，面对个性迥异的幼儿和复杂的入学准备工程，常常感到力不从心，处于一种“道理明白了，但不知该如何做”的状态，需要幼儿园提供专业的家庭教育指导与支持。与此同时，家长群体背后隐含的丰富资源，如职业、才能、人际关系、物质条件等，能够弥补幼儿园的教育短板，为幼儿的入学准备提供更为丰富的内容、形式。

幼儿园教师与家长应当把入学准备作为一项专项工作，在平等对话、充分协商、互相学习的基础上，围绕入学准备的目标、内容、形式制订科学且系统的共研计划。通过教研，幼儿园教师与家长双方根据幼儿身心发展规律和特点，围绕幼儿入学所需的关键素养，群策群力，统筹资源，共同探讨和制定适合园本实际的入学准备任务清单。在共建共研中展开家园合作，既能增进家长对幼儿园的信任，缓解家长对未知领域的焦虑情绪，又能提升家长的教育能力，帮助双方明确入学准备的内容与重点，为合理有序地开展教育实践提供抓手，同时有利于后续的总结、反思与改进。

在具体实施上，《指导要点》为幼儿园与家长制定入学准备任务清单提供了科学参考。园家双方可以此为依据，围绕身心准备、生活准备、社会准备和学习准备 4 个方面的 16 个发展目标，参照具体表现和教育建议制定详细、适宜的操作清单。（见表 8 - 1）

表 8 - 1　身心准备任务清单

<table>
<tr><th>准备内容</th><th>发展目标</th><th>实施要点</th><th>具体举措
（幼儿园）</th><th>具体举措
（家庭）</th></tr>
<tr><td rowspan="4">身心准备</td><td>向往入学</td><td>1. 建立积极的入学期待。
2. 帮助幼儿初步了解小学生活。</td><td>我是大班的哥哥姐姐
毕业倒计时
小学生活大揭秘
小学生初体验
你好！我的小学同学</td><td>绘本阅读：亲子共读有关小学生活的绘本（推荐书单）
小学生准备行动：根据小学生活准备物品，改善房间布置等</td></tr>
<tr><td>情绪良好</td><td>1. 帮助幼儿获得积极的情绪体验。
2. 帮助幼儿学会恰当表达和调控情绪。</td><td>发现闪光的小孩
快乐日记
和不同的情绪做朋友
我明白我现在的感受
情绪绘本课程
情绪角</td><td>爱要放手
发现闪光的小孩
正确对待生活中的挫折
做情绪稳定的爸爸妈妈</td></tr>
<tr><td>喜欢运动</td><td rowspan="2">1. 鼓励幼儿积极参加户外活动。
2. 发展大肌肉动作。
3. 锻炼精细动作。</td><td rowspan="2">2 小时户外运动
小小值日生
小巧手，大挑战
体能大闯关</td><td rowspan="2">每日运动打卡
劳动最光荣
和爸爸妈妈一起做手工
小小厨师</td></tr>
<tr><td>动作协调</td></tr>
</table>

注：此表为展示举例。

需要注意的是，虽然由园家双方共同制定的任务清单能够更加全面、科学地为入学准备工作提供有效抓手，但其无法完全适用于来自不同家庭，具有迥异性格、气质和能力的孩子，园家双方应关注幼儿发展的个体差异，加强沟通与交流，因材施教，用不同的教育方法支持幼儿个性的全面发展，帮助每一名幼儿做好入学准备。

2. 坚持问题导向，研疑解惑有成效

一个好的研讨主题能够引发家长的共鸣与思考，能够实实在在地解决真问题，进而推动入学准备工作取得实质性成效。教师一方面可以通过教育实践中幼儿所反映的特点、现象与问题确定教研主题，例如“怎样帮助孩子结交新朋友”“孩子在园独立自主，在家却什么都要别人帮，怎么办”等；另一方面可以通过循证实践的方法向家长发放调查问卷或由家委会征集感兴趣、有困惑的问题，例如“不提前学习小学知识能行吗”“不爱读书的家长怎样帮助孩子养成爱阅读的好习惯”等。就形式而言，问题的研讨与解决不必拘泥于专题论坛、小组沙龙等这一类最常见的方式。教师应根据家长群体的现实状况，灵活利用多种媒介与资源，大胆创新，线上线下相结合，例如借助线上平台开展“直播间里来了谁”活动，邀请小学校长、一年级教师在线上与家长交流，帮助家长树立科学的入学准备观；设置专家工作坊，邀请专家定期入园，针对家园双方难以解决的棘手问题展开“会诊”；开通线上答疑专线，选拔一批具有丰富家庭教育指导经验的幼儿园骨干教师及有时间、有条件的专家、小学教师组建答疑团队，利用在线平台解决家长对入学准备存在的理解偏差与困惑，满足家长的个性化需求。

二、园校协同的实施策略

（一）目标共识，构建幼小协同共同体

在《指导意见》中，教育部对幼儿园、小学双方提出明确要求，要在以儿童为本的基础上强化双向衔接意识，协同合作，促进儿童顺利过渡。小学与幼儿园的衔接问题，表面上看是两种教育机构的衔接，但其实质是教育机构与儿童的发展、儿童的世界、儿童的生活的衔接。[①] 众多研究揭示了当前幼小衔接过程中种种不顺利的现象背后是各主体间儿童立场的摇摆不定以及在儿童观、教育观、课程观上存在的认知冲突。[②③] 不论是支持幼儿科学做好入学准备的幼儿园，还是帮助小学新生进行入学适应的小学，二者虽然肩负责任的侧重点有所不同，但实质上具备共同的教育目标：促进儿童德智体美劳全面发展和身心健康成长。而“坚持儿童为本”则是达成这一目标的首要原则。为此，幼儿园、小学双方应坚持不懈地向科学的幼小衔接教育观迈进，当科学的目标内化为共识，指向儿童中心的教育共同体得以建立，便能坚定不移地为实现儿童成长向对方靠近，儿童所面临的衔接坡度自会减缓。

（二）责任共担，推进双向融合互动

幼小衔接是幼儿园和小学共同的责任，帮助儿童做好身心的全面准备和适应需要二者的双向互动。从幼小衔接视角看，入学准备工作的终极目标在于协助幼儿顺利适应小学的学习与生活环境，促使幼儿在身心层面自然而然地完成从学前游戏状态向正式学习状态的平稳过渡，达到小学阶段所需的发展水平。然而幼儿园和小学无论在教育目标、

---

① 刘晓东.中国小学教育亟待战略转型——兼论“幼小衔接”应向“小幼衔接”翻转[J].湖南师范大学教育科学学报，2019(3)：1－7.

② 俞文，涂艳国，李露，等.儿童健全成长取向下幼小衔接教育观差异分析——基于主要利益相关者的调查[J].学前教育研究，2019(4)：16－31.

③ 王济民.走向共哺：幼小衔接的文化转向[J].河南科技学院学报，2021(12)：22－27.

课程内容还是教学形式方面都具有鲜明的不同，因此，挖掘幼儿园教育与小学教育间的联系通道成为入学准备的核心任务。为科学有效地开展入学准备工作，园校之间应建立联合教研制度，推动主体间情境互动，以推进幼小学段互通、内容融合。

1. 联合教研，形成幼小协作机制

首先，幼儿园应将幼小联合教研作为教研工作的重要内容并纳入年度教研计划，积极构建平等对话、资源共享的协同教研关系，认真制订教研方案，围绕入学准备中的真问题深入研究，避免“做客式”的形式化教研。其次，建立跨阶段的沟通渠道，包括家长、教师和管理层之间的定期会议、信息共享和互动交流，以确保各主体间教育的一致性与持续性。再次，除了开展以问题为导向的教研活动，还可以建立学习共同体，如整合师资培训，共同组织幼小衔接培训会，加强教师在儿童发展、课程、教学和管理等方面的研究交流；合作展开幼小衔接相关课题研究，形成常态性的学习交流机制，以提升教师间的理念协同等。最后，重视评估与反馈，定期评估联合教研机制的效果，收集幼儿园与小学双方教师、家长的反馈意见，不断优化协作机制。

2. 情境互动，弥补主体间裂缝

幼儿园与小学间的长期分离导致双方教师在合作动机、教学方式和教学理解等方面存在巨大的隔阂。除了开展联合教研活动，幼儿园和小学双方还可以通过为教师提供在不同情境中的互动机会来弥补双方之间存在的裂缝，例如，定期组织教师交流、观摩（如互相观摩环境、观摩点评教育教学活动、同课异构等），为教师提供角色互换的体验，提供与儿童对话的机会，展开跨阶段的项目合作等，以此增进教师间的相互交流与理解，实现经验互通、教学互补，帮助双方更好地把握儿童入学准备及入学适应所面临的挑战和所需要的关键素养，为儿童的成长创造更有益的环境。除此之外，还应重视情境互动中儿童话语权利的复归，通过幼儿园教师和小学教师间的弥合为入学准备进程中的幼儿提供了解小学生活的机会，比如邀请大班幼儿深入体验小学生活，去观摩小学环境、体验小学课堂和小学实验室等；为幼儿提供与一年级小学生和小学教师充分交流的机会，担任小记者采访小学生、采访小学校长和教师等。当幼儿对即将到来的小学生活不再陌生，其身心适应也更为轻松。

（三）日常做实，入学准备长程贯通

1. 上位引领，强化条件保障

幼小协同能否得到有效落实，教育行政部门的领导和统筹管理至关重要，同时，幼儿园管理者也扮演着关键的角色。作为决定幼儿园及小学发展规划和实务管理的重要领导者，幼儿园园长及小学校长对幼小衔接教育的理念认知和策略实施直接影响着

园校协同的质量。因此,幼儿园园长应与小学校长达成教育共识,形成平等、互助的信任关系,打开“衔接之门”,定期会商,共同为园校合作提供人员、时空和物质等方面的保障。

首先,构建园校双向协同的三级管理体系。以园长、校长为组长,负责统筹规划、条件支持;以中层干部、骨干教师为组员,负责组织管理、策略研讨与计划制订(为确保机构间沟通精准高效,除园长外幼儿园还可设置专门的联络员,确保双向衔接顺利进行);以班级教师为实施主体,围绕身心、生活、社会和学习四个方面展开以儿童为中心的全面实践。各级机构及各层主体在入学准备和入学适应教育的实施过程中密切交流,不断反馈与改进。其次,为幼小协同提供时空、物质保障。幼儿园应将增进机构间的合作作为科学开展入学准备的重要举措并为之创设条件,比如提供专门的时间、空间场所、共享资源库等供双方教师交流和学习,搭建专门的网络服务平台或开设信息交流群以满足教师间的沟通需求,为教师提供经验交流、问题协商和信息互通的路径等,保障园校之间长效沟通。

2. 双向力行,推进融合互动

如果把园校协同合作视为一场接力赛跑,那么共建机制则是为这场赛跑搭建良好的赛道,幼儿园和小学双方只有在各自赛段中脚踏实地、拼尽全力,才能以最高质量完成这场幼小衔接接力赛。因此,园校双方应在“以儿童发展为本”的目标共识下,立足本职,做实日常,推动形成“三四一体”的园校协同模式(如图 8-1 所示),即依托园校双向协同的三级管理体系,共同围绕身心、生活、社会和学习四个方面帮助儿童做好入学准备与入学适应,促进幼小衔接长程贯通。

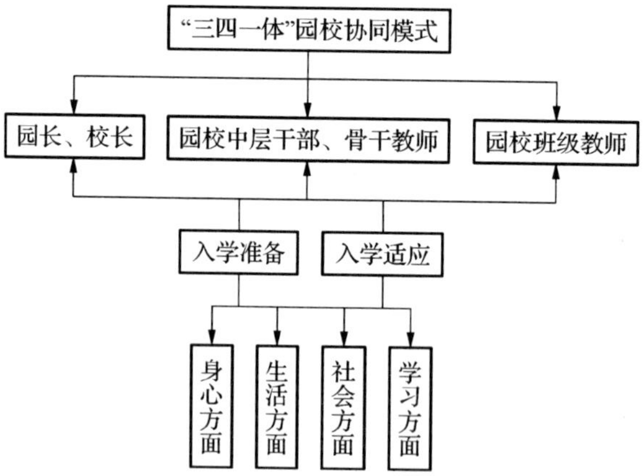

图 8-1 “三四一体”园校协同模式

三、园社合作的实施策略

幼儿教育是一项复杂而庞大的系统工程，作为处于人类发展生态系统中的社会个体，幼儿的成长不仅承载着家庭的期望，更事关社会、国家和民族的未来。同幼儿园、家庭一样，社区作为与幼儿密切相关的主体，不仅是幼儿生活准备和身心准备的场所，还是他们进行社会准备和学习准备的重要环境，在幼儿入学准备进程中具有不可替代的教育功能。当幼儿园、家庭和社区之间缺乏互动，甚至断裂冲突时，幼儿在入学准备过程中获得的经验就会变得零散、不连贯，甚至产生矛盾。然而，如果三者能够进行有效互动，幼儿所获得的经验就可以在其整个入学准备经验系统中流动起来，表现为一种活的经验，这就为幼儿的顺利入学适应提供了更大的可能性。①

（一）信任激励，营造完整育人环境

1. 主动引领，调动社区积极协同

科学入学准备指向幼儿身心、生活、社会、学习的全面发展，为了实现这一目标，需要园校家社构建起新型的协同主体关系。在新型协同关系中，各主体权责平等，优势互补，应在明确各自职责的基础上发挥自身的优势，将主体间的异质性转化为功能上的互补。同时，园校家社以帮助幼儿做好入学准备为根本，其主体关系随着幼儿发展需求及所处场合的变化而动态变更，但无论哪一方处于主要角色，其他各主体都应积极配合。在传统的园社活动中，幼儿园与社区之间一直处于支配与被支配、主导与配合的从属关系，幼儿园与社区的合作呈现出单向性特点。在这种模式下，社区的主体责任未被明确，继而其重要功用并未得到充分发挥，影响了入学准备的协同育人效果。

作为具有专业背景优势的幼儿教育机构，幼儿园理应更具有社会责任感与使命感，发挥主动引领的作用，将科学的儿童观、教育观和协同育人的理念、方法传达给其他主体，使园社双方达成共同的育人目标，整合与共享育人资源，共同践行立德树人的责任与使命。与此同时，社区的积极参与不仅能为幼儿的全面发展提供良好的支持环境，还能为幼儿园的优质发展提供有力的支撑，而社区文化也能从中获得提升，实现互利互惠、共赢发展。

2. 联动建设，推进园社行动协同

我国社区建设起步较晚，传统的社区功能多指向生活服务。近年来，社区的文化、教育功能得到重视，《关于健全学校家庭社会协同育人机制的意见》明确提出“将家庭教育

---

① 吴冬梅.“社区＋”幼儿园发展模式探究[J].学前教育研究，2019(2)：93－96.

指导作为城乡社区公共服务重要内容，积极构建普惠性家庭教育公共服务体系"，"社区要面向中小学生积极开展各种公益性课外实践活动，促进学生身体健康，增强社会责任感"。一系列政策、文件的发布为园社协同创设了良好的政策环境。根据互动行为的深入程度，幼儿园与社区的合作可以分为资源利用型、服务提供型和文化交融型三种。① 以往的园社合作主要聚焦于幼儿园对社区人、财、物等资源的挖掘与利用，实际上是最为浅表的互动行为。科学入学准备背景下的园社协同，是园社双方在长期密切的沟通基础上，达成育人共识，尊重、理解、包容彼此的文化，化异质为互补，联动建设，协同行动，继而形成良好的教育生态，确保幼儿做好入学准备。

园社间的联动建设在于突破以往单向性、零散、随机的合作模式，构建全面参与、互助互惠、共谋发展的合作关系。一方面，幼儿园邀请社区参与到入学准备的组织管理、资源开发、课程建设、活动开展等各个方面中，社区的参与能够弥补幼儿园的不足，拓展入学准备工作的场域和深度，同时，社区与幼儿园的深度融合使帮助幼儿进行入学准备不再是幼儿园的"家事"，而是全社会的共同责任，能够增强社区的认同感、责任感与使命感。另一方面，幼儿园通过对社区进行赋能，帮助社区搭建协同育人平台，创设有利于儿童发展的社区文化氛围。比如共建社区幼儿教育实践基地，社区幼儿教育实践基地的建立以儿童成长为核心，寻找、整合利于幼儿发展的各类优质资源，通过搭建资源平台、组建导师与志愿者团队、开发家庭教育指导课程、开展社会实践活动、设置形式多样的研学活动等途径为幼儿提供教育服务或实践机会，一般应通过幼儿园主动引领、争取行政支持、形成协同育人共识、签订共建协议、制订共育方案五个不同的环节来实现。② 社区教育实践基地的建立能够拓展幼儿的学习空间，丰富幼儿教育资源，同时有利于加强幼儿园、家庭与社区之间的关系，营造完整的育人环境。

（二）一核多元，挖掘社会育人功能

大自然、大社会都是活教材。③ 社会中蕴含着丰富的教育资源，幼儿园应以社区为依托，放眼社会，通过"请进来，走出去"的方式，探索整合有利于幼儿成长的安全、优质、多元的资源，挖掘社会育人功能。

1. 资源整合，构建全面育人内容

社会教育资源包括物质资源、文化资源、人力资源、组织资源和自然资源等形式，构成促进幼儿全面发展的社会资源库。幼儿园应具有"眼观六路、耳听八方"的探索意识，

---

① 陈红梅.幼儿园与社区互动行为类型及其推进策略[J].学前教育研究，2013(5)：49－54.

② 韩凤梅.以社区为教育实践基地：家园社协同育人模式的创新之路[J].学前教育研究，2022(12)：87－90.

③ 陈鹤琴.家庭教育[M].上海：华东师范大学出版社，2013.

基于幼儿入学准备的需要充分挖掘并整合入学准备资源。在资源挖掘的过程中，可优先从与幼儿园具有紧密关系的家庭、社区入手，比如在幼儿入学时，通过家园联系册初步收集幼儿家长的相关信息，如职业、特长、兴趣爱好等，并在后期的家园互动中深入了解家长的参与意愿及可能提供的资源支持，进而建立家长资源库；社区资源方面，通过与社区的联动共建，了解社区及共建单位可利用的资源，如空间场地资源、动植物资源以及儿童设施、图书馆、美术馆等其他可直接利用的教育性资源等，并将其纳入社区资源库。由点及面，不断扩大资源统筹的范围。

除传统的人、财、物等显性资源外，还应关注社区、社会发展中所存在的事件性或情境性资源。比如双报到政策下，幼儿园党员教师经常联合社区党组织开展一些志愿服务活动，如共同美化社区环境，教师可以抓住这一教育契机，围绕幼儿的兴趣开展“环保小卫士”活动，带领幼儿一起走进社区进行社会实践活动，既能满足幼儿的劳动需要，增强其劳动能力，又能增强幼儿的环保意识、任务意识，激发其爱家乡的美好情感。

此外，在资源的开发利用中，要将幼儿置于核心位置，首先需要确保最基本、最重要的安全问题。其次，应选取最贴近幼儿生活、符合幼儿兴趣、适宜幼儿发展特点的资源进行开发、整合。最后，避免一味地追求资源的广泛性，要强调资源利用的深度，比如传统的园社活动中，参观和讲座是最为常见的活动形式，而这两种活动形式难以给幼儿带来深刻的体验，园社双方可以共同设计，打造适宜幼儿探索的研学活动，以促进幼儿获得更深层次的体验与学习。

2. 人才聚拢，优化协同育人主体

人力是教育开展的主要构成部分，在根本上，正是因为人的参与教育变得生动起来，也是人与人之间的交往构成了教育的基本要素和特征。① 在当前多元化的教育背景下，单一的师资结构无法满足幼儿全面发展的需求。幼儿园应正视自身的局限性，在开展入学准备教育过程中不断提升教师素养，同时积极寻求人才资源支持，建立多元化的师资结构。幼儿园可以在相互了解的基础上主动面向社区、家庭、小学招募教育志愿者，让志愿者根据自身兴趣及特长参与到不同的入学准备教育活动中，不同行业的工作人员、具有一技之长的退休老人、热心教育的高校学生等都能为幼儿的入学准备教育提供有效支持。教育主体的扩展能丰富入学准备教育内容，还能进一步加强各主体间的沟通与联系，增进彼此的信任与理解，优化协同育人的主体结构。

3. 开放包容，拓展多样育人空间

如陈鹤琴先生所言，幼稚教育是一种很复杂的事情，不是家庭一方面可以单独胜任

① 杨文.社区教育资源开发与儿童成长社区构建[J].学前教育研究，2017(11)：58－60.

的，也不是幼稚园一方面可以单独胜任的。[①] 幼儿教育的特征决定了在入学准备过程中幼儿园不能自困于教育的“围墙”之内。首先，幼儿的全面发展需要多元化的学习和体验，除了在园内开展各种教育活动，协同育人的空间还可以拓展到社区、大自然、基地、场馆等，教师、家长可与幼儿一起走到湖畔写生、走进森林探险、走入图书馆畅游，又或是去社区义卖等，在开放、多元的空间中幼儿能够获得丰富、积极的自然与社会体验，从而更加自信自主、快乐和谐，同时激发爱家乡、爱祖国的情感。其次，幼儿自身具有独特的学习方式，也需要我们拓展育人空间，创生多元课程。例如常见的自然探索课程，需要引导幼儿置身于真实的自然情境，让幼儿在直接感知、实际操作和亲身体验中，真正地认识自然、了解自然。

因此，幼儿园在将优质资源引入园内的同时，还应注重以开放包容的心态去拓宽入学准备教育的边界，在与家、校、社的协同合作中，共同创造良好的学习与发展环境，让幼儿在其中自然做好入学准备，以顺利适应小学生活。

第三节　入学准备共育案例

幼儿园入学准备工作离不开家庭、小学和社会的多方共同参与，幼儿园在其中发挥着主阵地作用。为进一步强化幼儿园的主阵地作用，优化幼儿园入学准备环境，本节选取了三个典型的园、家、校、社的共育案例，案例质量高、创新性强，且具有较强的参考性，拓宽了幼儿园入学准备的思路。

一、园家校共育案例

(一) 案例背景

以家长会的形式促进园家校活动的开展，使多方资源形成教育合力。回顾幼儿园日常家长会的组织，我们发现往往教师作为“发言者”主导会议进程，而家长扮演“倾听者”，排排坐在小椅子上。这种模式和家长记忆中的“小学生”如出一辙，许多家长在这种会议模式中也将教师视为“教授者”，将自己视为“信息接收者”和“学习者”。学前教育课程改

① 陈鹤琴.陈鹤琴全集(第2卷)[M].南京:江苏教育出版社,2008.

革已经推进二十余年，课程改革的重点从关注“教师的教”转向关注“儿童的学”，视儿童为主动的学习者。怎样将这个理念传递给家长，是靠教师的“宣讲”，还是让家长深入其中进行体验？哪一种效果会更好呢？

大班幼儿即将进入小学，我们尝试从家长会的组织模式及参与人员入手进行变革，改变过去“一人讲，众人听”的模式，设计“教师组织与支持，家长体验和讨论”的家长会新模式，同时邀请小学教师参加，促使家长在行动中感受两个学段学的不同、教的差异；在交流中得知幼儿园与小学的不同，从而理解幼儿园、小学课程的特质，达到体验获取经验、经验构建新型园家校协作模式的目的。

（二）案例实录

1. 现状调查，了解认知及困惑

幼儿从幼儿园到小学，要面临学习内容、学习方式、学习环境、生活方式、社会交往等多方面的变化、适应和重组。因此，在家长会前，我们就家长对幼儿入学准备的认知与现状进行了问卷调查。

调查结果如下：在国家、省、市、幼儿园都进行科学幼小衔接宣传的背景下，家长仍旧关注幼儿的知识准备，认为其是“入学必备”。同时我们追踪访谈个别家长发现，他们认为别的孩子都学，我家孩子不学，一定跟不上。这项调查给我们的启发是：家长并不清楚小学对新生的入学准备的要求，因此产生了盲目的焦虑。“能力准备”一项被绝大多数家长忽略，他们或认为其“不重要”或认为“小学老师会帮助”。这是我们想要通过此次家长解决的重难点问题。同时，我们特邀了一位小学一年级的班主任和一位小学新生家长作为嘉宾参与此次家长会，在园家校对话中答疑解惑。

2. 多样活动，体验感悟衔接真谛

第一环节：课堂模式的活动体验

本次家长会从课堂体验开始。教师请家长整齐地坐在座位上，要求脊背挺直、双手放平，回答问题要举手。教师向家长模拟了一堂有关规律排序的“小学化”课，请家长扮演幼儿角色回答排序问题，并进行思考：你觉得通过这节课幼儿学到了什么？家长们一致表示学到了知识，学会了排序的方法。

第二环节：小组合作模式的学习体验

游戏名称：纸杯游戏。

游戏规则：允许家长选择合作的同伴，通过商量合作，按照不同颜色进行有规律的排序，用时最少、排序正确的小组获胜。原本安静的教室一下子变得活跃起来，小组内的家长们分工合作。最后大家呈现的排序方式多种多样（如图 8－2 所示）。

游戏思考：通过刚才的游戏，你觉得幼儿获得了哪些发展？专注力、数学知识（如排序、数量）、团队合作、规则意识、成就感等。家长们在一一回答的同时，惊讶地发现，原来一个有趣的游戏蕴含了这么多教育元素！

通过亲身体验两种不同形式的活动，家长不仅与教师实现双主体之间的平等对话，还在教育理念上和教师产生共鸣，理解科学幼小衔接的方法，感受到游戏与幼小衔接并不是一对矛盾体，幼小衔接也并不是片面地学习小学知识，它强调的是可持续发展。幼儿的社会交往、自我调控、规则意识、专注力等也是进入小学所需的关键因素，而这些因素在刚刚的游戏中都得到了体现。

图 8－2　家长正在玩纸杯游戏（组图）

第三环节：三方对话交流体验

真实的体验为家长科学地理解幼小衔接提供了经验基础，也为园家校三方对话铺垫了情感基础。小学教师以生动的课堂案例讲述了小学一年级的课程结构，提出在《指导意见》文件指引下，小学一年级的课堂同样重视游戏化，并会与幼儿园做好衔接。对于家长提出的"是否要上学前班提前学习拼音、计算和英语"的困惑，小学教师形象地回答"小学的学习生活并不是50米短跑，而是马拉松长跑，需要的是良好的学习品质和意志力，暂时的优势并不代表长久的优势"，并通过案例解析"上过学前班的儿童初入小学的时候，会在一开始的学习中占领先位置，但是伴随而来的多是骄傲、上课走神、不愿意踏实学习等习惯性问题，甚至在储备知识用完之后会产生焦虑和挫败感"。这个案例引发了家长们的深思。

小学家长代表以"过来人"的身份向幼儿园家长们讲述自己的经验和教训。她指出，自己的孩子一开始做事情拖拉没有计划性，经常忘记作业内容、上学忘带课本等，这些与知识无关的因素却成为影响孩子学习的主要原因。基于此，她向家长们提出能力准备很重要，并列举了包括生活能力、交往能力、规则意识、专注力等具体内容，也提供了自己的经验方法。

生动的案例让家长清晰地认识到幼小衔接最大的问题不是知识的学习，而是幼儿的学习、生活习惯和能力的养成，这些才是影响幼小衔接的关键。幼儿园教师应在一定程度上引导家长走出“超前教育”的误区。

第四环节：答疑解惑的研讨体验

家长们纷纷抛出问题，如“孩子时间概念不强，做事情总是拖沓”“孩子做事马虎”“孩子怎么去厕所，老师是否会提醒”等。幼儿园教师、一年级教师、一年级家长以及大班幼儿家长都提出了自己的看法和策略，并利用头脑风暴和速记形式进行讨论、记录、归纳、总结，为家长提供了清晰的入学准备主题脉络图。

（三）案例反思

1. 转变观念，体验胜过说教

园家校共同参与的体验式幼小衔接家长会，通过创设主题情境，激发家长参与的热情，让家长通过亲身体验和参与转变“知识为本”的传统理念，认识到幼儿入学准备教育要以促进幼儿身心全面发展为目标，注重身心准备、生活准备、社会准备以及学习准备的有机融合，从而与教师实现教育共鸣，让家长会向高层次递进。

2. 形成合力，协同优于管理

体验式幼小衔接家长会以“家长、教师共同合作、共同成长”为理念，一方面促进了家长对科学幼小衔接的理解、支持与配合，另一方面强化了家长的教育责任，使幼儿园与家庭互动，形成教育合力。同时幼小衔接家长会因为有了小学教师与小学家长的参与更为生动、真实，有影响力，园家校的通力合作为幼儿一生的发展奠定了良好的基础。

3. 加强沟通，日常重于活动

一次体验式的家长会就带给教师、家长如此大的触动，我们也意识到在之后的幼小衔接工作中，不仅仅要关注活动的开展，更要关注日常同家长、一年级教师及一年级学生的交流，通过线下线上等方式，及时梳理日常生活中大家感到疑惑、需要帮助的问题，借助多方资源不定时反馈，让资源动起来、活起来、用起来，真正让园、家、校、社形成教育合力，为幼小衔接系列活动的开展提供有力保障。

（四）案例延伸与迁移

在园家校协同共育之路上，三方积极探索多元路径，如三方圆桌会议、联合教研等活动，以帮助幼儿做好入学准备和入学适应。

1. 园家校三方联合教研

新生入校一个月后，幼儿园主动联系小学进行“回访小学生＋座谈交流”的活动，届时邀请大班家长代表一同参与到联合教研活动中。通过回访了解一年级学生的入学适应情况，以及三方对话深入交流，园家校达成对教育理念、课程等方面观点的一致，可以调整策略，以帮助幼儿做好科学入学准备。

2. 递交一份特别的名单

在大班幼儿毕业前，幼儿园向小学递交了一份特别的名单——各班家委会名单。在幼儿园，家委会的桥梁作用发挥得特别好。幼儿园将家委会的力量无痕过渡到小学，帮助家长与小学之间无障碍沟通，这份名单既是工作上的交接，更是心理上的温暖衔接。

（案例来源：滕州市实验幼儿园　杨晴　杨卿文）

（五）案例评析

开展体验式幼小衔接家长会注重家长的参与和真实体验，有助于增强园家校的凝聚力，丰富家长对于幼小衔接的感知，具有以下几个亮点。

1. 具有实效性

家长在参与的过程中更了解幼儿园工作，深度感知幼儿的入学准备情况，有效地缓解了焦虑。

2. 有一定的推广价值

体验式家长会是家长有效参与幼小衔接工作的策略之一，其方式方法简单易行，具有一定的可操作性、可复制性和可推广性。

3. 推动幼小衔接深度开展

小学教师走进幼儿园参加家长会，了解家长的需求和幼儿的学习特点，并向家长介绍小学的教学内容、方法等，从而增强家长对幼小衔接目标与方式的理解，共同做好入学准备。

（案例评析人：山东省人民政府机关幼儿园园长　郭玉村）

二、园校案例

（一）案例背景

多年来，幼小衔接一直备受关注。从形式上看，幼儿园以游戏为基本活动，这与小学的分学科授课不同，从而导致了“断层”。一方面，断层引发了家长的焦虑，家长担心自己的孩子跟不上课程进度，这无形地影响了孩子正常的生活和情绪；另一方面，由于幼儿园和小学教师沟通联动不畅，这个断层也给教师们的衔接工作带来了困惑。因此，为了更好地搭建“缓坡衔接之路”，幼儿园教师组织了“回访小学生”活动。进入小学班级后，孩子们坐得端正，认真听讲，看到自己幼儿园的老师很惊喜，很想和老师打招呼却因为课堂纪律忍住了。看到这一幕，小学教师评价：“孩子们自律专注，很棒。”但是园长妈妈和幼儿园教师心里的感受很复杂。为此，聚焦环境、规则、活动方式等方面的“断层”问题，园校通过顶层设计、中层策划、教师落实，展开了系列活动，小学以幼儿园的终点为起点，幼儿园以小学的起点为方向，双向力行，四方联动，科学做好幼小衔接。

（二）案例实录

1. 定期会商，让幼小衔接有方向

校长、园长手拉手，进行定期会商。校长和园长不仅是第一责任人，而且要成为真正的合作伙伴。幼小衔接工作中，要密切拉手、达成共识、建立机制，让幼小衔接不是简单的1+1，要找到共同点、相融点，达到1+1>2的效果。山东省第二实验幼儿园的办园理念是“德润幼禾 潜养未来”，幼儿园在这一理念引领下，凝聚形成了“润养教育”；对口济南市市中区育秀小学主张“浸润教育”，致力于让每个孩子做最优秀的自己。经研究，“润”是共同理念，“立德树人”是共同追求，基于此，双方确立了以“润 · 育”为核心的幼小衔接模式（如图8-3所示）。

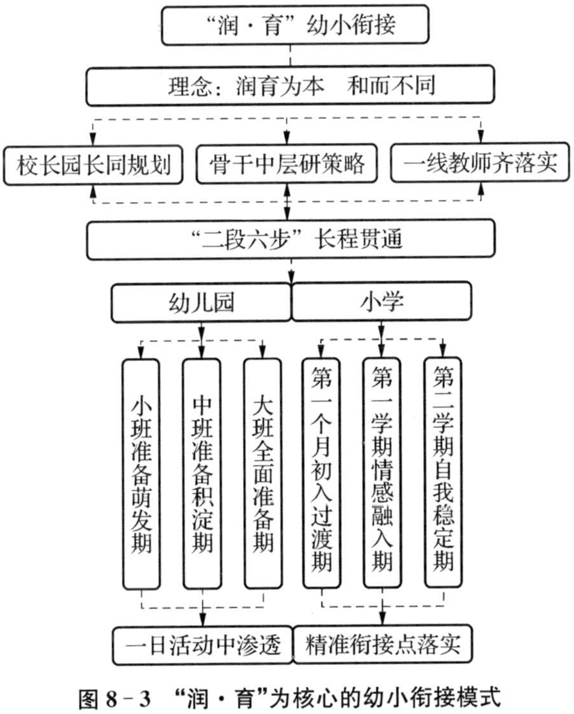

图8-3 “润 · 育”为核心的幼小衔接模式

园校定期会商，顶层设计，不仅明确了衔接理念，探索出校级(园级)、中层、教师、幼儿四层推动机制，更是以连接断层、减缓坡度为原则，以解决真实问题为导向，形成了从幼儿园小班一直到小学一年级结束的"二段六步"长程贯通，让衔接工作成为一个系统工程。

聚焦"回访小学生"中发现的规则"断层"问题，双方经过热烈的讨论、研读文件，达成了"小学放一放，幼儿园收一收"的共识，并抓住这一契机，从图画书这一载体入手，选取《和甘伯伯去游河》这本图画书开展同课异构，继续挖掘"规则"的教育价值点。当看到幼儿园的小朋友读得高兴时，情不自禁地模仿书中的情节，真的趴在地上游泳，小学教师不禁反思规则与释放天性之间的关系，他们尝试在课堂、课间等环节中设计一些符合孩子天性的游戏活动，让一年级的孩子逐步过渡，放松、真实地去享受学习的过程。幼儿园进一步明确大班阶段应聚焦于自我调控、规则意识及专注力的培养，寻求科学而有效的方法，基于大中小不同年龄段幼儿的特点设计了培养规则意识和专注力的小游戏，潜移默化地帮助幼儿提升规则意识与专注力。

2. 联合教研，让幼小衔接达成共识

具体活动的开展需要园校双方的骨干中层和一线教师去策划、组织和落实。首先是小学教师走进幼儿园，观摩活动室环境，体验幼儿的游戏，与幼儿园教师深度沟通，感慨"游戏中的幼儿是如此专注""幼儿园孩子的体能水平甚至超出一年级的体能目标"等。因此，小学聚焦"如何让小学环境更具有参与性"，布置温馨的阅读区，增加了可操作的乐高拼插区，给一年级学生配备了传统游戏的道具等，打破环境的"断层"。

其次，园校抓住随机生成的问题开展联合教研，为幼小双向衔接架起了纵深式学习和交流的桥梁，彼此明确了幼小衔接工作的目标和具体实施策略(见表 8-2)。在居家期间，园校合作开展了"直播间里来了谁"线上活动，当小学校长、教师出现在屏幕上时，幼儿园家长和孩子们沸腾了，体育教师带领孩子进行快乐的健身活动，各学科教师和孩子们亲切互动。这不仅给幼儿园的孩子、家长带来了不一样的惊喜，也让衔接无论在何种情况下都能继续。

表 8-2　幼儿园和小学衔接目标和内容

幼儿园阶段			小学阶段		
目标：有机渗透，做好准备 一日活动中融入衔接素养 三年全程中贯穿素养培养			目标：身心悦纳，更好适应 愿意来上学，能够守规则 快乐交朋友，喜欢学知识		
小班	中班	大班	第一个月	第一学期	第二学期
准备萌发期	准备积淀期	全面准备期	初入过渡期	情感融入期	自我稳定期
融入生活自理、良好习惯、适应集体等教育	注重学习品质及社会交往能力等教育	围绕关键素养，实施针对性入学准备教育	侧重游戏化，注重陪伴式	侧重集体教育，注意规则意识	侧重自我认识，注重激励进步

在一次次联合教研的思维碰撞中，园校双方在教育理念与环境存异相融、时间的顺利过渡、学习方式的自然适应、建立师生平等的友好关系以及关注核心素养等方面达成了共识（见表 8－3）。

表 8－3　幼儿园和小学就幼小衔接达成共识

单位	项目				
	教育理念	环境创设	教学时间	学习方式	关系类型
山东省第二实验幼儿园	润养教育	创设游戏区域	变 30 分钟为 35 分钟	以游戏为基本活动主题教学	类亲子师幼关系
育秀小学	浸润教育	公共自主区域	35 分钟	游戏自然融入适应课程	亲和型师生关系

注：（幼儿园）入学准备⟶（小学）入学适应。

3. 开展活动，激发幼儿的向往之情

一年级学生与幼儿园孩子手拉手，让衔接一直温暖延续。幼儿园的孩子参观小学，了解小学环境；从幼儿园毕业的孩子再次回到幼儿园，再次体验幼儿园的游戏，感受长大的快乐；返园的大哥哥大姐姐与大班孩子围绕怎样整理书包、怎么管理时间、怎样交到好朋友等话题展开讨论，从而激发大班孩子对小学的向往之情。

（三）案例反思

1. 合力促进幼儿做好身心全面准备

园长、校长手拉手，中层骨干手拉手，园校教师手拉手，小学生、幼儿手拉手，四方联动共建成长平台，形成教育合力，达成共识，从深度、广度上做到同向、同频、同轨的衔接，关注孩子发展的连续性、整体性和可持续性，体现衔接的一致性和连贯性，实现了幼小科学衔接。

2. 在对话中寻找适宜的融合点

园校相互合作，以问题为导向，共同构建系统性、科学性的幼小衔接模式，通过课程的变革、学习方法的变革实现寓教于乐，用孩子们喜欢的方式，从生活习惯、思维习惯的养成入手，达成共识，搭建成长适应的阶梯，使得幼儿园做好入学准备，小学做好入学适应，最大限度地消除幼儿对小学的陌生感，促进幼儿以积极愉快的情绪投入并适应小学生活。

（四）案例延伸与迁移

1. “大手拉小手”系列活动

大手拉小手，其实就是一年级学生与幼儿园孩子手拉手。幼儿园举办运动会，特别邀请小学一年级的哥哥姐姐来园参与开幕式，并请一年级学生承担升旗任务。在大班下学期，幼儿园也会邀请一年级学生再次走进幼儿园活动室，讲述上小学的故事。

2. 园校间的课程衔接

园校针对两个学段在教学方式和内容方面存在的坡度差异，开展专题研讨活动，遵循全环境立德树人的目标要求，聚焦“核心素养”和品质培养，开展图画书阅读、体育运动等同领域间的同课异构，找到相通点和突破点，从而实现课程上的衔接。

（案例来源：济南市市中区育秀小学　李雅；山东省第二实验幼儿园　刘万萍）

（五）案例评析

本案例呈现出了幼小科学衔接的教育生态，幼儿园与小学致知力行，探索出了可复制、可推广的经验。

1. 深度长效机制完善

四方联动搭建的教育合力平台，实现了衔接的深度一致，同频共振的衔接模式较为完善，为构建科学做好入学准备一体化格局提供系统的理论支持，全面提升了衔接实效。

2. 做法成熟，易于学习和复制

此案例中有效的实践探索拓展了幼小衔接的创新研究视野，为幼儿园和小学的衔接工作提供了参考价值。

（案例评析人：山东女子学院　徐伟）

三、社区资源利用的案例

（一）案例背景

在大班“我要上学去”主题中，师幼开展了“我心目中的小学”“幼儿园与小学的不同”等活动。在探究过程中，幼儿对与幼儿园仅有一墙之隔的小学和所生活的社区“领秀城”产生了浓厚的兴趣。于是，关于社区的研究调查开始了。

（二）案例实录

1. 社区大调查

社区里都有什么？带着这个问题，幼儿设计了调查问卷，利用周末时间，和爸爸妈妈一起对社区进行了大调查。

经过调查，幼儿发现社区里有很多马路，马路的名字中有“领”或者“秀”字，还有“仁义礼智信”“温良恭俭让”。

2. 探究领秀城马路的秘密

为什么领秀城马路的名字里有“仁义礼智信”“温良恭俭让”？这些字分别代表什么意思？带着一系列问题，孩子们和家长、教师查阅了很多资料，走访社区了解其中的含义。

原来，这里面蕴藏着这么多优秀的传统文化。“文化味儿”的街道激发了幼儿热爱家乡的情感、保护环境的意识，无痕浸润优秀传统文化和美德教育。

3. 美德教育走进生活

随着主题活动的深入开展，班级里涌现出了一群“小标兵”。

“礼仪小标兵”——幼儿见面说“你好”，离别说“再见”，见到国旗敬个礼，在生活小事中养成讲文明懂礼貌的好习惯。

“守时小标兵”——班级创设了自主签到处，幼儿利用绘画图案、记录时间的方式进行自主签到，知时守时不迟到。

“节俭小标兵”——日常生活中，幼儿自主商讨了光盘行动、垃圾分类、按时关灯、重复用纸等节俭小妙招，低碳环保的生活习惯自然养成。

“热心小标兵”——清晨入园时，大班幼儿热心主动地牵起小班弟弟妹妹的手，安全护送其进班，同时增强自信心，形成积极乐观的品质。

4. 家园社的合作共育

领秀城社区拥有优越的自然资源，同时拥有丰富的人文、社会资源。幼儿园主动走进社区开展联合活动，也使得社区的服务意识和主体意识不断增强，家园社合作共育之路越走越远！

(1) 六岁六千米，快乐徒步行

为了更好地让幼儿体验成长，家委会和班级教师们在毕业季一起策划了“六岁六千米，快乐徒步行”的活动。“六千米到底有多长？”“从哪里走到哪里呢？”经过调查，孩子们发现从幼儿园走到泉城公园正好六千米，于是在各项工作准备妥当后，亲子徒步行开始了！

孩子们一路上欣赏着自然风景，感受着同伴间的美好互动。整个活动没有一个孩子掉队。徒步活动让孩子们真实感受到坚持、勇敢挑战、成长的力量，同时也宣传了低碳出行的健康生活方式。

(2) 今晚不回家

每年大班幼儿毕业前的“今晚不回家”合宿活动如期开展，社区治安大队主动联系幼儿园询问活动时间，并提前开着警车来到幼儿园，闪烁的警灯为孩子们保驾护航，孩子们的安全他们始终放在心上！

（3）警园联动，筑安全屏障

在“知险避险 安全出行”的主题活动中，济南市市中区交警大队的交警叔叔们开着警车来参加孩子们的升旗仪式啦！警灯闪烁的摩托车、警用对讲机、警棍、强光手电等帅气的装备让孩子们兴奋不已，近距离接触设备、体验交通模拟指挥、认识常见交通标志等活动增强了师幼的交通安全意识和自我保护意识。

再如，为最大限度地减少突发恐怖暴力事件对师幼造成的伤害，构筑坚实的安全屏障，幼儿园联合社区派出所开展反恐防暴应急演练。演练过程中，公安民警主动出警，在与幼儿园保安的合力围堵下，最终将“歹徒”困住，将其“抓获”并“押送”到派出所。在心理疏导环节，教师引导幼儿遇到突发事件学会冷静应对和保护自己。

（三）案例反思

1. 浸润优秀传统文化，无痕润养优秀品质

在“社区大调查”中，亲子对社区的深度调查不仅帮助幼儿对社区有了深入的认识，更亲身感受到其背后蕴含的中华优秀传统文化，并将其迁移到生活中落实，实现诚信、节俭、善良等优秀品质无痕润养。

2. 挖掘社区有效资源，科学协同衔接

面对领秀城社区的丰富资源，幼儿园首先主动联系社区的宣传、物业、公安等部门，在幼儿园的带动下，社区的服务意识和主体意识逐渐增强，变被动为主动，提供场地、人力、文化等资源，园社协同进行科学衔接教育。

3. 社会体验式学习，为幼儿成长奠基

社区实践活动给幼儿提供了亲身体验、实际操作、直接感知的机会，幼儿在“六岁六千米，快乐徒步行”活动中学会坚持；在“仁义礼智信”中感受传统文化的魅力；在“今晚不回家”活动中尝试独立。正是这样的社会体验帮助幼儿获得了学习与发展，为其成长奠基。

（四）案例延伸与迁移

1. 幼儿园来了牙科医生

在爱牙日来临之际，身为牙科医生的家长主动与班级教师联系，联合社区牙科医院到幼儿园宣讲护牙小知识，并对孩子们进行细致的牙齿大检查，介绍正确的漱口刷牙方法。

2. 探访科技馆

科技节活动开幕之际，社区负责人主动和幼儿园联系，邀请幼儿园的孩子和教师参加社区科技节活动。各种科学实验、科技产品等满足了孩子们的科学畅想，他们在亲身体验中感知与探究科学的奥秘。社区与幼儿园同频共振、教育合力的做法，得到了家长的一致好评。

（案例来源：山东省第二实验幼儿园　刘万萍　孙晓杰）

（五）案例评析

1. 创新了家园社协同开展衔接教育的策略

本案例中的一系列高质量活动，拓展了家园社协同开展衔接教育的思路，为广大幼儿园提供了可借鉴、可操作的参考。

2. 创新了科学、系统的多维衔接的运行机制

本案例中的活动有助于幼小衔接乃至全环境立德树人工作的协调、有序、高效运行。

（案例评析人：山东省人民政府机关幼儿园园长　郭玉村）